ÉTUDES MONTAIGNISTES
sous la direction de Claude Blum
28

# Éditer les *Essais* de Montaigne

Cet ouvrage a été publié pour la première fois en 1997
dans la collection *Études montaignistes* dirigée par Claude Blum.

Actes du colloque tenu à l'université Paris IV – Sorbonne
les 27 et 28 janvier 1995

# Éditer les *Essais* de Montaigne

Sous la direction de Claude Blum et André Tournon

PARIS
CLASSIQUES GARNIER

Claude Blum est professeur émérite de littérature française de la Renaissance à Sorbonne université. Spécialiste de Michel de Montaigne, ses travaux ont renouvelé l'appréhension et l'édition des *Essais*. Il est l'auteur de nombreuses études de référence consacrées à Érasme, dont une traduction de *L'Éloge de la folie* (Paris, 2013). Nous lui devons également des éditions critiques de Voltaire et d'Honoré de Balzac.

André Tournon, professeur émérite à l'université de Provence, a renouvelé l'interprétation et l'édition de Michel de Montaigne. Il a éclairé les fictions ludiques (François Rabelais) et la poésie de la Renaissance (Clément Marot, Maurice Scève, Agrippa d'Aubigné) dans leurs aspects les plus paradoxaux. Il a élargi son champ d'investigation à d'autres périodes, de Chrétien de Troyes à Gérard de Nerval.



Réimpression de l'édition de Paris, 1997.

ISBN 978-2-406-09297-1 (livre broché)
ISBN 978-2-8124-5250-5 (livre relié)
ISSN 0986-492X

# OUVERTURE

## L'EDITION DES *ESSAIS* A TRAVERS LES AGES : HISTOIRE D'UN SINISTRE.

L'histoire de l'édition des *Essais* de Montaigne est une étonnante histoire, et désolante. Nous avons hérité d'une œuvre publiée à plusieurs reprises par son auteur, qui l'a revue, augmentée et corrigée, qui en a certifié l'authenticité imprimée. Nous disposons même d'un ultime document, rare pour le temps, un manuscrit préparé pour l'imprimeur par Montaigne lui-même. Rien de comparable, au premier abord, avec la situation des *Pensées* de Pascal, exemple extrême. Et pourtant l'histoire de l'édition des *Essais* et une sorte de mauvais rêve, une infinie confusion. Avec une seule certitude, qui frôle l'invraisemblable : quatre siècles après la mort de Montaigne, nous ne lisons toujours pas les *Essais* dans le texte où ils furent publiés ou écrits. Toujours pas, et très loin de là.

Nous connaissons aujourd'hui cinq états du texte des *Essais* manifestés en sept éditions, sortis des presses entre 1580 et 1598, dont voici les titres :

- *Essais de Messire Michel Seigneur de Montaigne, Chevalier de l'Ordre du Roy, et Gentil-homme ordinaire de sa Chambre. Livre premier et second.* A Bourdeaus. Par S. Millanges Imprimeur ordinaire du Roy. M. D. LXXX.

- *Essais de Messire Michel, seigneur de Montaigne, Chevalier de l'Ordre du Roy, et Gentilhomme ordinaire de sa Chambre, Maire et Gouverneur de Bourdeaus. Edition seconde, reueuë et augmentée.* A. Bourdeaus, Par S. Millanges Imprimeur ordinaire du Roy. M. D. LXXXII.

- *Essais de Messire Michel, seigneur de Montaigne. chevalier de l'ordre du Roy, et Gentil-homme ordinaire de sa Chambre, Maire et Gouverneur de Bourdeaus. Reueue et augmentez.* A Paris, Chez Jean Richer, ruë sainct Jean de Latran, à l'Arbre Verdoyant. M. D. LXXXVII. (Réédition soignée de l'état de 1582).

- *Essais* de Michel Seigneur de Montaigne. Cinquiesme édition, augmentée d'un troisiesme livre de six Cens additions aux deux premiers. A Paris Chez Abel L'Angelier au premier pillier de la grand Salle du Palais. 1588.

- *Les Essais de Michel Seigneur de Montaigne. Edition nouvelle, trouvee apres le deceds de l'Autheur, reueuë et augmentée par luy d'un tiers plus qu'aux précédentes impressions.* A Paris, Chez Abel l'Angelier, au premier pilier de la grande salle du Palais. CIC. IC. XCV. (Edition posthume de l'Exemplaire de Bordeaux, ou d'une copie de celui-ci, par Mlle de Gournay et P. de Brach).

- *Les Essais de Michel Seigneur de Montaigne. Edition nouvelle, prise sur l'exemplaire trouvé apres de deceds de l'Autheur, reveu et augmenté d'un tiers outre les précédentes impressions.* Vires acquirit eundo. A Paris, Chez Abel l'Angelier, au premier pilier de la grand'salle du Palais. CIC IC XCVIII. (Réédition de 1595, comprenant des corrections du texte de base).

Cette énumération a toujours sonné comme une menace pour les éditeurs. Elle est pourtant le signe matériel de l'essence même de l'œuvre : ouverte à jamais, toujours recommencée, fixée transitoirement par l'imprimerie ou la plume, arrêtée seulement par la mort. Car il ne s'agit pas là d'un texte s'améliorant et progressant vers une sorte d'accomplissement sans cesse repoussé, d'une édition à l'autre, mais d'un texte plénier à chacun de ses arrêts par publication. Plénier et provisoire puisque chaque édition n'a de sens que comme genèse de la suivante, son lieu d'élaboration, un lieu qu'elle transformera et fera autre. En ce sens, l'édition princeps de 1580 n'est pas une ébauche de celle de 1588 et le Manuscrit de Bordeaux l'achèvement de 1588. Dès 1580, dans leur immobilité provisoire, les *Essais* se donnent à lire en chef-d'œuvre. Non comme une œuvre provisoire, à suivre..., ou à compléter. C'est en ce sens qu'il faut comprendre la réponse que Montaigne fit à la fin de juin 1580 à Henri III lui disait compliment de son livre :

> "Sire il fault doncq necessairement que ie plaise à vostre Maiesté, puisque mon livre luy est aggreable, car il ne contient autre chose qu'un discours de ma vie et de mes actions".

Le livre de 1580 se confond avec la vie ; et l'auteur est tout en lui. Ce témoignage de La Croix du Maine, fut-il incertain, est d'une exceptionnelle clarté et dit ce que fut la réception immédiate de l'œuvre.

Aucune autre édition n'effacera jamais cette première réalité. Et chacune sera à sa façon une autre œuvre ; tout autre et bien semblable. Jusqu'à s'y tromper, lorsqu'on se mêlera d'éditer "Montaigne" à la manière d'une sélection, en choisissant - au mieux - une édition et en reléguant les autres, après les avoir réduites à leur plus simple expression, c'est bien ici le cas de le dire, sous la forme de traces, de "variantes" en bas de page ou en fin de livre. Encore faut-il savoir que dans ce choix brutal, et contestable, d'une édition des *Essais* pour prix de tous les *Essais*, on fait finalement œuvre de morceaux choisis ; choisir d'éditer les *Essais* en prenant tel état particulier de l'œuvre, c'est bien choisir un instant de cette grande œuvre qui s'est non pas écrite mais réécrite sans interruption de 1580 à 1592.

Lorsqu'elle édite, en 1595, les *Essais*, Marie de Gournay n'a pas à choisir entre les divers états de l'œuvre ; sa tâche est autre, et urgente : éditer le manuscrit qui était préparé pour l'imprimeur par Montaigne au moment de sa mort. Son énergie sera consacrée, tout autant qu'à diffuser les *Essais*, à défendre, en héritière intellectuelle, l'intégrité et la représentation *matérielle* de ce dernier état resté manuscrit, dans la continuité des quatre états imprimés qui l'ont précédé.

Les éditeurs qui suivent Marie de Gournay n'ont plus cette urgence ; leur édition est un choix entre plusieurs états de l'œuvre. Or, c'est l'édition posthume du dernier état manuscrit que la plupart des éditeurs du XVII^e^ siècle éliront comme "etat total" des *Essais*. Pierre Coste lui assurera pour longtemps prééminence sur les autres états du texte.

La première édition des *Essais* donnée par Coste date de 1724[1]. Les éditions de Coste sont au nombre de cinq du vivant de l'auteur entre 1724 et 1745 ; elles furent réimprimées huit fois de 1754 à 1801. C'est dire leur poids dans la réception éditoriale des *Essais*. Coste s'est attaché a reproduire le texte de 1595 donné par Marie de Gournay en rajeunissant l'orthographe. Retenons donc simplement, pour l'instant, que Coste choisit l'édition posthume de 1595 édité par Mademoiselle de Gournay comme vulgate des *Essais*.

La contestation de ce choix viendra dans le dernier quart du XIXe siècle non pas, comme on l'imaginerait spontanément aujourd'hui, de la prise en compte de l'Exemplaire de Bordeaux, certifié par la main de Montaigne, mais de la considération de l'édition de 1588 comme un "état" du texte des *Essais*. Dans leurs éditions de 1873 et de 1875 Motheau et Jouaust justifient leur choix de l'édition de 1588 en y voyant un "état authentique" des *Essais*, puisqu'il est la dernière impression sur laquelle Montaigne a exercé sa volonté[2]. Mais c'est dans les mêmes années, en 1870 et en 1873, et par un tour d'esprit analogue, que Dezeimeris et Barckhausen éditent l'état de 1580 des *Essais*[3], où Strowski voit "le vrai Montaigne dans toute sa pureté" pour l'opposer au Montaigne de 1588 ou, pis, à celui de l'Exemplaire de Bordeaux[4].

---

1 *Les Essais de Michel Seigneur de Montaigne. Nouvelle édition, faite sur les plus anciennes et les plus correctes : augmentée de quelques Lettres de l'Autheur ; et où les Passages Grecs, Latins, et Italiens sont traduits plus fidellement, et citez plus exactement que dans aucune des Editions précédentes. Avec de courtes remarques : et de nouveaux Indices plus amples et plus utiles que ceux qui avoient paru jusqu'ici : Par Pierre Coste.* A Londres : De l'Imprimerie de. Tonson et. Watts. MDCCXXIV. En 1740 paraît un *Supplément aus Essais de Michel, Seigneur de Montaigne.* Londres, G. Darres et J. Brindley, 1740. Ce *supplément* comprend les additions que fit Coste à l'édition qu'il donna des *Essais* en 1739.

2 Les Essais de Montaigne réimprimés sur l'édition originale de 1588, avec notes, glossaire et l'index par MM. H. Motheau et D. Jouaust, et précèdés d'une note par M. S. de Sacy...—*Paris, Librairie des bibliophiles,* 1873-1875.

3 *Essais de Michel de Montaigne, texte original de 1580 avec les variantes des éditions de 1582 et 1587,* publiés par R. Dezeimeris et H. Barckhausen, Bordeaux, Féret et Fils, Libraires-Editeurs de la Société des bibliophiles de Guyenne, 2 vol., 1870-1873.

4 F. Strowski, "Montaigne lu à Bordeaux. Etude sur l'édition des "Essais" de 1580", *in Rev. philom. de Bordeaux,* V, 1902, n° 5, p. 193-218.

La concurrence entre l'édition de 1595 et l'Exemplaire de Bordeaux n'est pas du même ordre. Il ne s'agit pas d'une concurrence entre deux états du texte mais d'une dispute sur l'authenticité de l'édition donnée par Marie de Gournay. Fera-t-on confiance à celle-ci comme édition du manuscrit laissé par Montaigne alors que l'exemplaire qui est parvenu jusqu'à nous ne correspond pas à l'édition de 1595[1] ? Naigeon répond par la négative en choisissant, le premier, comme base de son édition de 1802, le Manuscrit de Bordeaux[2]. Mais c'est à l'édition Gournay que restent fidèles deux grandes éditions du XIX^e^ siècle, celle de Johanneau[3], en 1818, et de Le Clerc, en 1826[4], installant par là la tradition éditoriale des *Essais* dans une sorte d'incertitude favorable au compromis.

Ce n'est pas le lieu de traiter de la fiabilité de l'édition de 1595. La littérature sur le sujet est abondante. Disons, cependant, pour fixer les positions, que les études consacrées au sujet tournent autour d'un constat et d'un absent. Le constat ; l'édition de 1595 présente de nombreuses variantes par rapport à l'Exemplaire de Bordeaux. Deux hypothèses pour en rendre compte : ou bien Marie de Gournay a eu entre les mains un autre exemplaire manuscrit que l'Exemplaire de Bordeaux, ou bien elle a adapté le manuscrit de l'Exemplaire de Bordeaux. Une troisième hypothèse est envisageable. Marie de Gournay a travaillé à partir d'un autre exemplaire manuscrit que

---

1 Voir sur cette question : A. Salles, "Le duel entre l'édition de 1595 et le manuscrit de Bordeaux", *in B. S. A. M.*, 2e série, n° 4, 1938, p. 29-32 et n° 5, 1939, p. 24-20. Et le bilan de R. Sayce, "L'édition des *Essais* de Montaigne de 1595", *in* B. H. R., XXXVI, 1974, n° 1, p. 115-41.

2 *Essais de Michel, seigneur de Montaigne [suivis de lettres de Montaigne et de la Servitude volontaire d'E. de La Boëtie]*... édition stéréotype [publiée par Naigeon], Paris, 1802.

3 *Essais de Michel de Montaigne,* nouvelle édition [par Eloi Johanneau, suivis de lettres de Montaigne, d'une notice sur ses voyages en Italie, d'un extrait de la traduction de la Théologie naturelle de R. Sabunde, et de la Servitude volontaire d'E. de La Boëtie].... – *Paris, Lefèvre,* 1818.

4 *Essais de Michel de Montaigne,* avec les notes de tous les commentateurs, édition publiée par J. -V. Le Clerc [suivie des lettres de Montaigne, d'un extrait de sa traduction de la Théologie naturelle de R. Sabunde, d'une notice sur le voyage de Montaigne en Italie, et de la Servitude volontaire d'E. de La Boétie]. –Paris, Lefèvre, 1826.

l'Exemplaire de Bordeaux et elle l'a adapté. Ces hypothèses supposent un absent, l'autre manuscrit que Marie de Gournay aurait eu entre les mains. Et pour donner réalité à l'absent on comparera les deux présents, l'Exemplaire de Bordeaux et l'édition de Marie de Gournay pour établir entre eux une sorte de pont spéculatif.

J'ai proposé de considérer ce genre de problème éditorial de tout autre façon[1]. En ignorant l'Exemplaire de Bordeaux et en ne prenant en considération que l'édition de Gournay, dans sa matérialité, pour voir si celle-ci n'offrirait pas suffisamment d'éléments de réponse ou même de preuve à la question de la fiabilité de cette édition. Nous avons des éléments de réponse qui nous permettent de juger de la personnalité de Marie de Gournay comme éditeur. En effet, entre 1595 et 1635 Marie de Gournay a réédité neuf fois les *Essais* ; rééditions successives dont elle assume la responsabilité et nous garantit la rigueur. Or, une édition critique de l'édition de 1595 qui comparerait systématiquement ce texte aux éditions de 1598, 1600, 1602 et les suivantes, mettrait en valeur d'importantes variantes d'une édition à l'autre. Ce n'est pas le même texte que nous donne à chaque fois Mlle de Gournay entre 1595 et 1635. Un tel travail nous permet de faire aisément le portrait de Marie de Gournay en éditeur : un éditeur qui modifie, retouche, adapte, corrige le texte qu'il édite. Un exemple autant spectaculaire qu'emblématique illustre cette pratique : le fameux passage de l'essai *De la présomption* où Montaigne parlerait de Marie de Gournay comme sa "fille d'alliance" est constamment remanié entre 1595 et 1635 et triple de volume, d'une année à l'autre. En somme, nous ne savons pas si l'Exemplaire de Bordeaux est le dernier état manuscrit des *Essais* mais nous savons qu'il était, dans l'état que nous connaissons, prêt pour l'imprimeur et que ce manuscrit est authentique. L'éditer avec rigueur serait, déjà, une tâche d'importance.

---

1 Voir sur tout cela notre étude dans *Marie de Gournay et Montaigne*, Actes réunis par J.-Cl. Arnould, Paris, 1996.

Avant cette trop longue incise je relevais que les deux grandes éditions de Johanneau en 1818, et, de Le Clerc, en 1826, restent fidèles à l'édition donnée par Marie de Gournay, installant par là la tradition éditoriale des *Essais* dans une sorte d'incertitude favorable au compromis. Car, en fait, Naigeon, aussi bien que Johanneau ou Le Clerc, donnent un texte qui est un mixte du Manuscrit et de 1595, seul le dosage entre les deux états changeant de l'un à l'autre. C'est dans cette tradition qui se situera encore, malgré les affirmations de la Préface, l'édition de Villey qui est devenue aujourd'hui la vulgate courante des *Essais*[1]. Pour établir le texte de son édition Villey a travaillé avec l'Exemplaire de Bordeaux et l'édition de 1595. Il utilise l'édition posthume pour lire le Manuscrit de Bordeaux et tranche souvent en faveur de 1595 dans le cas de lectures difficiles. C'est d'ailleurs Villey qui a introduit auprès des lecteurs d'aujourd'hui Marie de Gournay comme "fille d'alliance" de Montaigne. L'on sait en effet que le fameux passage *De la présomption* où Montaigne parlerait de Mlle de Gournay comme de sa "fille" ne figure pas dans l'Exemplaire de Bordeaux. Nulle part, d'ailleurs, dans le fameux Exemplaire, Montaigne ne fait allusion à Mlle de Gournay. En introduisant ce passage dans l'Exemplaire de Bordeaux Villey lui donne l'autorité du Manuscrit même si en note il signale, cette fois, la transposition en s'étonnant simplement que le texte ne figure pas dans l'Exemplaire de Bordeaux. Il donne du même coup à Mlle de Gournay, paradoxalement, une manière d'autorité éditoriale par filiation intellectuelle.

Par contre, le choix de Strowski et Gibelin, lorsqu'ils publient entre 1906 et 1920, en quatre volumes, leur célèbre "Edition Municipale" est clair, le Manuscrit de Bordeaux est bien pour eux le seul état authentique des *Essais*, dans leur dernière expression[2].

---

1 Montaigne, *Les Essais, édition conforme au texte de l'Exemplaire de Bordeaux, avec les additions de l'édition posthume, l'explication des termes vieillis et la traduction des citations (...)* par Pierre Villey, Paris, 1924.

2 *Les Essais de Michel de Montaigne publiés d'après l'exemplaire de Bordeaux...* par Fortunat Strowski,... [François Gibelin et Pierre Villey] sous

Pourtant, il y a une différence essentielle entre l'éditeur Gournay et les éditeurs "modernes" des *Essais* depuis le XVIII$^{e}$ siècle. Marie de Gournay considère le dernier état des *Essais* qu'elle édite comme l'œuvre accomplie, celle qui efface les autres, sans la moindre interrogation sur ce point. Elle réagit en contemporaine face au dernier état d'une œuvre qu'elle établit. Le temps de la reconsidération des divers états des *Essais* en "Oeuvres complètes" n'est pas venu ; et il ne viendra pas avec Marie de Gournay car elle ne cessera jamais, d'édition en édition, pendant quarante ans, d'établir ce dernier état, jusqu'à sa mort en 1645, qui clôt en quelque sorte la longue naissance des *Essais* par publication.

Trois quarts de siècle après, le temps de la réception de l'édition posthume, la perception de l'œuvre est tout autre. A partir de l'édition Coste, parue en 1725, tous les éditeurs importants considéreront chaque état des *Essais* comme une œuvre à part entière, dans l'acte même de sélection et de choix que va devenir l'édition des *Essais*. Choisir un état, 1580-1582, 1588 ou Bordeaux-1595, ce sera écarter les autres. Coste choisit de publier le dernier état des *Essais*, en quelque sorte contraint : comme seule façon, inévitable, de lire ce que Montaigne a écrit jusqu'au dernier jour de sa vie. Mais avec la conscience aiguë qu'il n'est pas l'œuvre totale ; au contraire : l'état de 1588 vaut mieux ; et mieux encore celui de 1580. C'est cette *Préface* de Coste que démarque Strowski dans sa célèbre étude "Montaigne lu à Bordeaux"[1]. Coste prend claire conscience que les états de 1580 et 1588, ainsi que l'état posthume sont des œuvres radicalement différentes. Voici quelques phrases de cette Préface qui fait date dans l'histoire des éditions des *Essais*.

"On n'a qu'à comparer les premières Editions des *Essais* avec les suivantes pour voir à l'œil que ces fréquentes additions ont jetté beaucoup de désordre & de confusion dans des

---

les auspices de la Commission des archives municipales de Bordeaux, Bordeaux, 1906-1920, 4 vol.

1 F. Strowski, "Montaigne lu à Bordeaux. Etude sur l'édition des "Essais" de 1580", *in Rev. philom. de Bordeaux*, V, 1902, n° 5, p. 193-218.

raisonnemens qui étoient originairement fort claires & très-bien suivis. Le stile de Montagne tel qu'il paroît dans les premieres Editions, & tel qu'il est dans les dernieres après avoir été gâté par ces additions, pourroit être comparé à un colier de perles, qui d'abord seroit composé de perles parfaitement rondes, & d'une égale grosseur, & entre lesquelles on en mettroit ensuite d'autres, d'une rondeur aussi parfaite, mais beaucoup plus grosses. Ces dernieres perles en augmentant le prix du colier lui feroient perdre une bonne partie de sa beauté. Il en est de même de la plupart des pensées que Montagne a insérées de tems en tems dans son livre. On seroit fâché de les perdre, quoiqu'elles le défigurent en plusieurs endroits, de la maniere dont elles y sont enchassees. Parce que Montagne voyoit sans peine la liaison de ses premières pensées malgré ce qu'il mettoit entre deux, il comptoit qu'un Lecteur attentif la verroit aussi bien que lui. Mais quelquefois il ne reste de cette liaison que des traces si légeres & si peu marquées, qu'on ne sauroit l'appercevoir qu'en consultant les plus anciennes Editions."[1]

Avec Coste naît l'attitude éditoriale moderne face aux *Essais* : choisir un état des *Essais* pour prix de toute l'œuvre, mais dans la mauvaise conscience critique. Avec le sentiment de sacrifier le reste de l'œuvre, qu'accompagne une solution pour l'apaiser : accueillir les états abandonnés en leur faisant place soit dans le corps du texte, en fabriquant des "leçons" tirées des divers états, soit en les rassemblant autour de l'état choisi, en variantes, soit en associant les deux pratiques. Naigeon utilise ainsi l'édition de 1595 pour lire le Manuscrit de Bordeaux mais aussi celles de 1588 et de 1580[2]. Johanneau et Le Clerc font de même, mais inversement puisque leur point de départ est

1 Ed. citée, *Préface de l'Editeur*, p. XV-XVI

2 Naigeon suit souvent les leçons de l'édition posthume et en conserve l'architecture ; par exemple, le chapitre "Que le goust des biens et des maux..." du Livre I est resté le XLe dans son édition. Cf. M. Françon, *Pour une édition critique des "Essais"*, Cambridge (USA), 1965, pp. 14 et suiv., et P. Bonnet, "Le texte des *Essais* de Montaigne. Evolution de sa structure, des origines à nos jours", *in B. S. A. M.*, 1966, n° 7, p. 70-81.

l'édition de 1595[1]. Dezeimeris et Barckhausen seront les premiers à poser clairement le problème de l'établissement en prenant pour base pure l'édition de 1580, en rejetant en variantes ou en les signalant dans le texte les autres états et en affirmant la nécessité d'éditions similaires pour les "états" suivants. C'est ce que feront Motheau et Jouaust ainsi que Courbet et Royer[2] pour l'état de 1588, puis Strowski et Gébelin pour l'état du Manuscrit de Bordeaux à partir de 1906, et Armaingaud à leur suite, entre 1924 et 1941[3].

Nous aurions donc, enfin reconstituée, avec ces quatre derniers éditeurs, l'Oeuvre complète des *Essais* si les protocoles annoncés par eux étaient tenus. Or, tel n'est jamais le cas ; par un étrange comportement qui s'explique par la méconnaissance de certaines pratiques de l'imprimerie de la Renaissance mais aussi par le recours discret à un autre état ou par la décision de corriger le texte des *Essais* pour des raisons variées. Une enquête qui traite ces éditions comme des documents, sur le mode systématique de la variante, ne manque pas d'offrir des surprises. Dezeimeris et Barckhausen, pourtant pleins de détermination et de science, modifient de façon constante la ponctuation de Montaigne, corrigent par ci par là, en utilisant les autres états des *Essais* et font un tri qui n'est pas justifié dans les variantes qu'ils publient. Motheau et Jouaust ainsi que Courbet et Royer agissent de même, sur une plus grande échelle. Strowski et Gébelin sont modérés dans les corrections mais les pratiquent avec constance, dès l'ouverture de leur édition.

---

1 Ils reviennent au texte de 1595 mais en utilisant pour un certain nombre de leçons l'édition Naigeon, dont ils adoptent l'orthographe, qu'ils croyaient être celle de Montaigne, comme Naigeon l'assurait. Preuve qu'ils ne se sont pas reportés à l'Exemplaire de Bordeaux et que Naigeon a su convaincre sur parole les meilleurs esprits que sa reconstitution archaïsante était du Montaigne. Cf. L. Manchon, «De la constitution des "Essais », *In Discours prononcé à la distribution des prix du Lycée d'Orléans* (4 août 1885), Laval, 1888, p. 48-49 et M. Françon, *op. cit.*

2 *Les Essais de Montaigne, accompagnés d'une notice sur sa vie et ses ouvrages, d'une étude bibliographique, de variantes, de notes, de tables et d'un glossaire*, par E. Courbet et Ch. Royer...– *Paris, A. Lemerre*, 1872-1900.

3 Montaigne, *Œuvres complètes*, éd. par le Dr A. Armaingaud, 12 vol. pet. in-8°, Paris, Conard, 1924-1941.

Il vaut la peine de s'arrêter à propos de l'édition de Strowski et Gébelin qui est la plus fiable, à ce genre d'attitude éditoriale.

En 1580 et 1582, Montaigne écrit en I, 1 : "La consideration & le respect d'vne si notable vertu reboucha premieremêt la pointe de sa cholere, & commença (...) l'espée au poing : ceste sienne resolution arresta sus la furie de son maistre...".

En 1588, le texte devint : ..."notable vertu <,> reboucha premierem [ê/en] t la pointe de sa cholere, & commença (...) l'esp [é/e] au poing : [ceste/cette] sienne resolution arresta sus la furie de son maistre..."

Le Manuscrit de Bordeaux corrige *sur 1588* : "... de sa cholere [,/ :] [&/Et] commença (...) l'espee au poing : [cette/Cette] sienne resolution..."

Dans ces deux lignes Strowski ignore trois corrections du Manuscrit de Bordeaux : – un changement de ponctuation : "cholere : ..." ; un changement de graphie : "cholere ; *Et*" pour *&* ; une insertion de majuscules : "cholere : *E*t commença" ; par contre il modifie une ponctuation et une accentuation. En 1580, 1582, 1588, Montaigne ponctue "au poing : ceste sienne resolution" et confirme sur le Manuscrit. Strowski change les deux points en point. – En 1580 espée est accentuée, ne l'est plus en 82 et 88. Strowski suit la leçon de 1580.

Strowski n'a pas compris, à l'image de tous les éditeurs qui l'ont précédé, la ponctuation de Montaigne, et corrige ; il "établit" le texte. Il a encore moins compris le travail fin de Montaigne sur les majuscules. L'écrivain utilise pour moduler sa phrase la ponctuation associé à la majuscule. Si bien que l'emploi de la majuscule est possible derrière toute ponctuation[1]. Ce qui a pour effet de doubler les possibilités de modulation du prosateur. Nous sommes en présence d'un admirable travail prosatique, où se constitue la prose oratoire de l'âge classique. Les ignorer est grave ; c'est se condamner à ne jamais les voir, à ne jamais les étudier, à ne jamais les

1 Sur ce point, voir ci-après l'étude d'André Tournon.

comprendre. Nous nous priverions d'une des parties les plus instructives de ce testament d'écrivain.

Ce genre de corrections "mineures" compte par milliers dans l'édition Strowski, auxquelles s'ajoutent les erreurs de lecture du Manuscrit et les (rares) interférences de l'édition de 1595. L'édition ne garde aucune trace des corrections dues à l'édition de 1595 et on ne voit pas quelle politique les détermine puisque Strowski revendique une fidélité absolue à l'Exemplaire de Bordeaux. En tout cas, il est impossible de faire confiance à cette édition pour une étude fine du texte ; et sûre.

Armaingaud, qui a fait œuvre remarquable, n'aime pas davantage la ponctuation de Montaigne et s'épuise rapidement face au trop grand nombre de variantes. Tous coupent, aèrent, créent des dizaines de paragraphes, des centaines de retours à la ligne ; des retraits mettent en valeur des citations originellement noyées dans le texte, trouant jusqu'à l'absurde un texte que Montaigne avait voulu compact et d'une "coulée", lui donnant ainsi un aspect éclaté et même disloqué chez Strowski et Gébelin qui excellent en la matière ; ce qui induit la perception matérielle d'un texte fait de pièces rapportées et d'une écriture s'avançant visiblement à "saut et gambades"[1]. La méconnaissance de la notion d'exemplaire ajoute à la confusion. Courbet et Armaingaud dans leur superbe reproduction typographique de l'Exemplaire de Bordeaux[2] donnent sur la page de droite de leur volume qui est censé reproduire l'édition de 1588 de l'Exemplaire de Bordeaux (ce que tout montaigniste croit encore) un texte qui n'est pas celui de Bordeaux mais d'un autre exemplaire de 1588, sans doute l'exemplaire personnel de Courbet. Visiblement, Courbet et

1 R. Maskell dans son étude sur les "Déformations du texte des *Essais* aux XVIe et XIIe siècles" (*Mélanges Michel*, Paris, 1978, p. 167-172) n'a pas noté cet aspect essentiel des "déformations" subies par les *Essais*. Il a été bien analysé par B. Croquette, "Les *Essais* mis en miettes", *in Cahiers Textuels*, 34/44, 1986, n° 2, p. 9-18.

2 *Les Essais de Montaigne*, reproduction typographique de l'exemplaire annoté par l'auteur et conservé à la bibliothèque de Bordeaux..., Paris, Imprimerie nationale, 1926-1931, 3 vol. in-fol.

Armaingaud, pour surmonter les difficultés de lecture du texte de 1588 dues aux surcharges manuscrites de Montaigne, ont donc donné à l'imprimeur un autre exemplaire de l'édition de 1588 qui, malheureusement, offre avec celui de Montaigne un certain nombre de variantes. On ne sait pas, pour l'instant, à quel exemplaire ont recouru Dezeimeris et Barckhausen, Motheau et Jouaust, Courbet et Royer, pour leurs éditions de 1580 et 1588 si bien qu'on ignore le sens des variantes qu'on y relève. Quant à l'édition Villey, nous venons d'en parler.

A tout cela il faudrait ajouter l'envahissement des pages de l'œuvre par un apparat critique qui se développe dès l'édition de 1593 procurée par le Libraire Gabriel La Grange d'Avignon[1], suivie par François Le Febure de Lyon en 1595. En 1602 Abel L'Angelier donne deux tables. La première s'intitule "Les pages du sieur de Montaigne où sont contenues les plus rares remarques de son livre, à sçavoir les exemples des vertus et des vices, les plus graves sentences, similitudes et comparaisons, avec un recueil des loix anciennes des peuples et nations" ; la seconde rassemble tout ce qui concerne la vie de l'auteur dans les *Essais*[2]. Elle servira de base à une vie de Montaigne qui parut en 1608 sous le titre "Sommaire discours sur la vie de Michel Seigneur de Montaigne"[3].

L'Angelier vient de donner le départ à une défiguration de la matérialité de la page voulue par Montaigne. Si bien que les seules éditions à respecter le dépouillement des trois éditions

---

1 *Livre des Essais de Michel seigneur de Montaigne. Divise en deux parties. Derniere édition augmentée de deux tables tresamples, des choses plus memorables contenues en icelle.* A Lyon, Pour Gabriel La Grange, Libraire d'Avignon. M. D. XCIII.. Sur cette contrefaçon, réédition de l'état de 1588, qui inaugure au moins sur ce plan, voir M. Simonin, "Les contrefaçons lyonnaises de Montaigne et Ronsard au temps de la Ligue", *in Les presses grises. La contrefaçon du livre (XVI^e^-XIX^e^ siècles)*. Textes réunis par F. Moureau, Paris, 1988.

2 *Les Essais de Michel Seigneur de Montaigne. Edition nouvelle prise sur l'Exemplaire trouué apres le deceds de l'Autheur, reueu et augmente d'un tiers oultre les precedentes Impressions. Enrichis de deux Tables curieusement exactes et elabourées.* A Paris, Chez Abel l'Angelier au premier pilier de la grand'Salle du Palais. 1602. Cf. D. Maskell, "Déformations du texte des *Essais* aux XVI^e^ et XVII^e^ sièvles", *in Mélanges Michel,* Paris, 1978, p. 167-172.

3 Cf. *Une vie de Montaigne,* éd. p. C. Magnien-Simonin, Paris, 1992.

surveillées par Montaigne lui-même (1580, 1582 et 1588) seront celles de 1587, 1595, 1598 et les deux données par Marie de Gournay au début du siècle en 1600 (Paris) et 1602 (Leyde A)[1]. Au-delà, et jusqu'en 1669[2], les index et la "vie" feront partie de toutes les éditions des *Essais*. A partir de l'édition de 1611 s'ajoutent des manchettes en marge, qui indiquent les sources d'un grand nombre de citations et disent les sommaires de l'argument. Marie de Gournay qui a une admirable compréhension de la forme des *Essais* - forme imprimée perçue par l'œil du lecteur et faisant sens, et forme du discours - proteste contre ces nouveautés qui trahissent l'esprit de l'œuvre, puis s'y plie, contrainte, pour au moins en suivre les errances. Les passages de la Préface de l'édition de 1617 où elle dit sa désapprobation méritent d'être cités en entier :

> "Au surplus, l'opinion qu'on euë les Imprimeurs, que certaines nottes en marge pourroient enrichir la vente des *Essais*, est cause derechef qu'ils les y ont plantées à leur mode, comme leur dernière Impression : contre mon admis neantmoins, parce qu'un ouvrage si plein affluant et pressé, n'en peut souffrir, non plus que de table aussi par mesme raison. Autant sui-je contraire à ceste vie de l'Autheur qu'ils ont logée en teste, estant complette dans le volume. Après tout ie recognois que ceste recherche et ces cottes d'Autheurs, eussent esté desdaignez par mon pere ; et moy-mesme n'en faisois pas grand comte : mais trois raisons m'ont forcée de les entreprendre. En premier lieu, cet acheminement de près de moitié [les éditeurs de 1611 avaient publié la moitié des sources] : secondement, la bestise d'une part du monde, qui croit beaucoup mieux la vérité soubs la barbe chenuë des vieux siecles et soubs un nom d'antique et pompeuse vogue : tiercement, l'interest & priere des Imprimeurs"[3].

---

1 Cf. Sayce et Maskell, n° 11 (*A descriptive bibliography of Montaigne's "Essais"*, Londres, 1983).

2 *Les Essais de Michel de Michel de Montaigne Nouvelle Edition. Livre premier [second et troisième] Enrichie et Augmentée aux marges du nom des Autheurs qui y sont citez Auec les Versions des passages Grecs, Latins et Italiens*. A Paris, Chez L. Rondet, Chr. Houmel, R. Chevillion. 1669 (Reimpression de l'édition de 1659 chez Christophe Joumel).

3 *Les Essais de Michel de seigneur de Montaigne. Edition nouvelle Enrichie d'annotations en marge, du nom des Autheurs citez, et de la version du Latin d'iceux. Corrigee et augmentee d'un tiers outre les premieres Impressions. Plus la Vie de l'Autheur Extraicte de ses propres escrits.* A Paris, Chez François Gueffier, ruë S. Jean de Latran deuant le College Royal. MDCXVII.

La page imprimée est ouvrage ; il n'est pas de *dispositio* que discursive : "...Ceste recherche et ces cottes d'Autheurs, eussent esté desdaignez par mon pere" : Montaigne a accompagné, surveillé, contrôlé l'impression de trois états de son œuvre et préparé le cinquième pour l'imprimeur, sans aucune équivoque possible sur ce plan : l'édition de 1588 qui lui sert d'épreuves est confirmée en tout dans sa présentation matérielle. Et si Marie de Gournay est ferme à ce propos c'est qu'elle a participé aux côtés de Montaigne à la préparation de l'édition de 1588 ; elle sait d'expérience les exigences de l'auteur, l'attention qu'il portait à la mise en page et sa considération pour "l'effet de sens" qu'elle produit. A travers ces lignes de Marie de Gournay le livre apparaît comme un signe - métaphore usée qui reprend ici tout son sens - dont le signifié serait le "discours" qui s'y tient et le signifiant la matérialité du livre, à tous les niveaux de son expression. Cette conception est celle d'un humaniste, héritier de la tradition de la page "signifiante" du manuscrit, et encore proche de la première imprimerie. Les éditeurs des *Essais*, à partir de 1602, commencent à signer le début d'une autre époque où semble se relativiser cette conception de l'autonomie de la page comme lieu de représentation d'un sens à transmettre par l'auteur. Lorsque Marie de Gournay parle d' "un ouvrage si plein, affluant et pressé, (qui) n'en peut souffrir (de notes en marge), non plus que de table aussi par mesme raison", l'"ouvrage" est pensé comme page-texte, remplie jusqu'aux marges, écoulant un texte dont le défilé n'est interrompu qu'avec parcimonie par l'aération, les "blancs", et les effets d'une mise en page compacte ; ce dernier aspect étant caractéristique de l'édition de 1588 par rapport aux trois précédentes éditions[1]. Et pensé simultanément comme discours oratoire, à la fois coulant et dense. Les deux aspects, inséparables, étant figures l'un de l'autre. Or, la quête des sources, leur extraction et leur exposition en marge trahit

1 L'édition de 1588 est en format in-4°. Chaque page comporte en moyenne 32 lignes de 57 signes. Dans l'édition de 1580, de format in-8°, chaque page contient environ 20 lignes de 35 signes. La densité (rapport entre la surface de la page et l'encrage) des deux pages est dans une proportion de 1 à 2.

l'esprit de l'œuvre : une écriture de l'intertextualité discrète où se dit l'essence même de la littérature (comme répétition de la littérature) ; un fondu transcendé par la voix de l'écrivain où parlent, par sa voix, les mille voix des Anciens et des Modernes, les mille voix de l'Humanité. Ce qu'avait admirablement compris Camus et de façon définitive pour la postérité :

> "[Montaigne] sait si dextrement coudre les sentences des poètes dans le tissu et entresuite de son propos, que vous diriez que Virgile, Lucrèce [...], Horace, Catulle et les autres n'aient parlé que pour lui"[1].

Au lieu de cela, un doigt qui pointe les sources, brise l'anonymat, démonte l'invention qui fabrique le texte, pour le seul plaisir de la curiosité, de la variété ; et par ignorance de ce qui fonde l'écriture littéraire : "... la bestise d'une part du monde, qui croit beaucoup mieux la vérité soubs la barbe chenuë des vieux siecles et soubs un nom d'antique et pompeuse vogue". Et c'est cela qui se vend désormais : un texte renvoyé à une partie de ses origines et transformé en catalogue de ses intertextes ; un texte renvoyé à la surface de lui-même et dont on reconstitue l'esquisse de ce qu'il n'a justement pas voulu être : le récit d'une vie.

Les éditions de 1652, puis celles de 1657, 1659 et 1669 ajouteront à cet apport la traduction des citations[2]. L'œuvre

---

1 J. -P. Camus, «Jugement des *Essais*», dans *Les Diversités* (Livre 29, lettre 107), Paris, Chappelet, 1613, viii, 423-5. Cf. J. Brody, *Lectures de Montaigne*, Lexington, p. 25 et suiv. ; et O. Millet, *La première réception des Essais*, Paris, Champion, 1994.

2 - *Les Essais de Michel, Seigneur de Montaigne. Nouvelle edition exactement purgée des défauts des précédentes, selon le vray original : Et enrichie et augmentée aux marges du nom des Autheurs qui y sont citez, et de la Version de leurs passages Grecs et Latins ; Auec des observations tres-importantes et nécessaires pour le soulagement du lecteur. Ensemble la vie de l'Autheur, et deux Tables, l'une des Chapitres, et l'autre des principales Matieres, de beaucoup plus amples et plus utiles que celles des dernieres Editions.* A Paris, Chez Augustin Courbé, Imprimeur et Libraire de M. le Duc d'Orléans, au Palais, en la Galerie des Merciers, à la Palme. M. DC. LII. (Edition faite sur celle de 1635 ; les traductions des citations sont placées pour la première fois en regard du texte).

- *Les Essais de Michel, Seigneur de Montaigne. Nouvelle édition exactement purgée des défauts des précédentes, selon le vray original. Et enrichie et augmentée aux marges du nom des Autheurs qui y sont citez, et de la* d'éclatement et de redistribution du texte des *Essais* en son pourtour achève sa première grande étape. L'édition de 1625, donnée par Marie de Gournay, témoigne de façon pathétique des efforts sans doute considérables qu'elle a fait pour lutter contre ces pratiques qui dénaturent la matérialité du texte de Montaigne. Cette édition, qui est fort à critiquer pour d'autres raisons, contient le "Sommaire discours sur la vie de Montaigne" et la traduction des citations. Mais les tables ont disparu, les annotations marginales aussi, mais seulement à partir du septième cahier. Pourquoi les six premiers cahiers sont-ils ainsi traités, à l'exclusion des suivants, sinon parce que Marie de Gournay est intervenue en cours d'impression pour rappeler ses désirs et, cette fois, les imposer, laissant ainsi pour la postérité les traces émouvantes de son combat.

Claude BLUM.

---

*Version de leurs Passages Grecs et Latins ; Auec des observations tres-importantes et nécessaires pour le soulagement du Lecteur. Ensemble la Vie de l'Autheur, et deux Tables, l'une des Chapitres, et l'autre des principales Matieres, de beaucoup plus amples et plus utiles que celles des dernieres Editions Avec augmentation de la Version Françoise des Passages italiens.* A Paris, Chez Thomas Jolly, ruë sainct Jacques, au [sic] Armes d'Hollande. M. DC. LVII.

- *Les Essais de Michel, Seigneur de Montaigne. Nouvelle édition exactement purgée des défauts des précédentes, selon le vray original : Et enrichie et augmentée aux marges du nom des Autheurs qui y sont citez et de la Version de leurs Passages ; Avec des observations très-importantes et nécessaires pour le soulagement du Lecteur. Ensemble la Vie de l'Autheur, et deux Tables, l'une des Chapitres, et l'autre des principales matieres, de beaucoup plus ample et plus utile que celles des dernières Editions.* A Bruxelles, Chez François Foppens, Libr. et Imprim. M. DC. LIX. (Reimpression de l'édition précédente).

# I. LA FABRIQUE DU TEXTE (1580-1635)

# LA COMPOSITION PAR FORMES ET LES *ESSAIS* DE 1580

Avant d'évoquer le mode particulier de composition typographique appelé "composition par formes" - qu'il faut distinguer de l'impression proprement dite - rappelons brièvement le principe de la composition et de l'impression normales en matière de fabrication artisanale du livre.

Comme la logique semble le commander, les pages destinées à former un livre sont généralement composées dans l'ordre *seriatim* de la copie, soit page 2 après page 1, page 3 après page 2, etc. Mais la feuille de papier qui doit former chaque cahier du livre ne peut pas être imprimée selon cet ordre numérique des pages, puisqu'elle comporte deux faces et qu'elle doit ultérieurement être pliée une, deux, trois ou quatre fois, selon le format adopté.

Les pages composées doivent donc être réparties, en vue de l'impression, selon un ordre non séquentiel, dit *imposition*, déterminé par le nombre des pages, la disposition de la feuille sous la presse et le mode prévu de son pliage. Dans la majorité des cas, cette imposition s'exécute au moyen de deux formes (pages de composition enserrées dans un chassis) permettant d'imprimer successivement les deux faces d'une même feuille. La forme qui contient la page 1 est appelée côté de première ou, plus explicitement, forme extérieure, parce qu'elle contient les pages qui, après impression et pliage de la feuille, apparaîtront à l'extérieur du cahier. La forme qui contient les pages 2 et 3, est dite forme de deux, ou forme intérieure. A chaque format correspond une imposition différente. La Figure VII permet de voir la disposition des pages sur les deux faces d'une *feuille imprimée* dans le format in-octavo, selon le modèle d'imposition utilisé en France[1].

Si le compositeur travaille ici dans l'ordre séquentiel du texte, il ne peut procéder à l'imposition d'une forme avant

1 M. D. Fertel, *Science pratique de l'imprimerie*, Saint-Omer, 1723, p. 152-153 ( In-octavo par feuille entière).

d'avoir achevé la composition de la page 15, l'avant-dernière du cahier, destinée à la forme intérieure. L'impression ne peut alors commencer que tardivement, à un moment où une quantité importante de caractères se trouve immobilisée dans les quinze pages déjà composées.

De telles considérations de matériel, de temps, ou d'organisation ont dû jouer très anciennement auprès des imprimeurs pour les inciter à adopter parfois une autre méthode de composition, connue sous le nom de "composition par formes". Il s'agit, dès le début du travail, d'anticiper la phase obligatoire de l'imposition, en composant le texte, non pas dans son ordre *seriatim* normal, mais dans celui que doivent nécessairement présenter les pages au moment de l'impression, c'est-à-dire, selon leur répartition dans les formes.

La composition progresse alors dans un ordre discontinu du texte. Celle-ci peut être effectuée par un seul compositeur qui remet une des formes aux pressiers, avant que la composition de la forme correspondante ait débuté, ou bien par deux compositeurs travaillant simultanément, chacun sur une des formes complémentaires.

Selon l'un ou l'autre de ces processus, et quelle que soit la première forme destinée à l'impression, la division des pages requise par l'imposition implique que certaines de ces pages soient composées avant celles qui doivent les précéder dans l'ordre textuel et numérique. Si, dans le format in-octavo, la forme extérieure doit, par exemple, être imprimée la première, ses pages consécutives, 4 et 5, devront être composées avant les pages 2 et 3 de la forme intérieure, de même, ses pages 8 et 9, avant les pages 6 et 7, ses pages 12 et 13, avant les pages 10 et 11, sa page 16, avant les pages 14 et 15. Si c'est, au contraire, la forme intérieure qui doit passer la première sous la presse, ses pages 2 et 3 devront être composées avant la page 1 de la forme extérieure, ses pages 6 et 7, avant les pages 4 et 5, ses pages 10 et 11, avant les pages 8 et 9, ses pages 14 et 15, avant les pages 12 et 13. Il est cependant impératif que les textes ainsi morcelés puissent se raccorder très exactement (voir sur tout ceci les Fig. VII, VIII et IX).

A cette fin, l'imprimeur doit procéder à l'avance à une évaluation très minutieuse de la copie entière, et du nombre de signes que doit comporter chaque page dans le caractère choisi et le format prévu. Ce n'est qu'à partir de ces données qu'il peut calibrer l'ensemble des textes en vue de leur division par formes et par pages, et annoter la copie en conséquence.

Cette méthode de composition discontinue du texte est ancienne et remonte au temps des premiers incunables : Cologne, pendant les années 1460, Strasbourg, Mayence, Padoue, Rome, Oxford, dans la décennie suivante. Cependant, elle ne semble pas avoir été reconnue, ni décrite avant la très importante étude consacrée en 1963 par Charlton Hinman à la première édition in-folio de Shakespeare, imprimée chez William Jaggard à Londres en 1623[1].

Depuis lors, la composition par formes a fait l'objet de nombreux travaux en langue anglaise, publiés principalement dans les revues, *The Library*, de la Bibliographical Society de Londres, et *Studies in Bibliography*, de la Bibliographical Society de l'Université de Virginie à Charlottesville. Philip Gaskell a exposé le principe du procédé dans son livre, *A New Introduction to Bibliography* de 1972, réédité en 1974[2]. Commentant en 1973 les épreuves corrigées d'une traduction anglaise de Robert Daneau, ainsi composée et imprimée dans le format in-quarto, D. F. McKenzie a mis en évidence les risques d'omission inhérents à un tel processus, ainsi que les difficultés de la correction, lorsqu'une page fautive précède une page déjà imprimée[3]. Les règlements édictés dans l'imprimerie de Christophe Plantin, à Anvers, ont été étudiés de près par Leon Voet, alors directeur du Musée Plantin-Moretus, puis par Wytze et Lotte Hellinga, à nouveau par John Gerritsen, et enfin par

1 C. Hinman, *The Printing and Proof-reading of the First Folio of Shakespeare*, Washington, 1972. 2 vol.

2 London, 1972, p. 78-79 ; 2d ed., *ibid.* 1974, *ibid.*

3 D. F. McKenzie, "Eight Quarto proof Sheets of 1594 set by Formes : *A fruitfull commentarie*", *The Library*, 1973, p. 1-13.

Jean-François Gilmont[1]. Plus près de nous, David Shaw a trouvé la preuve de la composition par formes dans un ensemble de livres grecs imprimés à Paris par Gilles de Gourmont dans le format in-quarto, entre 1507 et 1516[2]. En 1987, Dominique Coq et Enzo Ornato ont publié sur le procédé un très savant article, intitulé : "Les séquences de composition du texte dans la typographie du XVe siècle. Une méthode quantitative d'identification". Ils y ont examiné le fractionnement de la composition et les "butoirs de jonction", révélateurs de ces séquences, à partir de dix-huit éditions in-folio. Ils ont remarqué, parmi celles-ci, cinq éditions de Cologne, imprimées par Ulrich Zell et Johannes Koelhoff, avant ou aux alentours de 1470, dont les versos ont été composés avec une casse différente de celle des rectos[3].

A peu près au même moment, j'ai exposé brièvement la pratique de la composition par formes dans *La lettre et le texte*[4], tandis que Frantz A. Janssen traitait lui-même du sujet dans la revue *Quaerendo*, prenant soin de dresser une liste des publications déjà parues à ce propos[5]. Le même auteur constatait ailleurs que les manuels typographiques anciens ont gardé le silence sur le procédé, soit parce que ce dernier n'était plus en

---

1 L. Voet, *The Golden Compasses*, Amsterdam, vol. 2, 1973, p. 309-356, en particulier p. 303 et p. 312-313 ; L. & W. Hellinga, "Regulations relating to the Planning and Organization of Work by the Master Printer in the Ordinances of Christopher Plantin", *The Library (An Issue Honouring Harry Graham Carater*, 1974, p. 52-60 ; J. Gerritsen, "Plantin's Ordonnances", *The Library*, 1975, p. 134-136 ; J. -F. Gilmont, "Printers by the Rules", *The Library*, 1980, p. 9-15.

2 D. Shaw, "Setting by Forms. Some Early Parisian Greek Books", in : *Book Production and Letters in the Western European Renaissance : Essays in honour of Conor Fahy*, London, 1986, p. 284-290.

3 D. Coq et E. Ornato, "Les séquences de composition du texte dans la typographie du XVe siècle. Une méthode quantitative d'identification", *Histoire et Mesure*, II, 1, 1987, p. 87-136.

4 "Fabriquer un livre au XVIe siècle", in : J. Veyrin-Forrer, *La lettre et le texte*, Paris, 1987, p. 290-291, 312-313. Repris dans : *Histoire de l'édition française, I. Le livre conquérant*, Paris, 1987, p. 289 et p. 298-299 ; 2e éd., Paris, 1989, p. 345, 351, 362-363.

5 F. A. Janssen, "Some notes on setting by formes", *Quaerendo*, XVI, 1986, p. 191-197.

usage au moment où ces manuels ont commencé à paraître (1680), soit parce que ceux-ci s'en tenaient seulement à la théorie[1].

Pour la présente décennie, mentionnons encore la belle introduction de W. M. Blayney au catalogue de l'exposition organisée en 1991 à la Folger Shakespeare Library sur le premier folio de Shakespeare[2]. Un volume publié en 1994 par l'Université de Salerne, *I moderni ausili all'Ecdoctica*, contient les communications présentées au congrès de 1990. Lotte Hellinga y rappelle les conclusions que A. C. De La Mare et elle-même ont tirées de la confrontation de l'*exemplar* préparé pour l'édition, et du livre lui-même, le *Symbolum apostolorum* de Rufinus (1478), composé par formes avec une certaine liberté textuelle[3]. D'autres travaux sur le sujet y sont annoncés.

Tentons maintenant d'examiner de plus près les problèmes que pose cette composition fragmentée, balisée à l'avance sur la copie de manière contraignante. Le ou les compositeurs ont toujours du mal, on s'en doute, à respecter les marques de fin de page indiquées sur le modèle. Mais "lorsque la page suivante est déjà imprimée, écrivent D. Coq et E. Ornato, la borne devient... un véritable butoir que l'artisan ne peut plus dépasser, mais qu'il doit, en revanche, approcher au plus près. " Pour maîtriser ces "butoirs de jonction", et, soit étirer, soit comprimer le texte, il peut "ajouter ou supprimer des lignes blanches entre les chapitres, augmenter ou diminuer l'espace entre les mots, mais surtout... jouer sur la longueur des mots en utilisant de nombreux signes abréviatifs..."

A l'époque où les compositeurs de Simon Millanges travaillent pour la première fois sur le texte des *Essais* de

---

1 F. A. Janssen, "L'emploi des manuels d'imprimerie par les bibliologues", *Transmissione dei testi a stampa nel periodo moderno*, vol. II (Il seminario internazionale Roma-Viterbo, 27-29 giugno 1985 a cura di Giovanni Crapulli), 1987, p. 37-39.

2 W. M. Blayney, *The First folio of Shakespeare*, Washington, The Folger Shakespeare Library, 1991.

3 L. Hellinga-Querido, "Transmissione dei Teste a stampa nel quattrocento", in : *I moderni ausili all'Ecdotica, a cura di V. Pacella e S. Martelli*, Napoli, 1994, p. 328-329.

Montaigne, ces signes d'abréviation sont bien moins nombreux dans les casses des imprimeurs, certes, qu'un siècle auparavant, mais toutes les voyelles tildées sont encore présentes, ainsi que le petit signe "⁹". De même que les variations des blancs entre les mots, ces signes permettent un certain aménagement de l'espace horizontal. Mais surtout, la division du texte en multiples chapitres offre la possibilité d'ajuster l'espace vertical grâce à l'espacement ou, au contraire, au serrage des en-tête et des fins de chapitres. Les textes en vers fournissent d'autres facilités de rompre, si nécessaire, la régularité et de jouer sur les blancs. Mais le grand moyen - et le moins orthodoxe - qui s'offre finalement aux compositeurs est de varier le nombre de lignes à la page.

Pour tenter d'apprécier la manière dont Simon Millanges a aménagé la composition des *Essais*, examinons tout d'abord la justification (ou longueur des lignes). Il est visible qu'il y a eu dans l'atelier à cet égard un léger flottement au départ pour les premiers cahiers du livre I. La justification qui est de 67 mm dans les premiers cahiers, A-G, monte à 70 mm dans les cahiers H-O, après lesquels elle s'arrête définitivement à 71 mm pour la suite, ainsi que pour le volume II. Ce changement montre déjà que le calibrage primitif était défectueux et que l'imprimeur a vraisemblablement dû le modifier au cours du travail.

On s'accorde à penser que la variation constante du nombre des lignes à la page est la conséquence du partage de la composition entre deux compositeurs travaillant "par formes" et il est visible que toutes les caractéristiques du procédé observées plus haut sont présentes ici : serrage ou espacement des en-têtes et des fins de chapitres, accumulation, soit d'abréviations, soit de blancs.

Il faut y ajouter un mode d'insertion assez particulier de la réclame (annonce au bas d'une page du premier mot ou des premières lettres de la page suivante). Dans chaque cahier, cette réclame apparaît régulièrement sur les versos des feuillets, à moins qu'un titre de chapitre venant en bas de page n'en occupe l'emplacement, ou que le nombre des lignes ne soit supérieur à 21. Mais, sur les rectos, on ne la voit presque jamais en dehors des trois derniers feuillets, donc des feuillets 6 et 8, appartenant à la forme intérieure, et du feuillet 7, faisant partie de la forme extérieure. Toutefois, lorsque le nombre des lignes est supérieur à 21, cette réclame n'apparaît pas non plus. Les réclames ont généralement pour but, comme on sait, de guider l'imposition. Qu'elles se trouvent plus systématiquement ici au recto et au verso des feuillets dans la partie finale des cahiers semble indiquer que les compositeurs étaient particulièrement tenus d'y veiller à respecter les coupures marquées sur la copie à l'approche d'une jonction.

Le temps m'a manqué pour rechercher si leur graphie ou d'autres habitudes personnelles permettaient d'individualiser ces compositeurs. Toutefois il a été possible, en sériant les pages appartenant à chacune des formes de composition ayant servi à imprimer chaque cahier, de déterminer, d'une façon générale, quelle forme était passée la première sous la presse. A cette fin, il était nécessaire de distinguer, d'une part, celles de ces formes dont les pages suivaient la norme de 21 lignes au premier volume, et de 25 lignes au deuxième, et d'autre part, celles dont les pages s'écartaient de cette norme en plus ou en moins. Ici, j'ai seulement pris en compte les pages n'offrant au compositeur aucun moyen de jouer sur les blancs pour normaliser l'espace vertical, tels les débuts ou les fins de chapitres ou les pièces de vers, de manière à ne retenir que les pages pleines, pour lesquelles les compositeurs n'avaient, pour se conformer au calibrage, d'autre ressource que d'augmenter ou de diminuer le nombre des abréviations et des lignes.

Dans le Livre premier, signé $\pi^4$, A-Z$^8$, Aa-Hh$^8$, cinq cahiers sur les trente-et-un du volume contiennent exclusivement des pages régulières de 21 lignes, les cahiers F, I, P, Q, Ff. Ceux-là, conformes donc à la norme, sont impropres à révéler un ordre quelconque de priorité au moment de l'impression (Fig. I). Deux cahiers dans lesquels le nombre de lignes irrégulières est le même dans chacune des deux formes, les cahiers E et O, n'apportent pas non plus d'information sur ce point. Au contraire, pour vingt-et-un cahiers, B-D, G-H, K-N, R-V, X-Z, Aa-Cc, Ee, Hh, la forme intérieure contient un grand nombre de pages irrégulières, bien supérieur à celui des pages régulières : 22 lignes surtout, 20 lignes ensuite, et, exceptionnellement, 19 lignes au cahier Bb, 23 et 24 lignes au cahier T. Restent trois cahiers, E, Dd, Gg, dans lesquels c'est la forme extérieure qui compte davantage de pages irrégulières (Fig. II et III). A ces exceptions près, la très grande majorité des pages anormales du livre premier se trouve dans la forme intérieure. On peut donc penser que c'est la forme extérieure, plus régulière, qui, dans presque tous les cas, a été la première imprimée, et que le compositeur chargé de la forme intérieure, pour se conformer au calibrage, a été alors obligé d'ajuster sa composition en fonction du travail déjà effectué sur la forme extérieure, au prix d'un accroissement ou d'une réduction du nombre normal des lignes.

Cet ordre de composition semble avoir été la coutume en France. Le schéma d'imposition donné en 1723 par Martin-Dominique Fertel, montre en effet la forme intérieure comme celle de la "retiration". Selon Philip Gaskell, les imprimeurs anglais procédaient de la manière inverse.

Pour le Livre Second, signé $\pi^2$, AAa-ZZz$^8$, AAaa-SSss$^8$, Simon Millanges a choisi un caractère de plus petit corps, un Saint-Augustin au lieu d'un Gros-Romain, permettant de condenser le texte et d'économiser le papier. La justification est la même, mais le nombre normal de lignes passe à 25 (Fig. IV). Cependant le cahier AAaa (dit aussi 4 A) est le seul à contenir exclusivement des pages de 25 lignes. Dans la plupart des autres, il se trouve de nombreuses pages de 26 ou de 24 lignes. Le cahier Ccc offre un échantillonnage varié de pages de 28, 27, 26 et 24 lignes, et le cahier Mmm, celui de pages de 27, 26, 25, 24 et 23 lignes. La composition de ce dernier cahier semble avoir été particulièrement perturbée, à en juger par sa pagination erratique, et surtout par le déséquilibre final de sa mise en pages, puisqu'une page de 25 lignes s'y trouve en face d'une page de 27 lignes, une page de 24 lignes en face d'une page de 26 lignes, une page de 25 lignes en face d'une page de 23 lignes (p. 6-7, 12-13, 14-15 du cahier) (Fig. V). Ici, comme précédemment, les réclames des feuillets rectos sont le plus souvent limitées aux derniers feuillets des cahiers.

Une amusante mention insérée au bas du feuillet TTt2 recto correspond à la fois à une correction et à une réclame. On lit au bas du feuillet :

> "... il se void aus
> * des planetes"

et au verso, le texte commence par les mots :

> "mouuemẽs des plãtes..."

Le compositeur a donc rectifié l'erreur de lecture pour "planetes" à l'emplacement de la réclame. Cette intervention montre bien que le feuillet TTt2 verso appartenant à la forme extérieure a été imprimé avant son recto sur la forme intérieure (Fig. VI).

De même que pour le Livre Premier, c'est le plus souvent sur la forme intérieure que se rencontrent les pages irrégulières, à l'exception des cahiers Iii, IIii, MMm et MMmm, et le processus d'impression apparaît semblable.

Mais à la différence du Livre Premier dont tous les cahiers sont signés jusqu'au feuillet 5 compris, onze cahiers ne portent de signature que jusqu'au feuillet 4. Ces derniers interviennent d'abord au rythme d'un cahier sur deux (BBb, DDd, FFf), ensuite à intervalles plus irréguliers, mais généralement un cahier sur trois jusqu'à NNnn. On peut observer que le feuillet 4 recto portant cette signature appartient à la forme intérieure, et le feuillet 5 recto à la forme extérieure. Peut-on en conclure que les compositeurs de ces deux formes avaient des habitudes différentes, et que c'était un nouveau venu qui ne signait pas le cinquième feuillet ? Il faudrait dans cette hypothèse, faire de plus longues enquêtes[1].

---

1 Je remercie George Hoffmann d'avoir eu la très grande amabilité de m'envoyer ses propres relevés sur le nombre de lignes contenues dans chaque cahier et chaque forme. Même s'il a, de son côté, fait ce relevé sur la totalité

Le relevé systématique opéré dans chacun des deux livres met en évidence le nombre très élevé des pages irrégulières, inférieur toutefois à celui des pages régulières. Les pages comptant ici une ligne de plus que la norme se rencontrent plus fréquemment que celles qui en comptent une de moins. Il apparaît alors que le calibrage préalable avait sous-estimé l'ampleur du texte. Ce calcul erroné a probablement contribué à déséquilibrer le travail des compositeurs. La technique de la composition par formes paraît en réalité avoir été très peu utilisée pour le format in-octavo. Peut-être Simon Millanges était-il, à cet égard, un novateur.

Jeanne VEYRIN-FORRER

---

des pages, nos conclusions sont concordantes. Pour la description complète de cette édition et la liste des exemplaires, voir l'indispensable ouvrage de R. Sayce et D. Maskell, *A descriptive Bibliography of Montaigne's Essais*, London, 1983, n°1, p. 1-6 et planche.

## COMMENTAIRE

*Identification des formes*

Forme extérieure : feuillets impairs rectos feuillets pairs versos

Forme intérieure : feuillets pairs rectos feuillets impairs versos

*Reproductions*

LIVRE PREMIER (Pages normales : 21 lignes)

CHAP. QVATORISIESME. [sic] *Que le goust des biens et des maux depend en bonne partie de l'opinion, que nous en auons.*

- Feuillet D6 r°, paginé 59. Page irrégulière (20 lignes) comportant une réclame.

Page imprimée sur la forme intérieure. Bien que disposant de l'espace nécessaire pour composer ici son texte selon la norme de 21 lignes, le compositeur a choisi de le faire sur 20 lignes, usant de 4 abréviations en haut de la page (l. 1-4) et de 8 abréviations à la partie inférieure (l. 14-20). En outre, il a particulièrement serré les mots des deux dernières lignes. Il semble qu'il ait voulu ainsi se conformer à la disposition sur 20 lignes de la page précédente (D5 v°), imposée sur la même forme, et qui devait se trouver en face de D6 r° après pliage de la feuille. Ces deux pages sont les seules du cahier à comporter 20 lignes.

CHAP. TRENTIEME. *Des cannibales.*

- Feuillet T7 v°, paginé 303. Page irrégulière (23 lignes) ne comportant pas de réclame.

- Feuillet T8 r°, non paginé. Page irrégulière (24 lignes) ne comportant pas de réclame.

Ces deux pages ont été imprimées sur la forme intérieure. Le compositeur pouvait ici transférer une ligne du feuillet T7 v° au feuillet T8 r°, sur la même forme, mais il lui était impossible de transférer une ligne du feuillet T8 r° au feuillet T8 v°, imposé sur la forme extérieure qui venait d'être imprimée (butoir de jonction). Le feuillet T8 r° contient donc un maximum d'abréviations (27). En outre, le titre courant et le numéro de page [304] n'ont pu y trouver place.

Deux autres pages du même cahier, imposées sur la même forme, sont aussi très chargées : T3 v° (23 lignes) et T4 r° (22 lignes).

LIVRE SECOND (Pages normales : 25 lignes)

CHAPITRE DOVZIESME. *Apologie de Raymond Sebond.*

Feuillet MMm7 v°, paginé 185. Page régulière (25 lignes) comportant une réclame.

Feuillet MMm8 r°, paginé 189. Page irrégulière (23 lignes) comportant une réclame.

Ce cahier est très peu homogène, comportant des pages de cinq types différents, de 23 à 27 lignes. La forme intérieure sur laquelle ont été imprimées ces deux pages contient, en même temps que cinq pages de 25 lignes, une page de 27 lignes, une autre de 26 lignes, et celle-ci, de 23 lignes, qui se heurte au "butoir de jonction" du feuillet MMm8 v°, composé de 24 lignes, et déjà imprimé sur la forme extérieure. Aussi les 23 lignes du feuillet MMm8 r° sont-elles plus écartées et plus espacées que la normale, et la réclame "ties, " est-elle décalée vers le bas. La pagination du cahier est anarchique.

*Ibidem*

- Feuillet TTt2 r°, paginé 290. Page régulière (25 lignes) comportant une réclame.

Page imprimée sur la forme intérieure. Comme on l'a vu plus haut, la réclame, un peu particulière, de ce recto, "*des planetes", apporte en réalité une correction à la leçon fautive figurant à la première ligne du verso, "des plãtes", dont l'impression ne pouvait être qu'antérieure.

- Feuillet TTt2 v°, paginé 291. Page régulière (25 lignes), comportant une réclame.

Page imprimée sur la forme extérieure. Celle-ci, imprimée avant la forme intérieure, comporte, à la première ligne, la leçon fautive "plãtes" pour "planetes".

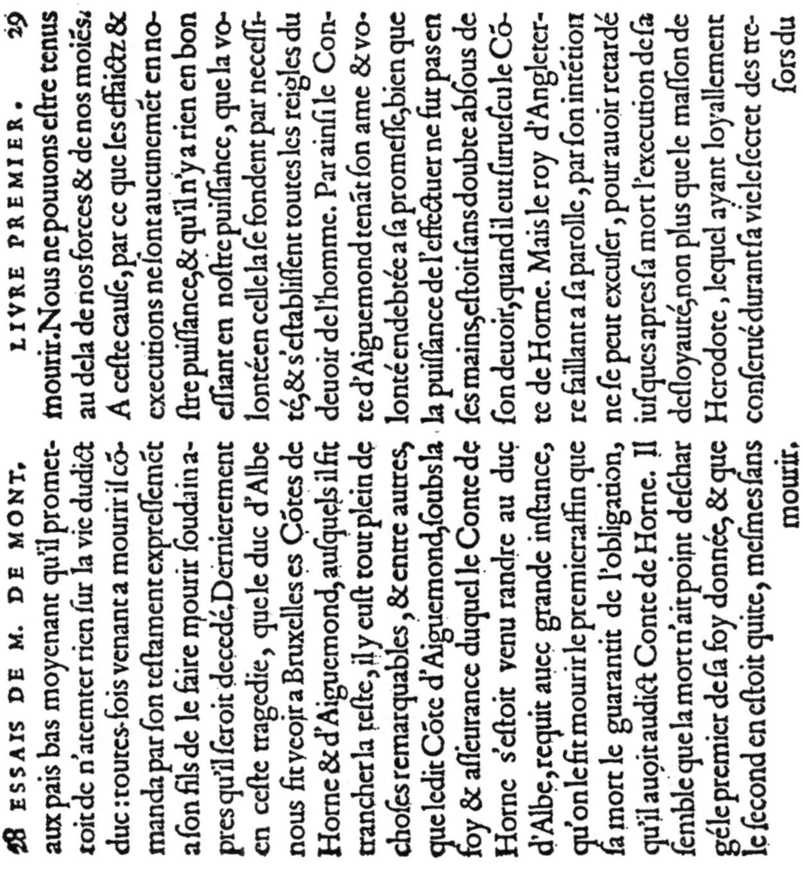

28 ESSAIS DE M. DE MONT.

aux pais bas moyenant qu'il promet-
toit de n'atemter rien ſur la vie dudict
duc : toutes-fois venant a mourir il cō-
manda par ſon teſtament expreſſemēt
a ſon fils de le faire mourir ſoudain a-
pres qu'il ſeroit decedé. Dernierement
en ceſte tragedie, que le duc d'Albe
nous fit veoir a Bruxelles es Cōtes de
Horne & d'Aiguemond, auſquels il fit
trancher la teſte, il y euſt tout plein de
choſes remarquables, & entre autres,
que ledit Cōte d'Aiguemond, ſoubs la
foy & aſſeurance duquel le Conte de
Horne s'eſtoit venu randre au duc
d'Albe, requit auec grande inſtance,
qu'on le fit mourir le premier: affin que
ſa mort le guarantit de l'obligation,
qu'il auoit audict Conte de Horne. Il
ſemble que la mort n'ait point deſchar
géle premier de ſa foy donnée, & que
le ſecond en eſtoit quite, meſmes ſans
mourir.

LIVRE PREMIER. 29

mourir. Nous ne pouuons eſtre tenus
au dela de nos forces & de nos moiēs.
A ceſte cauſe, par ce que les effaictz &
executions ne ſont aucunemēt en no-
ſtre puiſſance, & qu'il n'y a rien en bon
eſſiant en noſtre puiſſance, que la vo-
lonté: en celle la ſe fondent par neceſſi-
té, & s'eſtabliſſent toutes les reigles du
deuoir de l'homme. Par ainſi le Con-
te d'Aiguemond tenāt ſon ame & vo-
lonté endebtée a ſa promeſſe, bien que
la puiſſance de l'effectuer ne fut pas en
ſes mains, eſtoit ſans doubte abſous de
ſon deuoir, quand il eut ſurueſcu le Cō-
te de Horne. Mais le roy d'Angleter-
re faillant a ſa parolle, par ſon intētion
ne ſe peut excuſer, pour auoir retardé
iuſques apres ſa mort l'execution de ſa
deſloyauté, non plus que le maſſon de
Herodote, lequel ayant loyallement
conſerué durant ſa vie le ſecret des tre-
ſors du

Figure I

Livre Premier. Pages normales : 21 lignes

LIVRE PREMIER. 59

& l'autre reſpondãt, ce ſera tãtoſt vous
meſmes, s'il luy plait, y fuſſe-ie bien de-
mein au ſoir, replica il: recommandés
vous ſeulemẽt a luy, ſuiuit l'autre, vous
y ſerés bien toſt: Il vaut dõc mieux, ad
iouſta il, que ie luy porte mes recom-
mandations moy meſmes. Pendant
nos dernieres guerres de Milan & tant
de priſes & reſcouſſes, le peuple impa-
tient de ſi diuers changemens de for-
tune, print telle reſolution a la mort,
que i'ay ouy dire a mon pere qu'il y
veiſt tenir conte de bien vint & cinq
maiſtres de maiſõ, qui s'eſtoiẽt deffaits
eux meſmes en vne ſepmeine: accidẽt
aprochant a celui de la ville des Xanti-
ens, leſquels aſſiegés par Brutus ſe pre
cipitarent peſle meſle, hõmes, fẽmes,
& enfãs a vn ſi furieux appetit de mou-
rir, qu'õ ne fait rien pour fuir la mort, q̃
ceux

Figure II

CHAP. QVATORISIESME. [sic] *Que le goust des biens et des maux depend en bonne partie de l'opinion, que nous en auons.* - Feuillet D6 r°, paginé 59. Page irrégulière (20 lignes) comportant une réclame.

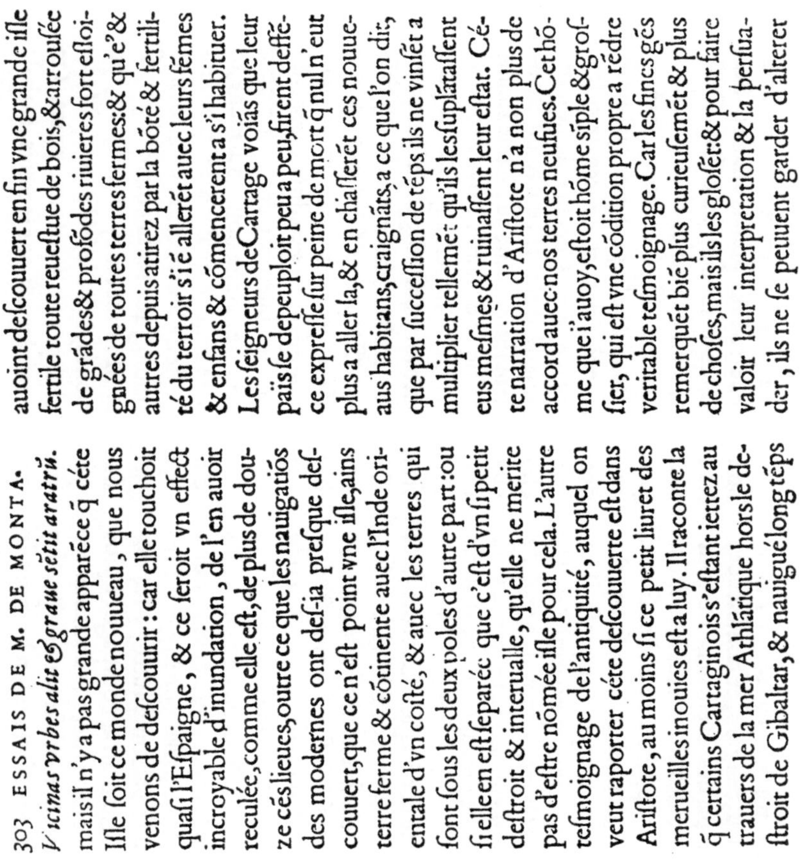

303 ESSAIS DE M. DE MONTA.
*Vicinas vrbes alit & graue sẽtit aratrũ.*
mais il n'y a pas grande apparẽce q̃ céte
Iſle ſoit ce monde nouueau, que nous
venons de deſcouurir : car elle touchoit
quaſi l'Eſpaigne, & ce ſeroit vn effect
incroyable d'inundation, de l'en auoir
reculée, comme elle eſt, de plus de dou-
ze cẽs lieues, outre ce que les nauigatiõs
des modernes ont deſ-ia preſque deſ-
couuert, que ce n'eſt point vne iſle, ains
terre ferme & cõtinente auec l'Inde ori-
entale d'vn coſté, & auec les terres qui
ſont ſous les deux poles d'autre part : ou
ſi elle en eſt ſeparée que c'eſt d'vn ſi petit
deſtroit & interualle, qu'elle ne merite
pas d'eſtre nõmée iſle pour cela. L'autre
teſmoignage de l'antiquité, auquel on
veut raporter céte deſcouuerte eſt dans
Ariſtote, au moins ſi ce petit liuret des
merueilles inouies eſt a luy. Il raconte la
q̃ certains Cartaginois s'eſtant iettez au
trauers de la mer Athlãtique hors le de-
ſtroit de Gibaltar, & nauigué long tẽps
auoint deſcouuert en fin vne grande iſle
fertile toute reueſtue de bois, & arrouſée
de grãdes & profõdes riuieres fort eſloi-
gnées de toutes terres fermes : & qu'e'&
autres depuis atirez par la bõté & fertili-
té du terroir s'i ẽ allerẽt auec leurs fẽmes
& enfans & cõmencerent a s'i habituer.
Les ſeigneurs de Cartage voiãs que leur
païs ſe depeuploit peu a peu, firent deffẽ-
ce expreſſe ſur peine de mort q̃ nul n'eut
plus a aller la, & en chaſſerẽt ces nouue-
aus habitans, craignãts, a ce que l'on dit,
que par ſucceſſion de tẽps ils ne vinſẽt a
multiplier tellemẽt qu'ils les ſuplãtaſſent
eus meſmes & ruinaſſent leur eſtat. Cé-
te narration d'Ariſtote n'a non plus de
accord auec nos terres neufues. Cet hõ-
me que i'auoy, eſtoit hõme sĩple & groſ-
ſier, qui eſt vne cõdition propre a rẽdre
veritable teſmoignage. Car les fines gẽs
remerquẽt biẽ plus curieuſemẽt & plus
de choſes, mais ils les gloſẽt : & pour faire
valoir leur interpretation & la perſua-
der, ils ne ſe peuuent garder d'alterer

Figure III

CHAP. TRENTIEME. *Des cannibales.*

Feuillet T7 v°, paginé 303. Page irrégulière (23 lignes) ne comportant pas de réclame ; Feuillet T8 r°, non paginé. Page irrégulière (24 lignes) ne comportant pas de réclame.

121 ESSAIS DE M. DE MONTA.

vn ſeul a la vertu, religion, et conſcience,
comme ſi ces parties la eſtoient du tout
eſtaintes au monde:& de toutes les actiõs,
pour belles par apparence qu'elles ſoient
d'elles meſmes, il en reiete la cauſe a quelq̃
occaſion vitieuſe, ou a quelque profit. Il eſt
impoſſible d'imaginer que parmi c'eſt in-
fini nombre d'actions, dequoy il iuge, il n'y
en ait eu quelqu'vne produite par la voie
de la raiſon: nulle corruptiõ ne peut auoir
ſaiſi les hõmes ſi vniuerſelemẽt que quel-
cũ n'eſcappe de la cõtagion. Cela me faict
craindre qu'il y aye vn peu du vice de ſon
gouſt, & que cela ſoit auenu de ce qu'il ayt
eſtimé d'autruy ſelon ſoy. En mon Philip-
pe de Comines il y a ceci: vous y trouerrés
le langage doux & agreable, d'vne naïfue
ſimplicité, la narratiõ pure, & en laquele la
bonne foy de l'autheur reluit euidemmẽt
exẽpte de vanité, parlant de ſoy, & d'affe-
ction & d'enuie parlant d'autruy, ſes diſ-
cours & enhortemens accompagnez plus
de bon zele & de verité, que d'aucune ex-
quiſe ſuffiſance, & tout par tout de l'autho
rité & grauité repreſentant ſon homme de
bon

LIVRE SECOND. 122

bon lieu & eleué aus grands affaires. Sur
les Memoires de mõſieur du Bellay. C'eſt
touſiours plaiſir de voir les choſes eſcrites
par ceus qui ont eſſayé, comme il les faut
conduire. Mais il ne ſe peut nier qu'il ne ſe
découure euidemment en ces deux ſei-
gneurs icy vn grand dechet de la fran-
chiſe & liberté d'eſcrire, qui reluit és an-
ciens de leur ſorte, cõme au Sire de Iouin-
uile domeſtique de ſainct Loys, Eginard
chancelier de Charlemaigne, & de plus
freſche memoire en Philippe de Comines.
C'eſt ici pluſtoſt vn plaide pour le roy Frã-
çois contre l'Empereur Charles v. qu'vne
hiſtoire. Ie ne veus pas croire, qu'ils ayent
rien changé quant au gros du faict, mais de
contourner le iugement des euenemens
ſouuent contre raiſon a noſtre auantage, &
d'obmettre tout ce qu'il y a de chatouil-
leux en la vie de leur maiſtre, ils en fõt mé-
tier, teſmoing les recullemens de meſ-
ſieurs de Montmorency & de Brion, qui
y ſont oubliés, voire le ſeul nom de Mada-
me d'Eſtampes ne s'y trouue point. On
peut couurir les actions ſecretes, mais de
faire

Figure IV

LIVRE SECOND

Pages normales : 25 lignes

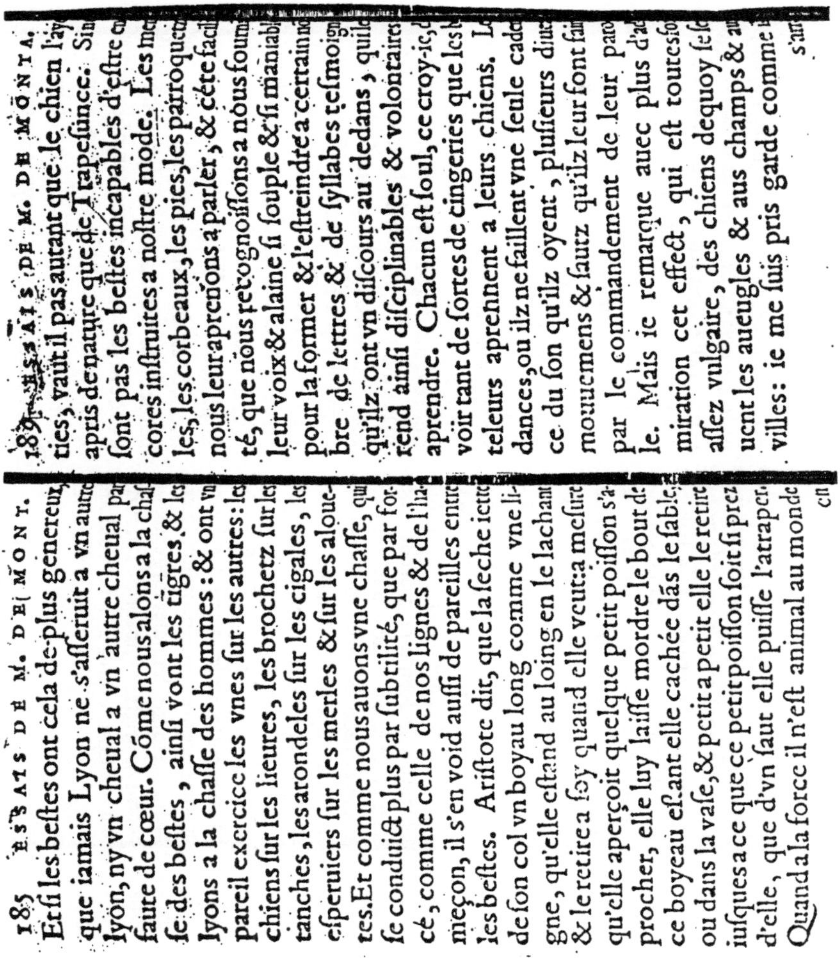

Figure V

CHAPITRE DOVZIESME. *Apologie de Raymond Sebond.*

Feuillet MMm7 v°, paginé 185. Page régulière (25 lignes) comportant une réclame : Feuillet MMm8 r°, paginé 189. Page irrégulière (23 lignes) comportant une réclame.

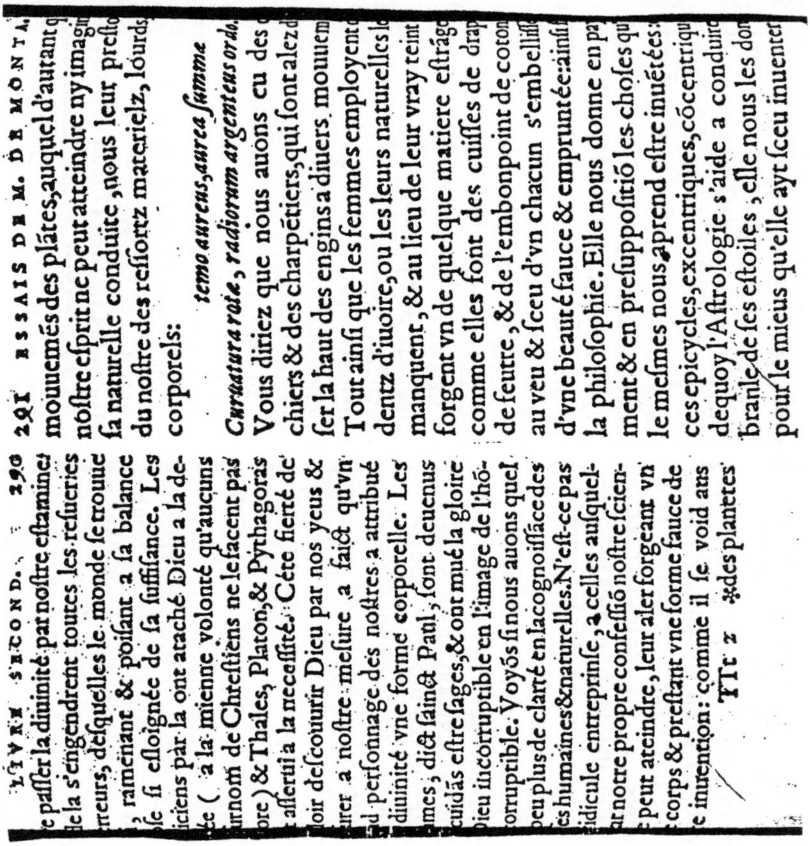

Figure VI

CHAPITRE DOVZIESME. *Apologie de Raymond Sebond.* Feuillet TTt2 r°, paginé 290. Page régulière (25 lignes) comportant une réclame. Feuillet TTt2 v°, paginé 291. Page régulière (25 lignes), comportant une réclame.

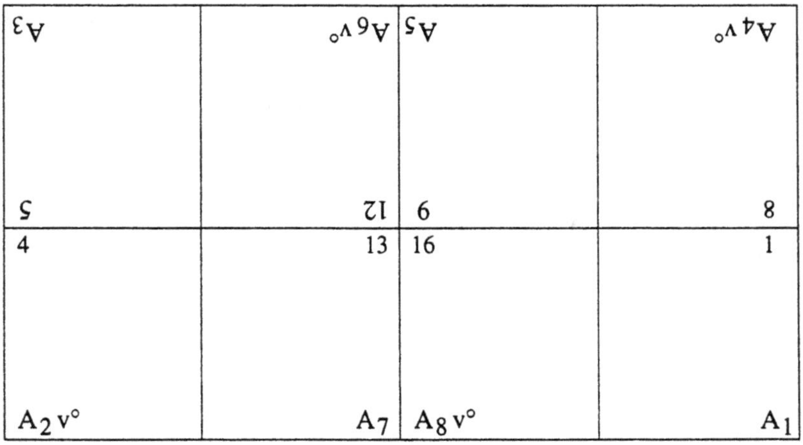


Impression de la forme extérieure (E)

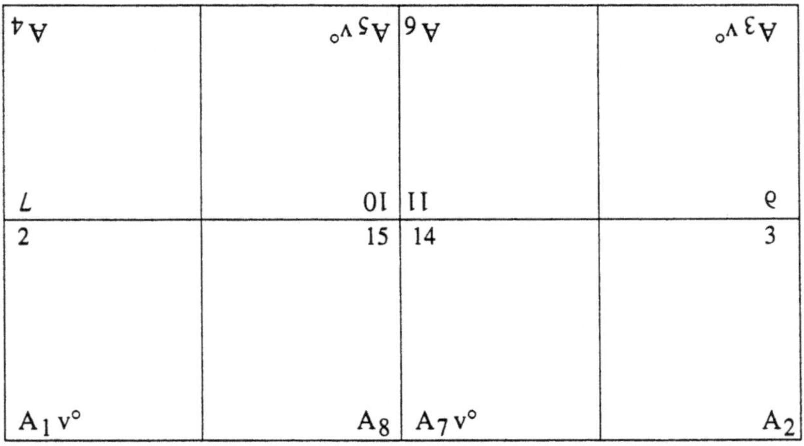


Impression de la forme intérieure (I)

| Forme extérieure (E) | Forme intérieure (I) |
|---|---|
| 1 | 2 - 3 |
| 4 - 5 | 6 - 7 |
| 8 - 9 | 10 - 11 |
| 12 - 13 | 14 - 15 |
| 16 | |

Figure VII

Feuille imprimée *in-octavo*

| feuillet | page | forme |
|---|---|---|
| 1 r° | 1 | E |
| 1 v° | 2 | I |
| 2 r° | 3 | I |
| 2 v° | 4 | E |
| 3 r° | 5 | E |
| 3 v° | 6 | I |
| 4 r° | 7 | I |
| 4 v° | 8 | E |
| 5 r° | 9 | E |
| 5 v° | 10 | I |
| 6 r° | 11 | I |
| 6 v° | 12 | E |
| 7 r° | 13 | E |
| 7 v° | 14 | I |
| 8 r° | 15 | I |
| 8 v° | 16 | E |

Figure VIII

Cahier *in-octavo*

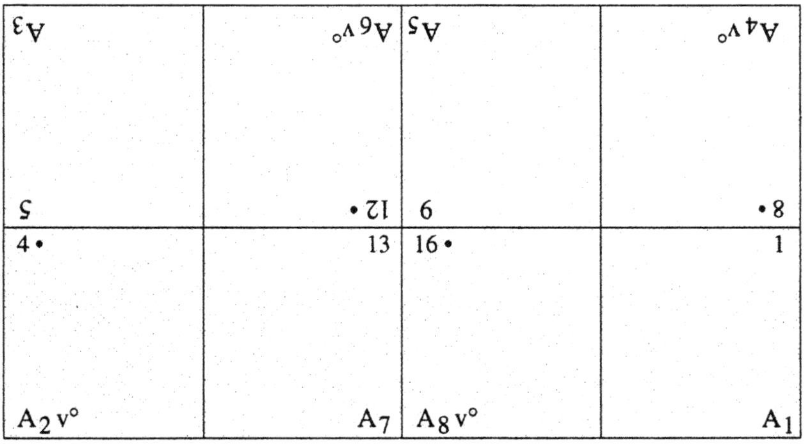


E. Feuille déjà imprimée sur la forme extérieure

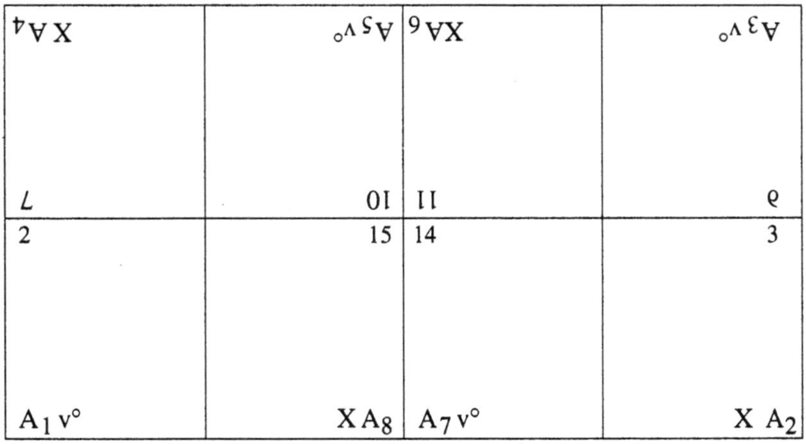


I. Feuille devant être imprimée sur la forme intérieure
(toutes les indications sont virtuelles)

Les transferts sont impossibles :

- de la p. 3 à la p. 4
- de la p. 7 à la p. 8
- de la p. 11 à la p. 12
- de la p. 15 à la p. 16

Les transferts restent possibles dans la forme intérieure :

- de la p. 2 à la p. 3
- de la p. 6 à la p. 7
- de la p. 10 à la p. 11
- de la p. 14 à la p. 15

Figure IX a

Composition par formes

1. Si la forme extérieure a été imprimée la première

( X : Page se heurtant à un “butoir de jonction”

• : Page déjà imprimée empêchant tout transfert de ligne)

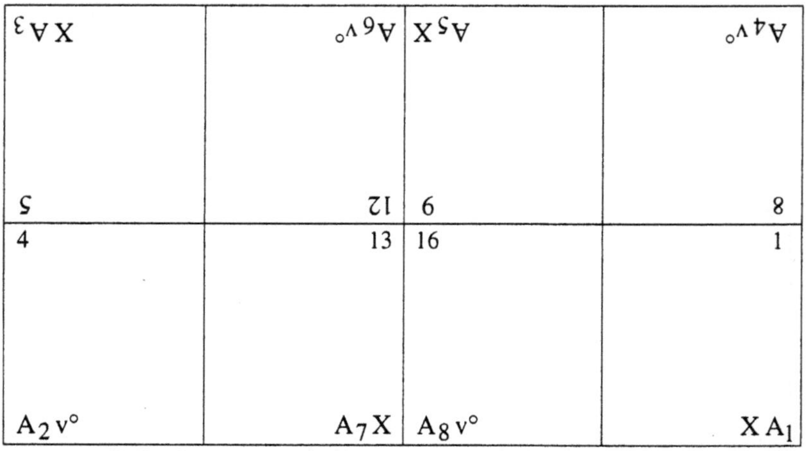


E. Feuille devant être imprimée sur la forme extérieure
(Toutes les indications sont virtuelles)

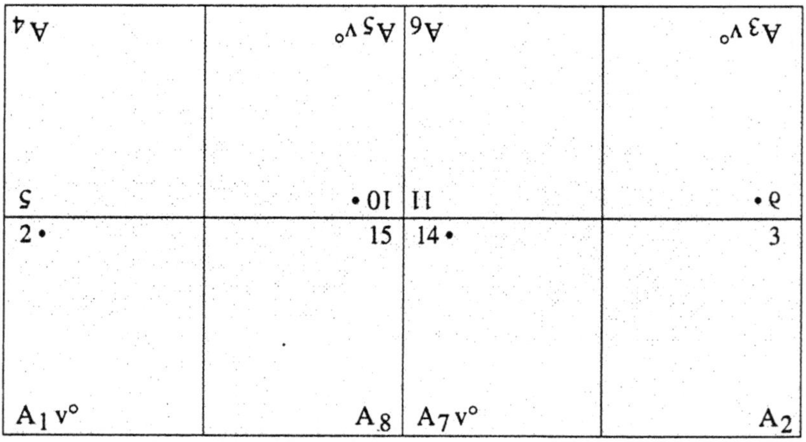


I. Feuille déjà imprimée sur la forme intérieure

Les transferts restent possibles dans la forme intérieure :

- de la p. 4 à la p. 5
- de la p. 8 à la p. 9
- de la p. 12 à la p. 13

Les transferts sont impossibles :

- de la p. 1 à la p. 2
- de la p. 5 à la p. 6
- de la p. 9 à la p. 10
- de la p. 13 à la p. 14

Figure IX b
Composition par formes
2. Si la forme intérieure a été imprimée la première
( X : Page se heurtant à un “butoir de jonction”
• : Page déjà imprimée empêchant tout transfert de ligne)

# NUMÉROTATION ET ORDRE DES CHAPITRES ET DES PAGES DANS LES CINQ PREMIÈRES ÉDITIONS DES *ESSAIS*

On ne saurait accuser la critique d'avoir ignoré les problèmes de disposition et d'organisation des *Essais* de Montaigne. On s'est par exemple récemment intéressé à ce que l'on appelle l'architecture du texte. De Michel Butor[1] à Daniel Martin[2], en passant par Patrick Henry[3] et bien d'autres[4], on a tenté de démontrer que l'organisation des chapitres des *Essais* suit une certaine logique numérique, voire numérologique. Selon cette thèse qui fait de Montaigne un passionné de mnémotechnie, notre auteur aurait toujours été conscient de l'ordre et de la numérotation de ses chapitres, les disposant de façon réfléchie et raisonnée, et d'après une logique mathématique. Les chiffres parlent d'eux-mêmes : un premier livre avec 57 chapitres dont le cœur serait le célèbre chapitre 29, véritable tombeau d'Etienne de La Boétie. De même, le second livre, avec ses 37 chapitres, serait quant à lui dédié au père ou bien encore à la liberté humaine, avec en son centre un essai précisément intitulé « De la liberté de conscience ». A partir de ces chapitres repères, on s'est alors préoccupé de découvrir un plan organisationnel qui expliquerait le schéma textuel des *Essais*. On a fait de Montaigne un auteur on ne peut plus ordonné. Mais il va sans dire que toutes ces hypothèses mathématiques fonctionnent uniquement à partir d'éditions modernes ; elles disparaissent tout simplement quand on regarde de plus près les éditions du

---

1. Michel Butor, *Essais sur les Essais*, Paris, Gallimard, 1968.

2. Daniel Martin, «Démonstration mathématique de l'architecture des *Essais* de Montaigne», *Bulletin de la Société des Amis de Montaigne*, vol. 7-8, 1981, pp. 79-96 ; et *L'Architecture des Essais de Montaigne*, Paris, A.-G. Nizet, 1992.

3. Patrick Henry, *Montaigne in Dialogue. Censorship and Defensive Writing. Architecture and Friendship. The Self and the Other*, Saratoga, Anma Libri, 1987.

4. Voir par exemple les articles réunis par Daniel Martin dans *The Order of Montaigne's Essays*, Amherst, Hestia Press, 1989, notamment celui de Michael Platt, «In the Middle of Montaigne (I-29, II-19, III-7)», pp. 124-143.

vivant de Montaigne. Avant de spéculer sur l'ordre des chapitres et de tirer des conclusions hâtives il est toujours bon de passer du temps dans les bibliothèques à consulter les premières éditions des *Essais*. Bien des thèses auraient ainsi pu nous être épargnées si la critique avait suivi cette étape essentielle à tout discours sur le texte de Montaigne.

Pour notre part, nous nous sommes penché tour à tour sur les éditions de 1580, 1582, 1587 et 1588, ainsi que sur l'exemplaire de Bordeaux corrigé de la main de Montaigne, et enfin sur l'édition de 1595 établie par Marie de Gournay à partir d'un exemplaire des *Essais* trouvé à la mort de Montaigne. Comme on le sait, cette dernière édition, « nouvelle, trouvee apres le deceds de l'Autheur, reveuë & augmentée par luy d'un tiers plus qu'aux precedentes Impressions » correspond probablement à un autre exemplaire des *Essais* (aujourd'hui perdu) comportant des ajouts de Montaigne. C'est en comparant ces diverses éditions que nous avons remarqué un nombre intéressant de problèmes dans la numérotation des chapitres et dans la pagination du texte. Nous voudrions pourtant souligner les limites de nos observations qui par dessein portent uniquement sur la numérotation et l'ordre des chapitres et des pages dans les premières éditions des *Essais*. Nous nous sommes efforcé d'éviter toute conclusion théorique afin de préserver tout le poids et la valeur de l'évidence numérique à notre disposition. En ce sens notre approche se veut purement matérielle et fera abstraction de toute spéculation interprétative. Notre tâche était uniquement de travailler sur ce que l'on pourrait appeler les chiffres des *Essais*, à savoir la pagination de l'ouvrage de Montaigne, la numérotation des chapitres telle qu'elle intervient à la fois dans les tables des matières et dans le texte lui-même.

Commençons par une description des chiffres tels qu'ils se présentent à nous dans l'édition de 1580. Cette première édition bordelaise confiée à l'imprimeur Millanges n'est pas sans problèmes et offre une quantité impressionnante d'erreurs dans la pagination et la numérotation des chapitres. Ces erreurs sont des plus révélatrices. Le lecteur de l'époque, tout comme celui d'aujourd'hui, découvre d'emblée une série de fautes dans la pagination. On pourra certainement imputer la plupart de ces erreurs au travail de composition des artisans imprimeurs employés par Millanges. On sait en effet que les livres imprimés par Millanges à cette époque étaient composés dans un ordre non-séquentiel dit « composition par formes ». Un calibrage précis était effectué et le compositeur recevait la responsabilité d'une page. On lui donnait la réclame en bas de page (renvoi au premier mot de la page suivante) et il devait calibrer sa page en jouant sur les espaces et abréviations typographiques à sa disposition. Il possédait également une certaine marge de disposition puisque l'édition princeps de 1580 comporte des pages de 21 ou 22 lignes. Notons pourtant que chaque compositeur travaillait « en isolement » dans la mesure où il ne voyait pas forcément les pages qui entouraient séquentiellement celle qu'il était en train de composer.

Les erreurs de pagination de la première édition des *Essais* possèdent une logique propre à ce procédé de composition par formes. On constatera cependant que la séquence des pages est rapidement restituée dans l'atelier de l'imprimeur. Nous avons ainsi deux pages 37 et un rétablissement presque immédiat de la numérotation à partir de la page 40, rétablissement effectué par l'absence d'une page 39. De même, nous avons deux pages 41 mais pas de page 43. Les exemples de cette sorte sont relativement nombreux. Nous voyons déjà la façon dont un livre est imprimé à cette époque : plusieurs pages sont composées en même temps et les erreurs détectées ne peuvent être corrigées qu'une fois que les formes intérieures et extérieures sont comparées. N'oublions pas que les numéros des pages qui se suivent appartiennent à des formes soit intérieures, soit extérieures. Ainsi les pages 41 et 42 sont imprimées sur des feuilles séparées, ce qui rend les erreurs de pagination difficiles à déceler.

Souvent les numéros sont tout simplement inversés. Ainsi, la page 53 indique 35. De même, nous trouvons une page numérotée 19 après la page 59, mais avec un rétablissement presque immédiat grâce à la suppression de la page 61. Nous avons encore deux pages 117 mais pas de page 119 selon le même principe d'une erreur rapidement découverte lors de la comparaison des formes intérieure et extérieure, alors que ces pages sont déjà composées et imprimées. Rectification également rapide après les deux pages numérotés 121 et donc l'absence voulue d'une page 123. Ces sauts de pages permettent à l'imprimeur de rétablir la séquence logique dans la pagination. Comme on le voit, ces erreurs dans les nombres des *Essais* nous en disent long sur la façon dont on imprimait les livres à cette époque. On s'aperçoit que l'imprimeur n'était guère enclin à réimprimer un nombre même restreint de grandes feuilles de huit pages (selon le système des pliages pour les octavo) comportant par exemple la page 118 (qui avaient déjà été imprimées avec le chiffre 117) et décidait tout simplement de corriger cette erreur en sautant un chiffre des pages qui suivaient, le plus souvent au début de la forme suivante. Les exemples de ce procédé sont très fréquents dans la première édition de 1580. Ils s'expliquent facilement par le prix élevé du papier qui était le plus souvent acheté par l'auteur lui-même.

On voit donc que, quoique relativement nombreuses, les erreurs de pagination sont vite rétablies dans la première édition des *Essais*. Il aurait été intéressant de voir ce que Montaigne corrigea lui-même après la publication de la première édition Millanges et si la seconde édition de 1582 avait effectivement pour but principal de corriger le nombre important d'erreurs intervenues lors de l'impression de 1580. Notons de plus que la table des matières de l'édition de 1580 possède également plusieurs erreurs dans la pagination et la numérotation des chapitres. On remarquera aussi en passant qu'une faute typographique s'est glissée dans l'intitulé du chapitre 45 qui se lit « De la bataille de Dieux » au lieu de « De la bataille de Dreux », lapsus d'un apprenti compositeur qui en dit long sur le climat politique et social de l'époque.

La constatation numérique de loin la plus intéressante au sujet de cette première édition Millanges est l'absence d'un chapitre 29 dans le texte puisque le chapitre intitulé « Vingt neuf sonnetz d'Estienne de la Boëtie a Madame de Grammont contesse de Guisen » porte le numéro 28 en toutes lettres « CHAP. VINHUITIESME. » (Fig. I). Nous avons en fait deux chapitres 28 («De l'amitié » et « Vingt neuf sonnetz ») dans cette première édition ; le chapitre « De la moderation » étant quant à lui numéroté 29 en pleines lettres (Fig. II). Le chapitre « Des Cannibales » porte le numéro 30 et l'erreur de numérotation des chapitres est rétablie à partir du chapitre 32 en éliminant tout simplement le numéro 31 dans cette séquence. On aurait pu penser que cette erreur des plus frappantes aurait certainement dû sauter aux yeux de Montaigne si celui-ci avait vraiment porté l'importance qu'on lui accorde à l'organisation et à la numérotation de ses chapitres. On pourrait à ce point se demander si les fameux vingt-neuf sonnets d'Estienne de La Boétie étaient véritablement censés représenter le cœur du premier livre, du moins d'un point de vue arithmétique.

Poursuivons notre enquête sur le chapitre 29. Bien que la table des matières fasse référence à un chapitre 29, le chapitre lui-même ne porte jamais ce numéro, dans aucune des éditions du vivant de Montaigne – sauf celle de 1587 imprimée par Richer, édition que Montaigne n'a certainement pas revue. Les variantes de ces erreurs dans la numérotation du chapitre « Vingt & neuf sonnets d'Estienne de la Boétie » sont présentées sur la Fig. III. L'exemplaire de Bordeaux comporte encore cette erreur malgré les corrections apportées par Montaigne sur cette même page où interviennent le titre et le numéro de chapitre (Fig. IV). Nous avons montré ailleurs que cette erreur systématiquement répétée sous des formes différentes dans toutes les éditions du vivant de Montaigne (ainsi que dans l'édition de 1595) jette un doute sur la thèse qui fait du chapitre 29 le centre ou le cœur du premier livre des *Essais*[1]. Notons

1. Philippe Desan, «La place de La Boétie dans les *Essais* ou l'espace problématique du chapitre 29», in Zoé Samaras, ed., *Montaigne : Espace, Voyage, Ecriture*, Paris, H. Champion, 1994, pp. 181-189.

également que les sonnets tels qu'ils sont imprimés par Millanges apparaissent en un caractère plus petit et ne comportent aucune pagination.

Mais ce chapitre 29 des plus problématiques ne représente pas la seule aberration numérique des *Essais*. Les erreurs dans la numérotation des chapitres sont multiples du vivant de Montaigne. Ainsi, pour reprendre l'exemplaire de Bordeaux, on s'aperçoit que le chapitre 23 («De la coustume ») indique XIII au lieu de XXIII. Une autre erreur tout à fait surprenante apparaît à nouveau dans l'exemplaire de Bordeaux. En effet, au lieu d'indiquer XLIII, le chapitre « Des loix somptuaires » indique XXXIX. Montaigne n'apporte aucune correction à cette erreur, bien qu'il surcharge copieusement ses marges d'« allongeails », et cela en plusieurs temps. De plus, et de façon peut-être encore plus frappante, dans le deuxième livre des *Essais* aucun chapitre ne porte le numéro 37 à partir de l'édition de 1582 (et alors qu'il y avait bien un chapitre 37 dans l'édition de 1580), que cela soit pour les édition de 1582, 1587, 1588 ou l'exemplaire de Bordeaux. Il y a en effet deux chapitre XXXVI («Des plus excellens hommes » et « De la ressemblance des enfans aux peres ») dans toutes ces éditions (Figs V et VI). Si l'on part du principe que l'édition de 1582 avait pour but de corriger les erreurs qui s'étaient glissées dans l'édition princeps on s'étonnera alors de cette nouvelle confusion dans la numérotation.

La table des matières de l'exemplaire de Bordeaux comporte également plusieurs fautes dans la numérotation des chapitres, erreurs qui n'ont toujours pas été corrigées par Montaigne. Par exemple, « De la solitude » (chapitre 39) indique 30. Pour ce qui est du deuxième livre nous avons deux chapitres 16 dans la table des matières. Remarquons enfin que toutes ces erreurs ne doivent pas uniquement être attribuées à la numérotation en chiffres romains car elles sont nombreuses aussi bien pour les chiffres arabes des numéros de page que pour les numéros de chapitre écrits soit en toutes lettres soit encore en chiffres romains.

La première conclusion qui vient à l'esprit est certainement d'affirmer que Montaigne n'accorde aucune importance aux chiffres. Jusqu'à présent tous les exemples donnés pourraient nous permettre de défendre cette thèse. Mais il n'en est pas ainsi. En effet, on ne peut pas dire que Montaigne ne s'intéresse pas aux chiffres. Ainsi, dans l'exemplaire de Bordeaux, il s'aperçoit d'une erreur dans la numérotation des pages (comme on l'a vu elles sont très nombreuses) puisqu'il corrige bon nombre de chiffres apparaissant sur les feuillets (les feuillets 60 et 61 par exemple qui indiquent 50 au lieu de 60 et 48 au lieu de 61). Rappelons à ce sujet que la pagination dans l'édition L'Angelier de 1588 est en folios et non pas en pages. Montaigne rectifie à nouveau 63 au lieu de 50. Il rature horizontalement les chiffres défectueux et inscrit les chiffres corrects sur la droite (Fig. VII). Plus loin il corrige le folio 83 en faisant un 8 sur ce qui semble avoir été un 9. Dans ce cas des plus intéressants il choisit de dessiner un nouveau chiffre sur le chiffre déjà imprimé. Il retouche encore le folio 98 qui indiquait 89. De même, il corrige le numéro du folio 106, folio où non seulement la pagination est erronée mais le chiffre est également illisible à cause d'une tache d'encre (Fig. VIII). Il modifie encore le folio 112 qui indiquait 103 et écrit plus loin 130 au lieu de 122.

Alors qu'il travaille sur ses propres chapitres, Montaigne remarque à plusieurs reprises des erreurs de pagination qu'il juge bon de rectifier lui-même. C'est dans cette veine que Montaigne s'aperçoit d'une nouvelle série d'anomalies entre les folios 155 et 158 qui indiquent 355 à 358. Il fait un 1 sur le 3 à quatre reprises (Fig. IX). Il barre aussi le chiffre 154 et indique 162 sur la droite du numéro (Fig. X). Nouveau problème à partir du folio 163, et cela jusqu'au folio 176, avec encore une fois un 3 pour le chiffre des centaines au lieu d'un 1. Montaigne s'applique à changer tous ces numéros. Quand il s'agit uniquement de transformer le 3 en 1 il fait tout simplement un trait vertical sur le 3 (Fig. XI). Cependant, dans le cas d'une erreur portant sur deux chiffres, comme c'est le cas pour le folio 164 qui indique 356, il barre tout simplement le chiffre erroné avec un trait horizontal suivant son habitude et réécrit le chiffre correct sur la droite.

Montaigne est souvent créatif dans la façon de modifier certains chiffres. Ainsi, alors que le folio 171 dans l'exemplaire de Bordeaux aurait du indiquer 179, Montaigne rectifie cette erreur grâce à une transformation du 1 en 9. Pourtant, pour le folio 172, qui aurait en fait du être le folio 180, il est forcé de corriger deux chiffres et barre donc le numéro de folio pour le reporter sur la droite (Fig. XII). Montaigne s'applique à systématiquement corriger tous les numéros qui suivent. Le folio 182 offre un exemple intéressant car sur la droite du numéro barré par Montaigne nous avons une tache d'encre relativement importante ; Montaigne doit donc réécrire le numéro en chiffres beaucoup plus gros afin qu'ils soient lisibles (Fig. XIII). Le résultat est un numéro disproportionné avec un 8 qui s'enroule autour de la tache.

Nous pourrions multiplier les exemples de cette sorte. Cette attitude de Montaigne vis-à-vis de la numérotation des pages et des folios de ses *Essais* prouve que Montaigne n'est pas indifférent aux problèmes de pagination et de numérotation. L'exemplaire de Bordeaux nous éclaire sur la pratique de Montaigne pour ce qui est de l'aspect matériel de ses chapitres, et plus particulièrement sa réaction face aux problèmes intervenus dans la pagination au cours de l'impression. Montaigne corrige tant qu'il le peut, tout en sachant d'ailleurs très bien que les nouveaux numéros de folios qu'il rétablit dans leur séquence logique dans l'exemplaire sur lequel il travaille ne serviront à rien pour une prochaine impression. Les ajouts accumulés dans les marges, lesquels devront être imprimés dans une prochaine édition, rendent en effet ce processus de numérotation superflu. Mais Montaigne n'a peut-être pas l'intention de rééditer ses *Essais* après 1588 et alors, dans ce cas, ces corrections auraient tout simplement été effectuées pour lui-même – sans souci de l'imprimeur. On pourrait aussi avancer, et de façon certainement plus crédible, que bien qu'elles ne servent à rien pour aider la composition d'une édition à venir, ces corrections montrent le souci de Montaigne pour l'aspect physique et matériel de son livre. Notre auteur attache beaucoup d'importance à la forme de ses écrits. Les travaux d'André Tournon et de Nina Catach sur les retouches entreprises par Montaigne, aussi bien pour la ponctuation que pour l'orthographe, vont certainement dans ce sens. Il faut donc aussi constater que Montaigne se préoccupe assidûment de la pagination de ses *Essais*.

Survient ici un moment important qui nous en dit long sur la façon dont Montaigne travaille. Alors qu'il vient de corriger une dizaine de numéros, Montaigne s'aperçoit rapidement que la séquence qu'il a tenté de rétablir devra en fait être reportée pour le reste de ses *Essais*, soit au total plus de 170 folios à rectifier. L'écart de 9 folios qui s'est creusé entre la bonne numérotation et celle de l'imprimeur est en effet impossible à rétablir sans changer les chiffres de tous les folios qui suivent. Montaigne abandonne à ce point les corrections qu'il avait logiquement apportées jusqu'à présent. Il choisit consciemment d'accepter cet écart entre sa dernière correction (folio 183 au lieu de 175) et le folio suivant numéroté 176 par l'imprimeur et que Montaigne laisse tel quel. Rappelons qu'il avait pourtant été jusqu'à présent très créatif : le folio numéroté 170 est transformé en 178 par l'ajout d'un petit rond au-dessus du 0. De même, le 1 des unités du folio 171 se change en 9 de façon si parfaite qu'il est bien difficile de détecter cette correction à partir de la reproduction photographique de l'exemplaire de Bordeaux.

Montaigne ne se préoccupe plus de la pagination à partir de cette « découverte » qui lui semble irréparable puisqu'il ne corrige pas le folio 271 qui indique 171. A ce point de notre enquête on pourrait donc croire que toutes ces corrections dans la pagination sont intervenues en un seul temps. Du genre : un jour Montaigne décide de revoir la pagination de ses *Essais*, et cela dès le début de l'ouvrage. Il n'en est pourtant rien. Un exemple parmi d'autres laisse plutôt supposer que cette préoccupation pour la pagination n'est pas l'effet d'une seule occurrence mais est bien intervenue à plusieurs moments entre 1588 et 1592. La meilleure preuve de cette hypothèse est le folio numéroté 264 par l'imprimeur, folio du chapitre 17 du deuxième livre («De la praesumption ») dont les marges comportent d'abondants ajouts. Montaigne apporte un nombre considérable d'additions autour (en haut et à droite) du numéro de folio et se rend compte d'une erreur dans le numéro des centaines sans toutefois s'assurer que les chiffres des dizaines et des unités suivent bien le numéro du folio précédent. Comme nous l'avons vu, Montaigne a pour habitude de raturer les numéros défectueux et de reporter les nouveaux chiffres sur la droite. Pourtant, dans ce cas précis, il n'a plus de place à droite et corrige les chiffres sous le numéro imprimé. Il écrit 274 au lieu de 264 (Fig. XIV). Montaigne sait qu'il est dans les 200 et a vu un 7 pour les dizaines des folios antérieurs. Pourtant le folio qui précède indique 171 (au lieu de 271) – chiffre que Montaigne n'a pas corrigé. De même, le folio suivant indique 273 et Montaigne ne change pas ce chiffre qui est d'ailleurs correct si l'on tient compte du décalage intervenu précédemment.

Tout cela est bien compliqué mais nous éclaire sur la façon de travailler de Montaigne. A partir de ces observations, nous pouvons donc affirmer avec certitude que l'auteur des *Essais* n'a pas corrigé la pagination en une seule fois mais fut souvent alerté des erreurs de pagination alors qu'il travaillait à augmenter le texte de ses chapitres. Montaigne s'intéresse aux chiffres des *Essais* tout comme il s'intéresse à la ponctuation et à la représentation physique de son texte. Même les pages qui comportent peu de corrections dans le texte font l'objet d'une attention toute particulière et minutieuse quant à la pagination. L'inversion des chiffres des dizaines et des unités (folio 287) pousse par exemple Montaigne à intervertir les chiffres par un crochet (Fig. XV).

Toute étude, même superficielle, de l'exemplaire de Bordeaux nous autorise à souligner l'importance des corrections numériques entreprises par Montaigne. Ce dernier est indiscutablement préoccupé par l'apparence physique de son livre, et plus particulièrement par tout ce que l'on pourrait aujourd'hui considérer comme le péritexte des *Essais*. Il accorde par exemple un intérêt sensible aux en-tête et à la pagination des différentes éditions de son livre. Les preuves les plus visibles de cette attention particulière pour le péritexte sont encore une fois les nombreuses corrections portant sur les paginations erronées mais aussi la modification du haut de page qu'il voudrait qu'on lise « ESSAIS DE MICHEL DE » pour ce qui est du verso des folios (donc de la page de gauche) et « MONTAIGNE LIV. 1 » sur le recto (page de droite) au lieu de « ESSAIS DE M. DE MONTA. » et « LIVRE PREMIER » que l'on trouve sur l'édition de 1588 (Figs XVI et XVII).

L'apparition d'un troisième livre dans l'édition de 1588 pose un problème nouveau de pagination pour ce qui est de chacun des livres. En effet, alors que l'édition de 1580 en deux volumes comprend deux paginations séparées (496 pages pour le premier livre et 650 pour le second), la réédition de 1582 possède une pagination continue, soit un total de 806 pages. Notons que la table des matières de l'édition de 1582 corrige plusieurs fautes intervenues dans la première édition. Une nouvelle erreur se glisse pourtant dans l'édition de 1582 puisque nous avons deux chapitres numérotés 16 et aucun ne portant le numéro 15. Il faut pourtant admettre que, dans l'ensemble, l'édition de 1582 comporte moins d'erreurs de pagination que l'édition de 1580. On remarquera que la page 43 intervient deux fois mais l'erreur est tout de suite rectifiée. De même, les pages 124 et 125 indiquent 224 et 225 ; les pages 128, 129 et 130 donnent 228, 229, 230 ; et les pages 134 et 135 sont marquées 234 et 235.

Tout comme dans l'édition de 1580, nous avons deux fois un chapitre 28 («CHAP. XXVIII ») dans l'édition de 1582 et le chapitre 29 est également absent. Sans numérotation de chapitre, les sonnets de La Boétie pourraient très bien être comptés comme chapitre 29, c'est-à-dire en considérant la courte introduction à la comtesse de Guissen comme le véritable chapitre 28 – ce qui n'explique pas pour autant la présence de deux chapitres 28. N'oublions pas non plus que les sonnets sont eux-mêmes numérotés en chiffres romains, tout comme les chapitres. Même l'exemplaire de Bordeaux, annoté de la main de Montaigne, ne change pas le numéro de chapitre qui désormais indique XXX en chiffres romains après le dernier sonnet numéroté XXIX («Ja reluisoit la benoiste journée ») (Fig. XVIII). Le chapitre « De la moderation » porte effectivement bien le numéro 30 dans l'exemplaire de Bordeaux. La figure XVIII montre bien comment une erreur put se produire dans l'atelier de L'Angelier. Rappelons encore une fois que le compositeur travaillait sur une seule page à la fois sans voir les pages qui précédaient et suivaient celle qu'il était en train de composer. Cette erreur de numérotation d'un des chapitres soi-disant les plus importants du premier livre – erreur systématiquement répétée pour le chapitre 29 dans les éditions de 1580, 1582 et 1588 – jette un doute profond sur les thèses qui avancent une architecture numérique – voire numérologique – des *Essais*. En ce qui concerne le centre du second livre avec ses trente-sept chapitres, on pourra aussi s'étonner d'avoir deux fois un chapitre 36 (XXXVI) dans les éditions de 1582 et 1588, et on soulignera l'absence d'un chapitre numéroté 37 dans ces éditions. Nous ne voulons certes pas nier l'importance de la mnémotechnie à la Renaissance mais aimerions atténuer un peu le point de vue critique qui fait de Montaigne un arithméticien qui calcule, divise et organise ses chapitres autour d'un centre fixe qui aurait été La Boétie, son père ou quiconque.

Passons maintenant à l'édition Richer de 1587. Cette édition est intéressante dans la mesure où Montaigne n'eut rien à voir avec sa publication. Il est en effet peu probable qu'il ait participé à son impression. Rappelons que le privilège pour les *Essais* fut accordé à Millanges le 9 mai 1579 pour une durée de huit ans. En 1587 Richer considère donc les *Essais* dans le domaine public et reprend le texte à son compte (certainement avec l'accord de Millanges). Notons que l'édition Richer de 1587 paraît sans nouveau privilège. Richer imprime les *Essais* en corrigeant la plupart des erreurs relatives à la pagination et à la numérotation des chapitres qui étaient intervenues lors de l'impression des deux éditions Millanges. On pourrait ici penser que les imprimeurs parisiens travaillaient mieux que les imprimeurs bordelais. L'édition Richer de 1587 comporte en effet très peu d'erreurs de pagination ou de numérotation des chapitres. C'est de loin l'édition la moins problématique puisqu'elle corrige la plupart des erreurs produites dans l'atelier de Millanges. Nous pourrions même dire que cette édition Richer est supérieure à celle de L'Angelier sur ce point précis de la numérotation des pages et des chapitres. Il faut en effet attendre les pages 394 et 395 (qui indiquent 384 et 385) pour rencontrer les premières erreurs dans la pagination de l'édition Richer. Les choses se dégradent pour les pages qui suivent : nous lisons 399 au lieu de 397, 388 pour 398, 389 pour 399, 403 pour 401, 392 pour 402, 393 pour 403, mais le second livre rétablit la pagination correcte. L'erreur la plus remarquable de l'édition Richer est dans le titre du chapitre 55 du premier livre. Au lieu de « Des Senteurs » on lit en effet « Des Senateurs ». Cette faute de typographie est comparable à celle qui s'était glissée dans le titre (au niveau de la table des matières) de l'édition de 1580 qui parlait de « De la bataille de Dieux » au lieu de « De la bataille de Dreux ».

Nous terminerons notre survol numérique des éditions des *Essais* publiées au XVI^e^ siècle avec la célèbre édition de 1595 revue et préfacée par Marie de Gournay. Notons que l'édition de 1595 numérote les pages et non plus les folios comme dans l'édition de 1588. Dans l'ensemble cette édition comporte très peu d'erreurs et le travail éditorial de Marie de Gournay y est certainement pour quelque chose. Notons pourtant quelques erreurs dans la pagination : 96 pour 87, 97 pour 88, 76 pour 92. En dépit des retouches et corrections effectuées par Marie de Gournay, l'édition de 1595 pose néanmoins un nouveau problème des plus intéressants pour ce qui concerne l'organisation et l'ordre des chapitres. Dans cette édition le chapitre 14 («Que le goust des biens et des maux depend en bonne partie de l'opinion que nous en avons ») est en effet relégué au chapitre 40. On a dit que ce déplacement de chapitre pouvait s'expliquer par le style qui ne correspondait pas aux chapitres environnants. Après nous être penché longuement sur le chapitre 14 il paraît néanmoins impossible de déceler une telle différence.

Rien n'explique de façon certaine ce déplacement du chapitre 14. On pourra certes avancer tout ce que l'on veut dans la mesure où le texte lui-même ne nous éclaire nullement sur cette décision éditoriale prise par Marie de Gournay. Nous remarquerons cependant que si Montaigne avait envisagé un ordre bien défini pour ses chapitres Marie de Gournay n'était quant à elle pas au courant d'un tel ordre, sinon elle n'aurait certainement pas déplacé le chapitre 14. La table des matières nous apprend que les « Vint neuf sonnets d'Estienne de la Boetie » forment désormais le chapitre 28 (à cause du chapitre 14 qui devient chapitre 40). On se demandera ce qui a poussé Marie de Gournay à déplacer ce chapitre qui correspond à 14 grandes pages imprimées dans l'édition de 1595.

Il y a de plus une erreur typographique dans les chiffres du chapitre 29 qui au lieu d'indiquer 29 indiquent 26 (inversion du 9 en 6). Toutes les hypothèses sont possible pour expliquer ce décentrement du premier livre des *Essais*. Marie de Gournay s'aperçut peut-être du problème créé avec le chapitre 29 et la suppression des sonnets de La Boétie. On pourrait avancer que l'élimination des sonnets laisse maintenant un vide. Cette hypothèse ne conduit pourtant nulle part, car si le chapitre 14 était resté là où il était, le chapitre intitulé « Vingt & neuf sonnets d'Estienne de la Boetie » aurait alors véritablement occupé la place centrale du premier livre. Si nous prenons par exemple l'édition Jean Doreau publiée à Leyde en 1609, nous voyons que le chapitre 14 occupe encore la place du chapitre 40 et le chapitre 29 s'intitule « De la modération ». Ce déplacement du chapitre 14 par Marie de Gournay offre comme on le voit une piste des plus intéressantes qui ne pourra être complètement explorée qu'à partir d'une étude matérielle complète de toutes les éditions du vivant de Marie de Gournay – étude que nous avons entamée mais dont nous ne possédons pas encore toutes les données pour offrir une interprétation plausible.

Il est à nouveau surprenant de ne pas trouver de chapitre 37 à la fin du deuxième livre de l'édition de 1595. En effet, tout comme dans les éditions de 1582 (Millanges) et 1588 (L'Angelier), nous avons de nouveau deux chapitres 36 – erreur qui, comme on l'a vu, n'était pas dans la première édition de 1580 ou les chapitres étaient d'ailleurs écrits en toutes lettres : « CHAP. TRENTESIXIESME » et « CHAP. TRENTESETIESME ». Dans l'édition Doreau de 1609 les chapitres 36 et 37 du deuxième livre sont encore tous deux numérotés XXXVI en chiffres romains. On voit donc que, plus de dix-sept années après la mort de Montaigne, les *Essais* comportent encore de nombreuses énigmes relatives à la pagination et à la numérotation des chapitres. Nous n'avons pas les réponses définitives aux questions que nous avons soulevées mais nous aimerions néanmoins recommander aux « critiques suffisants » de prendre ces remarques matérielles en compte quand ils décident de discourir et théoriser sur la forme, l'ordre et l'architecture des *Essais*.

Philippe DESAN

vint &neuf ſonnets que le ſieur de Poiſerré homme d'affaires & d'entendement, qui le connoiſſoit longtemps auant moy a retrouué par fortune ches luy parmy quelques autres papiers, & me les viēt d'enuoier, dequoy ie luy ſuis treſ-obligé, & ſouhaiterois que d'autres qui detiennent pluſieurs lopins de ſes eſcris par cy par la en fiſſent de meſmes.

## CHAP. VINTHVITIESME.

*Vingt neuf ſonnetz d'Eſtienne de la Boëtie a Madame de Grammont conteſſe de Guiſen.*

MAdame ie ne vous offre rien du mien, ou par ce qu'il eſt des-ia voſtre, ou par ce que ie n'y trouué rien digne de vous. Mais i'ay voulu que ces vers en quelque lieu qu'ils

S 2

Figure I

LIVRE PREMIER. 294

CHAP. VINTNEVFIESME.

*De la moderation.*

COmme si nous auions l'attouchement infaict, nous corrompons par nostre maniement les choses, qui d'elles mesmes sont belles & bonnes. Nous pouuons saisir la vertu : de façon qu'elle en deuiendra vicieuse. Comme il aduiēt quand nous l'embrassons d'vn desir trop aspre & trop violant. Ceux qui disent qu'il n'y a iamais d'exces en la vertu, d'autant que ce n'est plus vertu si l'exces y est, ils se ioüent de la subtilité des parolles

*Insani sapiēs nomen ferat, æquus iniqui,*
*Ultra quam satis est virtutem si petat ipsam.*

C'est vne subtille consideratiō de la philosophie. On peut & trop aimer la vertu, & se porter immoderemēt en vne a-

T 3

Figure II

| Numérotation des chapitres | 28 | 29 | 30 | 31 |
|---|---|---|---|---|
| Ed. Millanges (1580) | De l'amitié Vingt-neuf sonnets | De la modération | Des cannibales | ** |
| Ed. Millanges (1582) | De l'amitié Vingt-neuf sonnets | ** | De la modération | Des cannibales |
| Ed. Richer (1587) | De l'amitié | Vingt-neuf sonnets | De la modération | Des cannibales |
| Ed. L'Angelier (1588) | De l'amitié Vingt-neuf sonnets | ** | De la modération | Des cannibales |
| Ed. L'Angelier (1595) | Vingt-neuf sonnets | De la modération (26) | Des cannibales | Qu'il faut sobrement |

Figure III

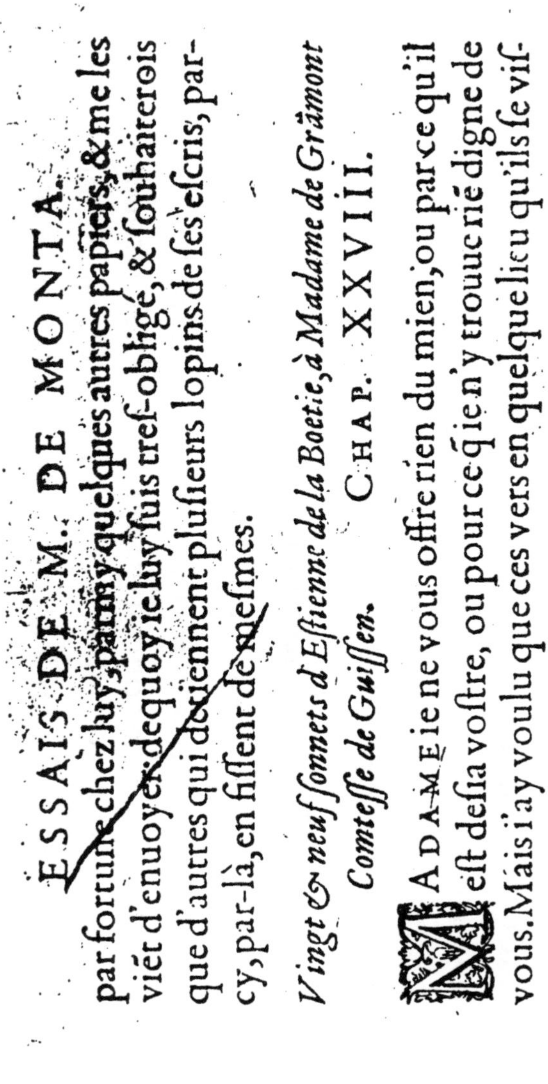

ESSAIS DE M. DE MONTA.

par fortune chez luy, parmy quelques autres papiers, & me les viẽt d'enuoyer: dequoy ie luy suis tresf-obligé, & souhaiterois que d'autres qui detiennent plusieurs lopins de ses escris, par-cy, par-là, en fissent de mesmes.

*Vingt & neuf sonnets d'Estienne de la Boetie, à Madame de Grãmont Comtesse de Guissen.* CHAP. XXVIII.

MADAME ie ne vous offre rien du mien, ou par ce qu'il est desia vostre, ou pour ce q̃ ie n'y trouue riẽ digne de vous. Mais i'ay voulu que ces vers en quelque lieu qu'ils se vis-

Figure IV

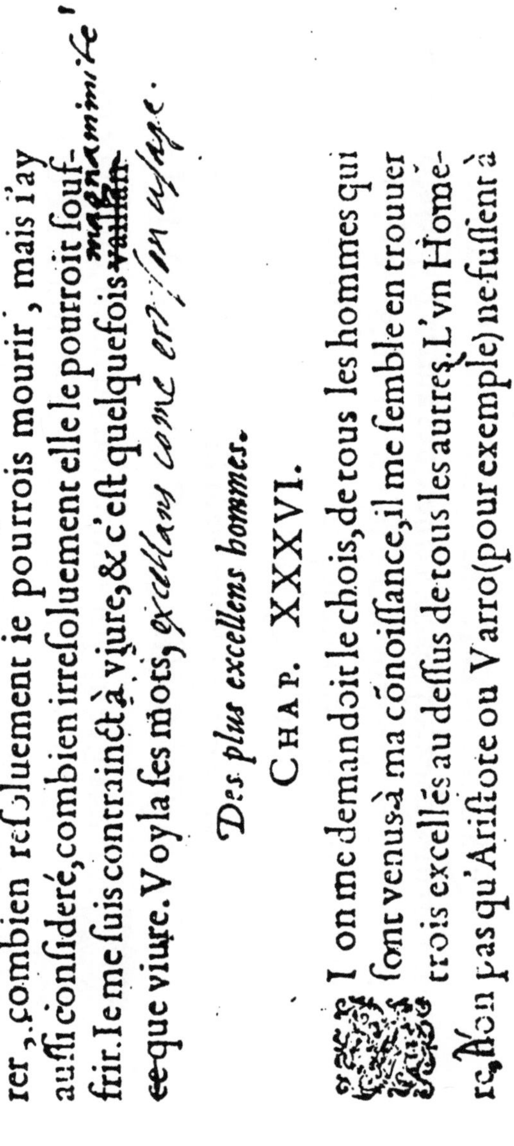
rer, combien resolument ie pourrois mourir, mais i'ay
aussi consideré, combien irresoluement elle le pourroit souf-
frir. Ie me suis contrainct à viure, & c'est quelquefois ~~vaillan~~ magnanimite
~~ce~~ que viure. Voyla ses mots, excellans come en son usage.

*Des plus excellens hommes.*

CHAP. XXXVI.

SI on me demandoit le chois, de tous les hommes qui
sont venus à ma conoissance, il me semble en trouuer
trois excellés au dessus de tous les autres. L'vn Home-
re, Non pas qu'Aristote ou Varro (pour exemple) ne fussent à

Figure V

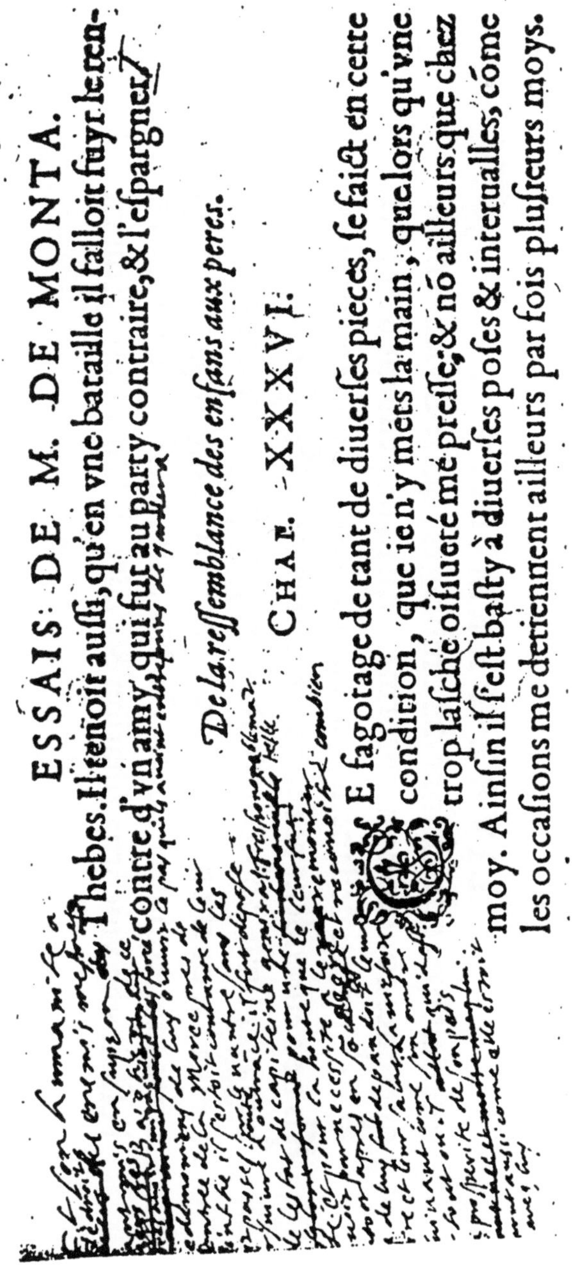
ESSAIS DE M. DE MONTA.

Thebes. Il tenoit aussi, qu'en vne bataille il falloit fuyr le ren-
contre d'vn amy, qui fut au party contraire, & l'espargner.

*De la ressemblance des enfans aux peres.*

CHAP. XXXVI.

CE fagotage de tant de diuerses pieces, se faict en cette
condition, que ie n'y mets la main, que lors qu'vne
trop lasche oisiueté me presse, & no ailleurs que chez
moy. Ainsin il s'est basty à diuerses poses & interualles, come
les occasions me detiennent ailleurs par fois plusieurs moys.

Figure VI

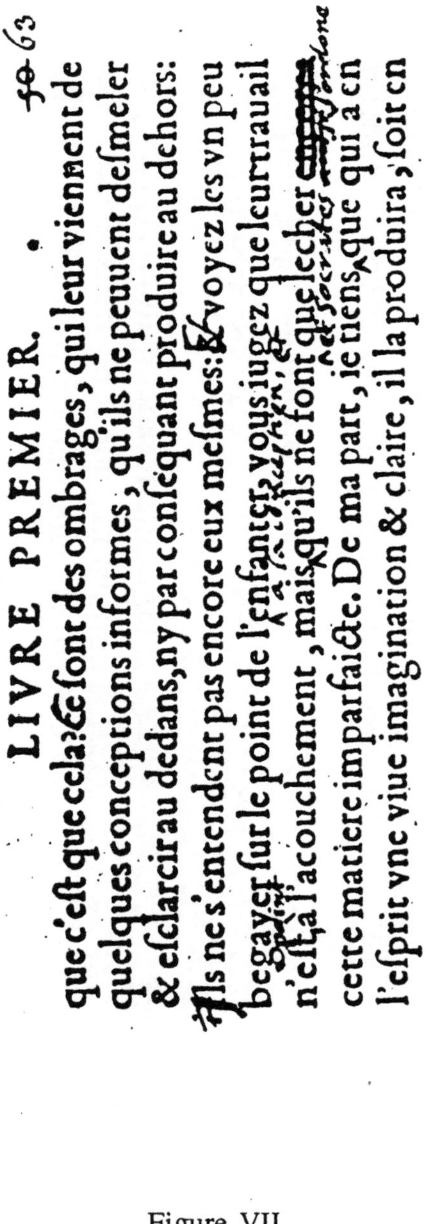

LIVRE PREMIER.

que c'eſt que cela? Ce ſont des ombrages, qui leur viennent de quelques conceptions informes, qu'ils ne peuuent deſmeler & eſclarcir au dedans, ny par conſequant produire au dehors: Ils ne s'entendent pas encore eux meſmes: voyez les vn peu begayer ſur le poinct de l'enfanter, vous iugez que leur trauail n'eſt à l'acouchement, mais qu'ils ne font que lecher encores cette matiere imparfaicte. De ma part, ie tiens que qui a en l'eſprit vne viue imagination & claire, il la produira, ſoit en

Figure VII

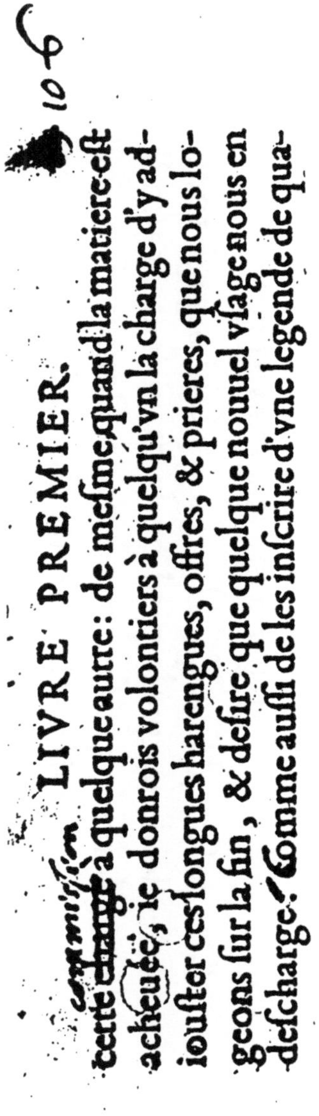

LIVRE PREMIER.

cette ~~charge~~ commission à quelque autre: de mesme quand la matiere est
acheuée, ie donrois volontiers à quelqu'vn la charge d'y ad-
iouster ces longues harengues, offres, & prieres, que nous lo-
geons sur la fin, & desire que quelque nouuel vsage nous en
descharge. Comme aussi de les inscrire d'vne legende de qua-

Figure VIII

LIVRE SECOND. 355

faire noſtres, il faut que l'homme y ſoit engagé tout entier : & les douleurs que le pied ou la main ſentent pendant que nous dormons, ne ſont pas à nous. Comme i'approchay de chez moy, où l'alarme de ma cheute auoit deſ-ia couru, &

Figure IX

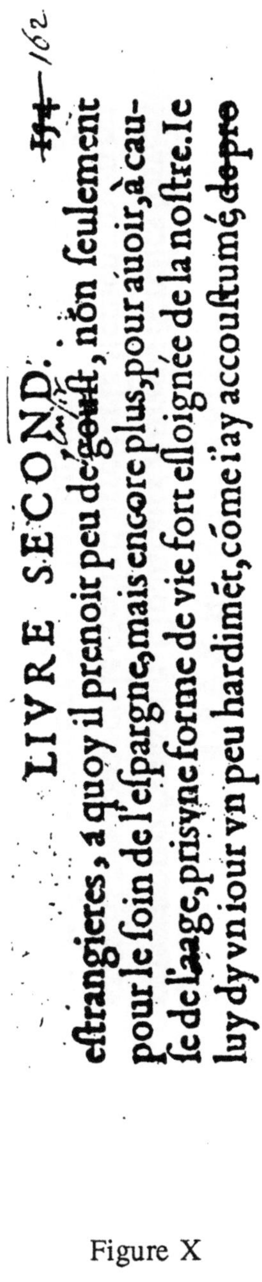
LIVRE SECOND. 144 162

estrangieres, à quoy il prenoit peu de goust, non seulement
pour le soin de l'espargne, mais encore plus, pour auoir, à cau-
se de l'aage, prins vne forme de vie fort elloignée de la nostre. Ie
luy dy vn iour vn peu hardimét, cóme i'ay accoustumé de pre

Figure X

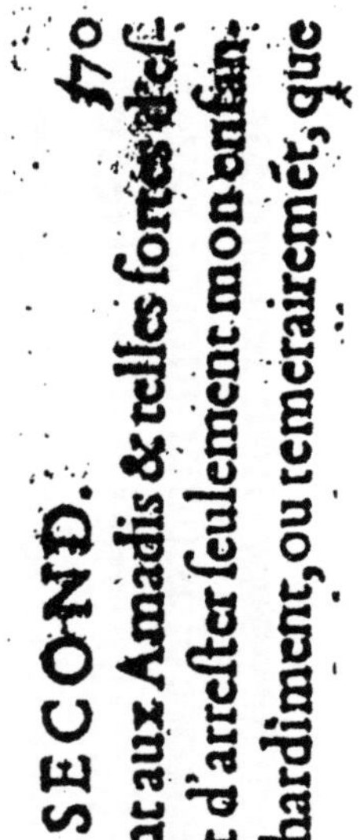
LIVRE SECOND. 170

dignes qu'õ s'y amuse. Quant aux Amadis & telles sortes de l-

ceux, ils n'ont pas eu le credit d'arrester seulement mon enfan-

ce. Je diray encore cecy, ou hardiment, ou temerairement, que

Figure XI

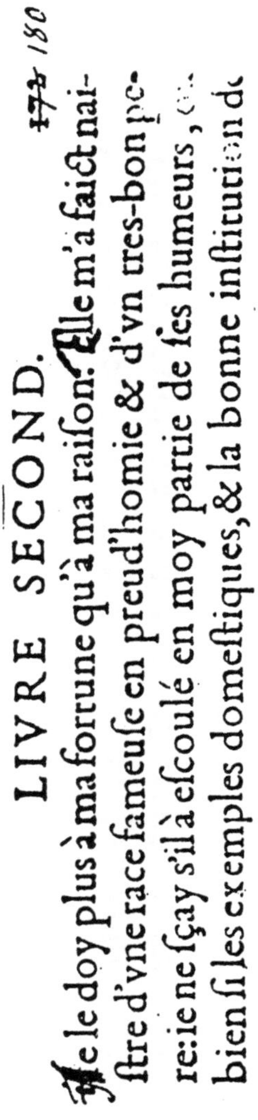

~~172~~ 180

LIVRE SECOND.

Je le doy plus à ma fortune qu'à ma raiſon. Elle m'a faict nai-
ſtre d'vne race fameuſe en preud'homie & d'vn tres-bon pe-
re: ie ne ſçay s'il a eſcoulé en moy partie de ſes humeurs, ou
bien ſi les exemples domeſtiques, & la bonne inſtitution de

Figure XII

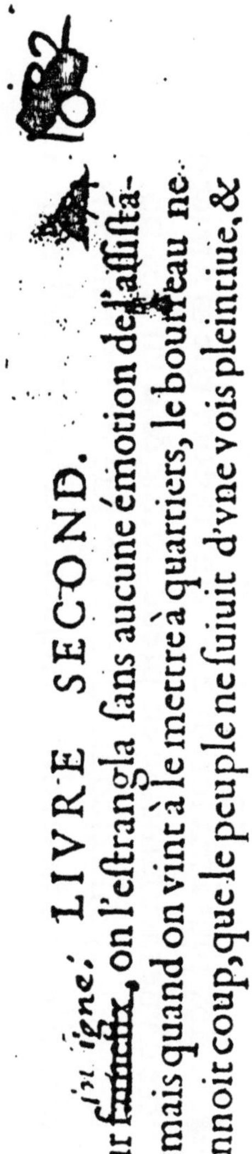
LIVRE SECOND.
en igne
leur ~~ſupplice~~, on l'eſtrangla ſans aucune émotion de l'aſſiſta-
ce; mais quand on vint à le mettre à quartiers, le bourreau ne
donnoit coup, que le peuple ne ſuiuit d'vne vois pleintiue, &

Figure XIII

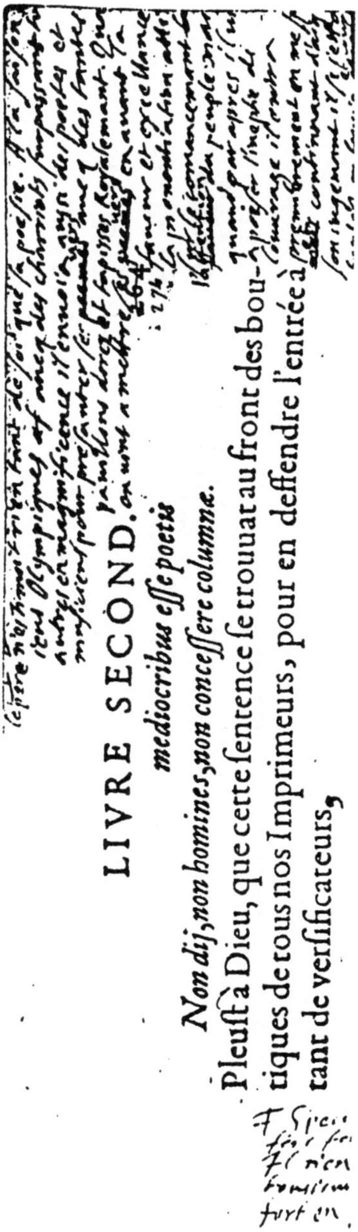

LIVRE SECOND.

*mediocribus esse poetis*
*Non dij, non homines, non concessere columnæ.*

Pleust à Dieu, que cette sentence se trouuat au front des boutiques de tous nos Imprimeurs, pour en deffendre l'entrée à tant de versificateurs,

Figure XIV

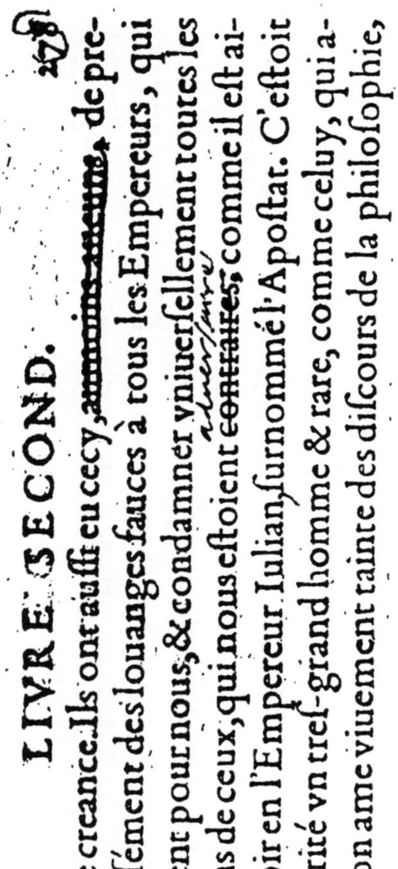

LIVRE SECOND. 278

noſtre creance. Ils ont auſſi eu cecy, de pre-
ſter aiſément des louanges fauces à tous les Empereurs, qui
faiſoient pour nous, & condamner vniuerſellement toutes les
actions de ceux, qui nous eſtoient contraires, comme il eſt ai-
ſé à voir en l'Empereur Iulian, ſurnommé l'Apoſtat. C'eſtoit
à la verité vn treſ-grand homme & rare, comme celuy, qui a-
uoit ſon ame viuement tainte des diſcours de la philoſophie,

Figure XV

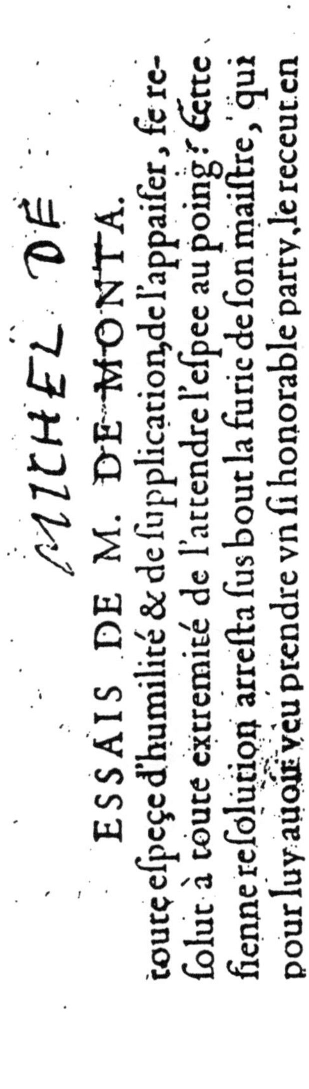

MICHEL DE

ESSAIS DE M. DE MONTA.

toute eſpece d'humilité & de ſupplication, de l'appaiſer, ſe re-
ſolut à toute extremité de l'attendre l'eſpee au poing: Cette
ſienne reſolution arreſta ſus bout la furie de ſon maiſtre, qui
pour luy auoir veu prendre vn ſi honorable party, le receut en

Figure XVI

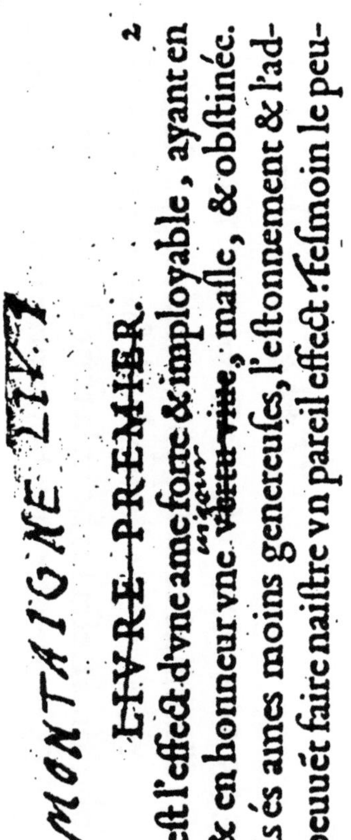

MONTAIGNE LIV. I

~~LIVRE PREMIER.~~ 2

m, que c'est l'effect d'vne ame forte & imployable, ayant en affection & en honneur vne ~~vertu male~~ vigour, masle, & obstinée. Toutesfois és ames moins genereuses, l'estonnement & l'admiration peuuét faire naistre vn pareil effect. Tesmoin le peu-

Figure XVII

## *De la moderation.* CHAP. XXX.

COMME ſi nous auions l'attouchement infect, nous corrompons par noſtre maniemẽt les choſes, qui d'elles meſmes ſont belles & bõnes. Nous pouuons ſaiſir la vertu, de façon qu'elle en deuiendra vicieuſe : ~~comme il aduient quand~~ nous l'embraſſons d'vn deſir trop aſpre & ~~trop~~ violant. Ceux qui diſent qu'il n'y à iamais d'exces en la vertu, d'autant que ce n'eſt plus vertu, ſi l'exces y eſt, ~~ils~~ ſe iouent ~~de la ſubtilité~~ des parolles.

Figure XVIII

# DANS L'ATELIER DE MILLANGES
# LES CONDITIONS DE FABRICATION DES EDITIONS BORDELAISES DES "*ESSAIS*". (1580, 1582)

La manipulation attentive d'un livre, son observation inquiète, peuvent être des moyens sûrs de rejoindre le passé. Pour y retrouver des réalités oubliées ou des significations depuis longtemps silencieuses.

Ouvrons dans cet état d'esprit, côte à côte, les deux tomes de l'édition princips des *Essais* donnée par l'imprimeur Millanges, à Bordeaux, en 1580. Etonnement immédiat : la disparité choquante, un premier coup d'œil, de typographie et de maquette. Le premier tome est imprimé dans des caractères hors de proportion avec le format du volume et affecté de grandes marges qui occupent à peu près la moitié de la surface de la page. Le second a une typographie plus proportionnée mais plus lourde et souvent empâtée au creux des lettres. Les caractères sont moins déliés et l'impression moins nette. Le premier tome accueille une moyenne de 22 lignes de texte par page, le second 26 ; chaque ligne du premier tome contient autour de 38 caractères, chaque ligne du second 43. Les caractères hauts ont 4mm dans le premier tome, 3 mm dans le second.

Si l'on feuillette l'ouvrage avec attention, des erreurs de pagination apparaissent, nombreuses : quatre-vingts pages dans le tome I sont mal numérotées, plus de deux cents dans le tome II. Même à l'aune de l'imprimerie du temps, où les erreurs de pagination ne sont pas rares, il y a là quelque excès qui surprend. Ces erreurs sont si nombreuses qu'une pagination idéale est impossible à restituer pour le second tome, tous les exemplaires consultés étant différents les uns des autres. Plus surprenant, les erreurs de numérotation frappent aussi les signatures d'un certain nombre de folios et même, plus surprenant encore, des réclames qui ne correspondent pas aux pages où elles se trouvent ; les unes et les autres étant parfois, de surcroît, affligées de coquilles. Dans certains cahiers, les cinq premiers feuillets sont signés, dans d'autres les quatre premiers seulement. Les coquilles et fautes d'impression se comptent par centaines. Tout est touché, les pages du titre, les titres intérieurs et les titres courants, avec des répercussions sur l'ensemble de l'ouvrage : soixante dix titres courants se trouvent ainsi finalement affectés[1].

Les montaignistes le savent, les pages du titre de l'édition princeps présentent plusieurs états selon que les distinctions de Montaigne, "Chevalier de l'ordre du Roy, et gentil-homme ordinaire de sa chambre", s'y trouvent ou pas. Mais a-t-on remarqué que les deux tomes d'un même exemplaire ne sont pas forcément appariés, autrement dit le tome I n'a pas toujours une page de titre qui correspond à la page de titre du tome II. Il n'est pas jusqu'aux dimensions de cet *in-octavo* qui ne soient sujettes à disproportion. La dimension du tome I est de 175mm x 115mm ; celle du tome II 171x113[2] : près d'un demi centimètre de hauteur de différence entre les deux volumes est une marge importante. L'imprimeur a pris conscience de ces fautes puisque nombre de folios, et même de cahiers, ont été repris sur la presse, parfois plusieurs fois, certains pour y être entièrement recomposés. Ce qui ne suffit pas toujours : les *errata* viennent corriger de nouveau et, à leur tour, sont affligés de coquilles.

Un tel constat amène à s'interroger sur les raisons d'un travail aussi défectueux, particulièrement surprenant au sujet de l'édition princeps d'un auteur dont on sait le soin qu'il apportait à la surveillance de l'impression de ses œuvres ; d'un auteur qui était présent à Bordeaux pendant la fabrication de son livre. Pour avoir quelque chance d'y voir clair on s'arrêtera au choix du lieu d'édition, aux circonstances de cette publication, à l'enseigne de l'imprimeur.

---

1 Cf. notre édition critique de l'édition princeps des *Essais* à paraître chez Champion, Paris, en 1996.

2 R. A. Sayce et D. Maskell, *A descriptive bibliography cf Montaigne's Essais* (1580-1700), Londres, 1983, p. 3.

On a souvent commenté le passage des *Essais* où Montaigne écrit qu'il "achette les imprimeurs en Guiene" et qu'ailleurs "ils (l') achetent"[1]. Est-on certain qu'il parle là exclusivement de son passage de Millanges à l'Angelier, de Bordeaux à Paris en 1588, qui serait une consécration où l'on change de format de publication (de l'in-octavo à l'in-quarto) en changeant de lieu ? Il convient de renoncer là encore à nos habitudes critiques en la matière. Publier chez Millanges, publier à Bordeaux en 1580, est un choix délibéré pour Montaigne et il faut bien le dire, sur le plan éditorial, une sorte de rupture. On oublie trop que l'écrivain avait commencé sa carrière littéraire à Paris, en éditant en 1569 la traduction de la *Theologia Naturalis* de Raymond Sebon, ouvrage commandé par son père, Maire de Bordeaux, chez Gilles Gourbin et Michel Sonnius (libraire associé à l'Angelier à qui Montaigne donnera la 4e édition connue des *Essais*, celle de 1588), puis en 1571, chez Frédéric Morel, les *Œuvres* de la Boetie, parlementaire bordelais[2]. Tous éditeurs de belle renommée. C'est Paris que délaisse Montaigne écrivain lorsqu'il choisit de publier à Bordeaux les deux premières éditions des *Essais*. Il paiera Millanges pour éditer ses *Essais* alors que, sans doute, il avait été payé à Paris pour publier Sebon et La Boetie. Entendons par là qu'il règle à Millanges ce que coûte la fabrication des volumes et qu'il est remboursé à mesure de leur vente[3]. Bordeaux contre Paris, dépense contre

---

1 *Essais*, III, 2, 809 c. (éd. Villey, Paris, 1963).

2 *La théologie naturelle de Raymond Sebond Docteur excellent entre les modernes, en laquelle par l'ordre de nature, est démontrée la vérité de la Foy chrestienne et catholique*, traduicte, nouvellement de latin en françois. A Paris, chez Gilles Gourbin 1569 ; *La Mesnagerie de Xenophon. Les Règles de Mariage de Plutarque. Lettre de Consolation, de Plutarque à sa femme. Le tout traduict de Grec en François par feu M. Estienne De La Boetie (...) Ensemble quelques vers latins et françois de son invention. Item, un discours sur la mort dudic Seigneur De La Boëtie, par M. de Montaigne*. A Paris. De l'Imprimerie de Frederic Morel, 1571.

3 Voir le contrat de libraire entre Millanges et François de Foix, Evêque d'Aire, à propos de l'édition et de la commercialisation de sa *Philosophie Chrestienne*, premier in-folio publié par l'éditeur bordelais en 1579 : "la somme de quatre cens douze livres dix sols fournois revenant à cens trente sept écus et demi sol, à cause et pour raison de vendition et livrance de cens cinquante exemplaires des Commentaires sur MERCURE TRIMEGISTE,

gain : la décision de Montaigne de publier à Bordeaux est délibérée et a dû être largement pesée. Elle suppose quelque compensation et demande en tout cas explication. Et l'on ne peut rapporter celle-ci qu'à l'intérêt que Bordeaux elle-même représentait en ces années pour Montaigne[1]. On émettra une hypothèse fondée sur sa carrière future.

En 1580, Montaigne est Chevalier de l'ordre du Roi, gentilhomme ordinaire de sa chambre ; il va s'absenter seize mois, pour son long voyage à travers l'Europe. Et lorsqu'il reviendra ce sera comme Maire et gouverneur de Bordeaux, situation de pouvoir considérable, poste stratégique essentiel dans la politique royale. Henri III tenait à avoir un ami sûr en la place en ces temps de troubles. Donald Frame nous a rappelé naguère dans une remarquable étude, que la décision royale de faire élire Montaigne Maire de Bordeaux avait été prise aux conventions de Fleix en automne 1580, Montaigne étant alors auprès de la Cour[2]. Malheureusement, Frame ne va pas au bout de son analyse. Il émet l'hypothèse que Montaigne n'a sans doute pas été informé de cette décision. L'hypothèse a un avantage et un but : elle permet de maintenir la légende, que le rappel de Frame

---

revenant à cinquante cinq sol pièce que ledict Millanges a confessé avoir eus et reçus dudict Desmontz, tellement qu'il s'en est tenu pour content. Laquelle dicte somme de cens trente sept écus et demi sol le dict Millanges a promis et sera tenu de bailler, payer et délivrer audict Seigneur de Candalle ou à son certain commandement dedans tout le jour et feste de la Saint Jean-Baptiste prochainement, à peyne de tout dépens, dommaiges et intérêts". (Dr Chabé, "Le "Primandre" de Mercure Trimegiste de la "Philosophie Chrestienne" par François de Foix, Evêque d'Aire. Un contrat de Librairie à Bordeaux au XVI$^{e}$ siècle", *in Bulletin de la Société des Bibliophiles de Guyenne*, 1948-1950, p. 93-102).

1 Strowski, avec sa sûreté de jugement habituel, avait parlé pour les *Essais* de 1580-1582 d'une destination bordelaise ("Montaigne lu à Bordeaux. Etude sur l'édition des "Essais" de 1580", *in Rev. philom. de Bordeaux et du Sud-Ouest*, 1er mai 1902, p. 193-218). M. Simonin, en ramenant la publication bordelaise à son aspect commercial, n'a pas compris Strowski : celui-ci, en parlant de "destination" bordelaise du livre parle du lieu de publication, non de la clientèle visée, de l'impact imaginaire du geste, non de son effet matériel (art. cit.,p. 8).

2 D. Frame, "Newligth on Montaigne's strip to Paris in 1588", *in Romanic rev.*, LI, 1960, n°3, p. 161-181 (trad. française dans le *B. S. A. M.*, 3e série n°22, 1962, p. 3-22).

met à mal, d'un Montaigne ignorant tout de son élection à Bordeaux, l'accueillant avec réserve et rentrant précipitamment d'Italie à l'appel du Roi. Et un inconvénient : elle est difficilement concevable. En effet comment ne pas mettre en relation ces quatre faits concomitants : la publication de la première édition des *Essais* à Bordeaux - le séjour à La Fère auprès d'Henri III à qui il offre ses *Essais* - la décision, en ce même automne, prise aux Conventions de Fleix, de le nommer Maire à son retour de voyage - la publication de la seconde édition des *Essais,* toujours à Bordeaux, en 1582, lors du retour glorieux ? La parenthèse éditoriale bordelaise se referme pour toujours : elle n'aura duré que deux ans. Montaigne auteur reprend le chemin de Paris où il publiera les troisième et quatrième éditions connues des *Essais,* en 1588.

Comment imaginer que l'un des seigneurs les plus proches d'Henri III, l'un de ses soutiens les plus fermes et les plus fidèles, le négociateur précieux et influent qu'était Montaigne, ait ignoré le destin qui s'était écrit à Fleix pour lui. Fleix dont l'hôte était le marquis de Trans, ami très proche et voisin de Montaigne. Est-ce alors absurde de penser qu'il a été question de cette future charge à Saint-Maur en juin 1580, précisément parce que Montaigne était présent à la cour ? Et pourquoi ne pas penser que devenir gouverneur de Bordeaux était dans l'ordre de la carrière brillante de conseiller des Rois que menait Montaigne, nullement, en ces temps-là, retiré dans sa Librairie, s'il le fut jamais, hormis par manière de lieu commun littéraire. On verra au contraire, dans ces événements parfaitement coordonnés et concentrés sur deux années, une stratégie de carrière sous le regard du père qui fut Maire de Bordeaux[1], et l'arrivée d'un passé attendu et maîtrisé. Publier à Paris avait un sens littéraire ; publier, après, à Bordeaux, ne peut avoir qu'un sens supplémentaire, politique ; et frapper les esprits. 1580 : Montaigne renonce à ses éditeurs parisiens, offre à sa ville son Œuvre où il se raconte et, dans ce geste, lui dit l'importance

1 Pierre Eyquem, seigneur de Montaigne, avait été nommé en 1536 sous-maire et en 1554, maire de Bordeaux.

qu'il lui accorde. Il ne fait pas de doute que le milieu parlementaire bordelais, pour lequel les choses de l'esprit comptent, y fut sensible. 1582 : l'édition du retour confirme l'acte de fidélité que les événements transforment en signe de reconnaissance. A vingt-huit ans de distance, Montaigne vient de succéder à son père ; on imagine, pour lui, la signification symbolique de la charge, et le désir, quelle qu'en soit la nature, qu'il accomplit[1]. Entre les deux dates, le séjour de Saint-Maur - La Fère où s'est confirmé secrètement le choix de Montaigne comme Maire et Gouverneur de Bordeaux est l'aboutissement d'années d'effort. L'accord se conclut en automne au château de Fleix, dont l'hôte, nous l'avons dit, était le marquis de Trans, ami et voisin de Montaigne. Les représentants des Princes virent en Montaigne le seul candidat acceptable par toutes les parties : Henri III, Catherine de Médicis, Marguerite de Valois et Henri de Navarre. Une politique et une attitude de plus de dix années portaient enfin leurs fruits[2]. Comment penser que Montaigne ne fut pas approché auparavant, puis qu'il ne fut pas informé de ce souhait et de cette marque de confiance qu'il ne pouvait qu'apprécier, de la part de Seigneurs qu'il côtoyait et dont plusieurs étaient ses amis ?

Il fut donc décidé aux Conventions, un an à l'avance, comme il se devait, de pousser au remplacement de l'incommode Biron à la Mairie de Bordeaux par Montaigne. Le voyage à travers l'Europe venait décidément à point, qui l'écartait d'une situation régionale difficile, et le mettait de fait en attente de son destin, hors des turbulences politiques et des bruits de Bordeaux. Mais comment ne pas voir alors dans le voyage lui-même la

1 Dans les *Ephemeris*, à la date du 26 novembre, Montaigne ramène son élection à la seule filiation par l'intermédiaire des Jurats : "la connoissance de feu mon père les avoit seule incitez à cela" (éd. de La Pléiade, p. 1409).

2 Pour la description des faits, voir D. Frame, art. cit., p. 4 et A. Nicolaï, *Les Belles Amies de Montaigne*, p. 135-145. Les six Jurats et les vingt-quatre notables qui élisaient le Maire de Bordeaux étaient théoriquement libres de leur choix, mais la charge était importante et concernait directement la politique du Royaume. Les électeurs étaient naturellement informés de cette situation, des souhaits des différents partis et de la position politique des candidats : Montaigne fut sans doute élu à l'unanimité, le 1er août 1581.

dernière pièce d'une stratégie qui dépasse le Seigneur de Montaigne mais à laquelle il donne son consentement ? Le voyage à travers l'Europe est un cheminement d'humaniste, périple de découverte, d'agrément et de repos ; médical aussi. Le souhait de tout Européen cultivé du temps, et un ancien désir, sans aucun doute, de Montaigne. Mais le moment choisi ? Le voyage aurait pu avoir lieu beaucoup plus tôt ou, pourquoi pas, plus tard. Un départ pour septembre 1580 mettait au diapason toutes les nécessités du moment. Mais s'en aller, de fait, dès la fin de juin, comme le fit Montaigne, était encore mieux : après les Conventions de Fleix, Montaigne n'aura pas à répondre aux bruits qui ne manqueront pas de se répandre, peu à peu. Réduire le voyage à une simple villégiature est toujours insuffisant lorsqu'il s'agit d'un personnage de l'importance politique de Montaigne. Plus encore en des circonstances semblables. Le voyage à travers l'Europe est lié aussi aux intérêts de l'Etat et aux ambitions de l'écrivain ; il a partie conclue avec l'élection bordelaise et la double publication des *Essais* de 1580 et 1582 qui l'encadre n'y est pas étrangère non plus. Il s'agit d'un voyage avant lourde charge et qui préserve intacts, par l'éloignement, le capital et les capacités politiques de Montaigne en en faisant un recours décidé. De ce point de vue, le voyage est une sorte de mise en réserve politique, la possibilité protégée d'un retour choisi au service du Roi au moment opportun.

Dans les passages du *Journal* où Montaigne parle de son élection à la Mairie de Bordeaux, il nous dit qu'il a appris la nouvelle de lettres de M. Tausin, non qu'il ne savait pas, encore moins qu'il fut surpris ou en éprouva du déplaisir :

"Dans la même matinée on m'apporta par la voie de Rome des lettres de M. Tausin, écrites de Bordeaux le 2 août, par lesquelles il m'apprenoit que le jour précédent, j'avois été élu d'un consentement unanime maire de Bordeaux, et il m'invitoit à accepter cet emploi pour l'amour de ma patrie."[1]

---

1 Successivement Journal de Voyage, 1er septembre 1581, éd. de la Pléiade, p. 1313 et 7 septembre 1581, La Pléiade, p. 1314-15. Monsieur de Tausin est probablement ce même banquier bordelais qui allait s'occuper du

Et la fameuse lettre où Henri III le sommerait de rentrer au plus vite parce qu'il semblerait se faire prier est une légende. Comme pour toutes les responsabilités de cette importance, le Roi fit tenir à son sujet une missive personnelle où il lui dit sa joie et lui ordonne d'accepter cette charge en son nom. Formules rituelles. Henri III n'"ordonne" pas à Montaigne parce que celui-ci serait réticent mais parce que c'est au nom du Roi que, désormais, Montaigne gouverne :

> "[je] vous ordonne et enjoincts bien expressement que sans delay ne excuse reveniez au plus tost que la presente vous sera rendue, faire le deu et service de la charge où vous avez esté si legitimement appellé. Et vous ferez chose qui me sera très agréable, et le contraire me desplairoit grandement..."[1].

Le commentaire qu'il fit plus tard de cette élection dans l'édition parisienne de 1588 des *Essais* ne dit pas davantage : "Messieurs de Bordeaux m'esleurent maire de leur ville, estant esloigné de France et encore plus esloigné d'un tel pensement. Je m'en excusay, mais on m'aprint que j'avois tort, le commandement du Roy aussy s'y interposant"[2]. En voyage, il était loin de cette pensée. Il s'excusa, on lui dit qu'il convenait d'accepter ces charges et service. Jeu habituel de courtoisie et de modestie. Appel d'usage au "commandement du Roy". En fait, à partir du moment où il a reçu la confirmation de l'élection par M. Tausin, Montaigne ne pense plus qu'à son retour à Bordeaux : "je n'estois plus occupé que de mon retour en France"[3]. Et lorsque le Roi lui écrivit à Rome, il n'y était déjà plus. La lettre royale ne le rattrapera qu'en France, à Limoges. Montaigne n'a ni hésité ni ralenti sa course à l'annonce de la nouvelle. Au contraire. A partir de ce moment, il se met en

---

courrier de Marie de Gournay quinze ans plus tard. Voir J. -F. Payen, "Recherches sur Michel de Montaigne. Correspondance relative à sa mort", *in Bulletin du Bibliophile*, 1862, p. 1304, 1306.

1 La lettre d'Henri III est reproduite par Payen, *Documents inédits ou peu connus sur Montaigne* (Techenier, 1847), p. 28 ; et, après Payen, dans le *B.S. A.M.* 1-2 (1913), p. 198. Sur sa mission à Rome, voir Gaufreteau, *Chronique Bordelaise*, I, p. 233.

2 *Essais*, III, 10, Villey 1005.

3 *Journal de Voyage*, Sarzana, 22 octobre 1581, éd. de la Pléiade, p. 1330.

chemin de retour et s'accordera désormais peu de loisir : deux jours à Sienne, à Milan, à Limoges, huit à Lyon. La rédaction du Journal devient rapide. Le 30 novembre 1581, il est au Château.

La publication à Bordeaux répond à des nécessités de carrière ; publier chez Millanges, apparemment, a une nécessité professionnelle. Les minutes notariales des Archives départementales de la Gironde nous donnent une vue relativement claire du statut de cet imprimeur à Bordeaux dans les années 1580. On ne sera pas étonné : Montaigne ne pouvait choisir meilleur atelier. La boutique de Millanges avait pignon rue Saint Jacques, à l'ombre des tours de l'Hôtel de Ville, près de l'Eglise Saint Eloy et en face du collège de Guienne où, à côté de professeurs aussi illustres que Buchanan, Sainte-Marthe, Vinet, Gouvéa et tant d'autres, il avait lui-même, avant de fonder sa belle imprimerie, acquis comme professeur une haute réputation. En les publiant il parlait à des égaux. Millanges est bien le premier imprimeur bordelais du temps. Ce qui ne veut pas dire qu'il est un imprimeur sans failles. Les *Sonnets exoteriques* de G. M. Imbert, publiés une année avant les *Essais*, sont aussi mal traités qu'eux[1]. Mais de tels exemples sont rares sous sa presse. Est-ce à dire que la notoriété et le savoir-faire de Millanges sont toute la raison qui a décidé du choix de Montaigne ? La page de titre des *Essais* de 1580 aide à compléter la réponse.

Sur la première page, la marque emblématique de Millanges qui a fait couler l'encre des commentaires. Elle met en scène un médaillon en chœur d'Anges applaudissant le Christ en majesté qui s'appuie sur un arc-en-ciel et pose un pied dominateur sur l'image du monde. Le médaillon est bordé par un verset de *Daniel*, VI, 10 : "MILLIA MILLIUM MINISTRABANT EI". On y a vu, d'autant plus que lorsque cette marque disparaît du premier volume elle est maintenue dans le second, un signe d'orthodoxie protecteur de l'ouvrage de Montaigne[2]. On

1 Cit. par J. Veyrin-Forrer, *La Lettre et le Texte*, Paris, 1987, p. 293.

2 Cf. F. Moureau, "Le sens du titre : typographie et gravure dans les premières éditions des "*Essais*" *in Le Parcours des "Essais" de Montaigne* (1588-1988), Paris, 1989, p. 13-14.

ramènera plutôt l'interprétation aux usages de la librairie. Cette marque est l'une des marques préférées de Millanges ; elle se trouve sur un grand nombre de ses ouvrages ; elle convient à celui qui est placé sous la juridiction de l'archevêque de Bordeaux pour ses privilèges et est grand imprimeur d'ouvrages religieux. Elle est appropriée au nom de Millanges sur lequel elle joue et qu'elle représente. La légende latine de l'emblême dit le sens de l'icône de façon explicite : MILLIA MILLIUM c'est Mille - Millanges, Millemillanges (les deux graphies sont utilisées), nom du village non loin duquel est né Simon Millanges et d'où la famille tire son nom. Millanges est un libraire orthodoxe et royaliste, c'est plutôt en ce sens que son office s'accorde avec l'image que Montaigne veut donner de lui même à ce moment là.

En choisissant le meilleur éditeur du lieu Montaigne, choisit aussi un personnage important, ancien élève du Collège de Guyenne, ancien régent fort introduit, influent auprès de l'élite intellectuelle et politique, à la tête d'un commerce de libraire en pleine expansion. Il choisit un éditeur quasi officiel. Installé à Bordeaux en 1572, Millanges publie son premier ouvrage en août de la même année. En 1614, lorsqu'il cède son office à son fils, il a publié six cents titres. Dès le mois de juillet 1576, il a obtenu par lettres patentes le titre tant convoité d'imprimeur ordinaire du roi, privilège qu'il conservera jusqu'à sa mort.

En tout cas, l'atelier de Millanges aurait dû satisfaire avec aisance aux exigences modérées d'une édition telle que les *Essais*. Ce dont il s'acquittera sans peine avec leur seconde édition en 1582. Comment, alors, expliquer un tel traitement de l'édition princeps, et un tel résultat ?

Les causes qui sont à l'origine des malfaçons dans les ateliers d'imprimerie du temps sont de deux sortes : - un manque imprévisible de personnel compétent, compositeur ou correcteur ; - des délais de livraison trop courts qui amènent l'atelier à se passer d'un certain nombre d'étapes de contrôle indispensables. On tentera donc de déterminer les circonstances temporelles de l'impression des *Essais* avant de pénétrer dans l'atelier de Millanges.

Nous n'avons pas d'information précise sur la date de départ initialement projetée par Montaigne pour son voyage à travers l'Europe. Mais on sait que la date effective du départ de Beaumont en direction de la Suisse est le 5 septembre[1]. On peut conjecturer que les dates d'étapes initialement prévues ne devaient pas être éloignées de ce qu'elles ont été en effet : le calendrier d'un voyage de ce genre se prépare avec précision, sur carte des postes, en fonction des saisons et des approvisionnements nécessaires à un équipage important. Si donc l'on maintient approximativement la date du 5 septembre comme date à laquelle Montaigne serait parti de Beaumont en direction de la Suisse, si l'on accorde que Montaigne serait passé par Paris et la Cour, comme il l'a fait avant de s'éloigner pour un aussi long voyage, qu'il y aurait séjourné un mois comme il l'a fait, c'est donc à la fin de juillet que l'équipage préparé par Montaigne devait se mettre en branle du château. Millanges disposait donc d'environ quatre mois et demi pour composer et sortir les *Essais*, délais suffisants sans être excessifs, au rythme du temps, pour sortir un ouvrage de 1160 pages sur une seule presse. Un événement a fait s'effondrer cet échafaudage et a mis à mal le programme de l'imprimeur.

La fin novembre 1579 est sombre pour le Roi : les huguenots ont enlevé par surprise la place de Fort de La Fère dans le Laonnois. Henri III sait bientôt qu'il devra relever le défi. Et Montaigne apprend ainsi que ses *Essais* devront sortir des presses plus vite que prévu. Le 15 juin 1580 Henri III déclare solennellement en son conseil que "sa résolution était prise d'assiéger promptement La Fère, et qu'il entendoit que ses bons serviteurs y marchassent en diligence, et montrassent par effet l'envie qu'ils avaient toujours protesté avoir à son service"[2]. Montaigne en sa qualité de chevalier de l'Ordre du Roi et de gentilhomme ordinaire de sa chambre répond sans délai à

1 *Journal de Voyage*, éd. cit., p. 1115.

2 *Mémoires-Journaux de Pierre de l'Estoile*, éd. G. Brunet, A. Champollion, E. Halphen, P. Lacroix, Ch. Read, Tamizey de Larroque, Paris, MDCCCLXXV, p. 363.

l'appel et met dans la semaine qui suit son équipage en mouvement. Le 22 juin il quitte son château pour servir dans l'armée royale qui s'apprêtait à assiéger La Fère sous le commandement du Maréchal de Matignon. Il se rend d'abord à l'abbaye de Saint-Maur-les-Fossés : la Cour s'y était réfugiée pour fuir l'air malsain de Paris où sévissait une épidémie de grippe[1]. C'est probablement là qu'eut lieu l'entretien entre Montaigne et Henri III.

Ces événements ont raccourci les délais d'impression dont disposait Millanges et précipité son travail. Montaigne, en effet, tenait à emporter avec lui des exemplaires de cette première édition des *Essais*, pour l'offrir au Roi, et sans doute la faire connaître au long de ses déplacements[2]. Millanges se trouvait devant un délai absolu : il aurait pu faire porter ultérieurement à Saint-Maur les exemplaires destinés au voyage mais il pouvait difficilement en être de même pour l'exemplaire destiné au Roi. Un autre fait pressait sans doute les délais : Montaigne a toujours souhaité surveiller de près la publication de ses œuvres. Les délais de Millanges se trouvaient ainsi ramenés de quatre mois et demi à trois mois. La matérialité de l'édition princeps est comme le journal de ces événements.

La première édition des *Essais* est en deux tomes qui se confondent avec les "livres" de l'œuvre ; deux véritables tomes puisque chacun d'entre eux est numéroté de 1 à n. On pourrait montrer que cette bi-partition des *Essais* fait violence à l'esthétique de l'œuvre, toute de continuité typographique, de flux ininterrompu. Il suffira ici de noter que cette édition princeps est la seule des éditions du vivant de Montaigne qui soit en deux tomes. Dès l'édition de 1582 les *Essais* auront une numérotation continue et un tome unique.

De ces deux tomes, nous le savons, le deuxième est le plus malmené, surtout dans la seconde partie. L'ouvrage a été composé par formes comme l'atteste la présence de pages longues et courtes à la typographie aérée ou contractée, avec

1 *Mémoires-Journaux de Pierre de l'Estoile*, éd. cit., p. 356 et suiv.

2 Cf. *infra*, p. 93.

dans ce dernier cas, le recours à des abréviations pour permettre le tassement du texte[1]. Par ailleurs, on constate dans le tome II l'alternance de cahiers à cinq folios signés et de cahiers à quatre folios signés ; un cahier de cinq folios est suivi d'un cahier de quatre folios à son tour suivi d'un cahier de cinq folios etc : les fautes sont homogènes à l'intérieur de chaque série de cahiers. Ces observations nous ouvrent l'atelier de Millanges.

Si cette édition a été faite en deux tomes indépendants c'est que cette décision permettait d'utiliser deux presses travaillant simultanément : une presse pour le premier tome, une autre pour le second. Deux : c'est le nombre de presses dont disposait Millanges à la vente de son fond ainsi que nous le révèlent les minutes notoriales alléguées plus haut.

Mais, apparemment, cette solution restait insuffisante. C'est pourquoi le second tome, de loin le plus important, a été traité sur une presse mais par deux typographes, le premier se chargeant des cahiers à 5 folios, le second des cahiers à 4 folios.

L'édition princeps des *Essais* a donc été fabriquée de la façon suivante : - partage de l'ouvrage en deux tomes, chacun étant numéroté indépendamment de l'autre pour pouvoir être fabriqué sur deux presses ; partage du tome II fabriqué sur la seconde presse entre deux compositeurs. Tandis que le premier presse un cahier à 5 folios le second compose le cahier suivant, et ainsi de suite.

Le livre a été fait par trois équipes, l'équipe A a traité le tome I, les équipes B et C ont traité le tome II, en travail alternatif. Les équipes B et C ont travaillé simultanément ; il en fut de même pour l'équipe A, sinon on ne verrait plus la nécessité qu'il y eut de diviser le livre en deux tomes. Chaque équipe eut environ deux cent trente mille signes à composer. Le compositeur de l'équipe C (celui des cahiers à quatre folios) n'est pas un ouvrier hors pair ; il laisse de nombreuses fautes puis corrige sur la forme à mesure qu'il fait son tirage, ce qui explique le nombre important de variantes dans le tome II, d'un exemplaire

1 Voir dans ce volume l'article de J. Veyrin-Forrer.

à l'autre. Il est probable que Millanges n'avait pas assez de personnel en propre pour faire tourner ainsi trois personnes sur un seul livre. Les archives de la Gironde nous révèlent qu'il avait à demeure en 1576 un compagnon ; en 1580, il est possible qu'il en ait eu deux, la production ayant atteint sa vitesse de croisière, les deux compagnons qu'on trouve mentionnés dans l'acte de cession de l'entreprise. Il a pu louer un troisième compagnon, peu habitué à son atelier, ou, plus probablement, utiliser un apprenti.

A la même époque, un peu plus d'un an avant l'impression des *Essais*, Millanges s'est trouvé devant une situation de déficit similaire à propos des *Sonnets exoteriques* cités plus haut[1]. Il s'en explique dans un avertissement à ses lecteurs placé en tête du volume. En l'absence de l'auteur, qui aurait pu jouer le rôle de correcteur "l'Imprimeur n'ayant commodité de correcteur, joint l'indisposition de sa personne, et autres empeschements qu'il avoit, plusieurs fautes sont survenues en l'impression d'iceux". La chose a pu se renouveler une fois encore, au moment de l'impression des *Essais*, mais d'une façon probablement moins simple. Montaigne a sans doute été correcteur de son œuvre sur presse pour le tome I et une partie du tome II. Il sera possible d'en dire plus lorsqu'on aura pu comparer tous les exemplaires connus de cette édition princeps, une cinquantaine, et qu'on en aura sorti et classé les variantes.

Resterait à rendre compte de la disparité, étonnante, entre les deux tomes en ce qui concerne la typographie et la mise en pages. Cette disparité ne provient pas de l'insuffisance de caractères d'imprimerie d'un même corps. Les inventaires d'archives, le catalogne de Millanges des années 80 nous révèlent une grande richesse en ce domaine permettant de composer simultanément plusieurs ouvrages dans le même caractère. Cette disparité est plutôt la conséquence du choix de deux tomes autonomes correspondant aux deux livres des *Essais*. Si la typographie avait été identique dans les deux volumes un alignement sur la typographie du tome I aurait

1 Cf. *supra*, p. 87.

amené les deux tomes respectivement à 496 pages pour le tome I et près d'un millier pour le tome II. Dans le cas d'un alignement sur la typographie du tome II, les deux tomes auraient fait, respectivement, 655 pages pour le tome II et 350 pages pour le tome I. Le choix final a eu l'effet de rapprocher la pagination entre les deux tomes afin d'éviter une disparité trop grande entre eux qui ne justifierait plus la division de l'ouvrage en tomes.

En somme, l'urgence des délais a sans doute entraîné une répartition du travail de fabrication de l'édition princeps des *Essais* entre trois équipes. Cette nécessité a peut-être aussi porté atteinte à la qualité de recrutement du troisième compositeur. Mais il est probable que cette division du travail ne permettait toujours pas de satisfaire la date de livraison ; c'est pourquoi il a sans doute fallu supprimer certaines phases de contrôle. Sans quoi les centaines de fautes caractéristiques de cette édition restent sans explication.

Montaigne part pour son voyage de 18 mois à travers l'Europe le 22 juin 1580. Il a dans ses malles, à son départ du château, un certain nombre d'exemplaires des *Essais*. Nous en avons quelques preuves. A la fin du mois, Montaigne offre son livre à Henri III selon le témoignage de La Croix du Maine[1]. A Rome, il fera tenir un exemplaire au dominicain qui était en charge de l'Index. A Rome toujours, ses livres sont saisis puis rendus[2]. Il est également probable que dans la petite bibliothèque qui l'accompagnait se trouvaient des exemplaire de ses *Essais* et que parmi ceux-ci un exemplaire était le sien propre. Sachant ce que l'on sait de ses habitudes d'écriture et, par le Journal, de ses intérêts littéraires durant le voyage, il continue d'être probable que Montaigne a relu son œuvre et l'a annotée, au moins comme il annotait certains livres de sa bibliothèque.

---

1 F. La Croix-du-Maine, *La Bibliothèque du sieur de la Croix-du-Maine* (...), Paris, A. L'Angelier, 1584, p. 328-330.

2 *Journal de Voyage*, éd. cit., p. 1203 et suiv. Voir aussi F. Moureau "Sur des exemplaires des *Essais*, en vente à la foire de Francfort (automne 1581)", in *B. S. A. M.*, 5e sér., n°9, 1974, p. 57-59.

De retour à Bordeaux, Montaigne publie une seconde édition des *Essais*. L'existence de cette édition, si proche de la première, a posé une sorte d'énigme à la critique depuis un siècle et demi, énigme généralement vite résolue. La plupart des études ont vu dans cette édition une sorte de réédition de 1580 accompagnée d'un certain nombre limité d'ajouts, fruits du voyage en Italie. Comment justifier, de ce point de vue, une réimpression sinon en imaginant que la première édition a été épuisée ? Telle est, en effet, la justification presque générale de cette seconde édition, avec son corollaire : le succès du livre, au moins localement.

Contre cette interprétation, Marcel Françon a avancé, dans de nombreuses publications, des raisons esthétiques en soutenant le caractère spécifique, autonome, de l'édition de 1582[1]. Mais ses analyses originales, qui ont eu l'avantage d'attirer l'attention sur le caractère achevé de chaque édition des *Essais*, n'ont jamais pu trouver dans l'édition de 1582 plus d'ajouts qu'il n'y en avait, c'est à dire, pour environ mille pages de texte, trente quatre passages nouveaux et dix-sept citations en latin et en italien. Ce qui est tout de même peu.

Par contre si, avant toute analyse, on établit une édition critique de l'état de 1582 en sortant de façon indifférenciée toutes les variantes qui le distinguent de l'état de 1580, quelles qu'elles soient (orthographiques, de ponctuation, mais aussi de mots et de phrases), le panorama est tout autre. Nous nous trouvons soudain devant plusieurs milliers de variantes qui occupent une centaine de pages d'apparat critique serré[2] - On peut y distinguer deux catégories de variantes. La première pourrait regrouper les variantes de ponctuation, de mots, de syntagmes, de phrases, que nous appellerons génétiques parce qu'elles créent du texte par rapport à l'état de 1580 - A cette première catégorie se rattachent les relevés de Marcel Françon : passages ajoutés, citations nouvelles en latin et en italien, et un nombre non négligeable de réécritures de ponctuation. La

---

1 M. Françon, "Pour une édition critique des *Essais*. Avant-propos de Pierre Bonnet...", Cambridge Mass., 1965.

2 Voir notre édition critique de l'édition de 1582, à paraître aux Editions Champion (1997).

seconde catégorie de variantes concerne les variantes d'édition. Celles-ci, de loin les plus nombreuses, plusieurs milliers, sont constituées par la correction systématique de la presque totalité des fautes qui défiguraient l'édition de 1580. Ces corrections, particulièrement attentives, touchent toutes les pages imprimées aux divers niveaux de leur expression typographique : texte, titres courants, numérotations, signatures, réclames, homogénéité des caractères, réglage des pages et des lignes. Les pages de titre sont unifiées et appariées. Le passage de deux tomes à un seul dans l'édition de 1582 est un retour à l'ordinaire, qui relève aussi de l'effet esthétique : les *Essais* ne sont qu'un comme le livre qui les accueille ; leur caractère désormais unitaire - favorise la lecture en continu et donne une matérialité totale à la prose "coulante" de l'écrivain, "serrée", comme dit Marie de Gournay dans sa préface à l'édition de 1595 ; les pages pleines et compactes s'enchaînent aux pages, rien n'arrêtera désormais ce flux. Ni lorsque l'ouvrage sera augmenté de près de moitié en 1588 ni lorsqu'il augmentera encore d'un tiers pour l'édition posthume. Le passage de l'*in-octavo* à l'*in-quarto* en 1588 a cette première justification : maintenir les *Essais* à l'intérieur d'un seul volume. Marie de Gournay qui comprend tant de choses, profondément, de l'art de Montaigne en restera tout naturellement au volume unique. Attribuer le passage de l'*in-octavo* à *l'in-quarto* en 1588 à une sorte de symbolique de l'assomption et de la reconnaissance de l'écrivain qui monte à Paris est une interprétation bien faible et pesamment anachronique.

Le texte qui nous est donné en 1582 est, au regard de l'édition contemporaine, une excellente édition où les fautes sont devenues rares. L'impression, le travail en atelier, ont été surveillés de prés. La plupart des fautes se retrouvent dans tous les exemplaires. Les fautes particulières sont rares. Ce qui veut dire que préparée avec soin, composée avec vigilance, suivie attentivement à l'impression, l'édition de 1582 a été très peu retouchée en cours de tirage.

Ce travail de préparation d'épreuves a été fait durant les dix-huit mois du voyage. Si l'on suppose, hypothèse absurde, que Montaigne n'a pas relu un exemplaire de 1580 plume à la main (comme il le faisait d'ordinaire, et cela dès la *Théologie naturelle*, dont on a retrouvé les épreuves corrigées[1]), sur les routes d'Europe, comment a-t-il pu remanier à ce point le texte de 1580 dans le temps très court qui sépare son arrivée de la diffusion de la seconde édition de son œuvre, et accablé par les soins d'une réinstallation et les charges politiques qui ont été immédiatement les siennes ?

Avec cette édition, Montaigne donne les *Essais* tels qu'il aurait sans doute aimé les voir paraître en 1580, tels qu'il les a revus et corrigés pendant dix-huit mois. Elle est bien l'expression d'une volonté de réparer le laisser-aller de l'édition de 1580, dès le retour. Mais fût-il encore mieux imprimé, c'est un autre texte que publie Montaigne. On y a vu aussi une publication précipitée par la charge du Maire de Bordeaux, un hommage vite rendu à la ville qui l'avait élu. La publication n'est pas forcément indépendante de la célébration du retour, mais l'accomplissement de l'œuvre interdit qu'on voie dans son édition l'effet de la hâte et d'une stratégie politique. Si le texte de 1582 est mis sous presse par Montaigne, c'est qu'il correspond profondément à une situation optimale de publication : il a atteint le statut d' "état" des *Essais*. Pour plusieurs raisons. Il s'est constitué à l'intérieur d'un lieu créateur, le voyage, qui n'est plus. Une autre vie commence, incomparable, lourde de charges, ouverte à d'autres disponibilités, en un mot, à d'autres rapports à l'écriture et à la création. Et l'autonomie du temps qui vient de s'écouler est d'autant plus vive que Montaigne y a découvert sa forme d'écriture. L'acte de publication signe ce double achèvement et marque pour l'avenir le sens des éditions successives de l'œuvre unique.

Claude BLUM.

1 A. Brieux, "Autres souvenirs de Michel de Montaigne", *Bibliothèque d'humanisme et Renaissance*, XX, 1958, p. 370-376.

ESSAIS
DE MICHEL
DE MONTAI-
GNE.
LIVRE PREMIER ET
second.

A BOVRDEAVS.
Par S. Millanges Imprimeur ordinaire du Roy.
M.D.LXXX.
AVEC PRIVILEGE DV ROY.

Édition de 1580. Livre Premier. 1er état.
(Genève, Bibliotheca Bodmeriana)

# LE MONOPOLE MONTAIGNE

> *Laisser rééditer un ouvrage de soi, comme celui qu'on aurait plus ou moins lu d'un autre, équivaut à "reconnaître" je ne dis pas même d'un enfant de qui on se serait préalablement assuré que les traits sont assez aimables, que la constitution est assez robuste, mais encore quoi que ce soit qui, ayant été aussi vaillament que l'on voudra, ne peut plus être.*
>
> André Breton

Au cours de trois rééditions, Montaigne a plus que doublé son livre en longueur. Il peut paraître étrange qu'un auteur réécrive un ouvrage déjà publié ; toutefois la liste des écrivains français du XVI^e^ et du XVII^e^ siècles qui ont remanié leurs écrits après la publication ressemble à un catalogue qui rassemblerait les titres d'une version galloise de *La Bataille des Livres* de Swift : les *Œuvres* de Rabelais et celles de Ronsard, ainsi que *L'Astrée* d'Urfée, *Francion* de Sorel, le *Roman comique* de Scarron, *Les Maximes* de La Rouchefoucauld et les *Fables* de La Fontaine, ont tous été augmentés et modifiés par leur auteur. Montaigne, entre tous, est célèbre pour avoir, pendant les dix dernières années de sa vie, révisé ses *Essais* dans les marges des éditions déjà publiées, y ajoutant de simples mots, parfois des passages entiers ; même le nouveau tome introduit en 1588 se présente comme un "troisiesme allongeail" à ceux déjà publiés.[1] Cette stratification est aujourd'hui considérée par la critique comme le principe le plus fondamental de la construction de son œuvre. Après 1588, Montaigne raturait, remplaçait, réagençait et ajoutait jusqu'à des pages entières sans jamais avoir à utiliser de page blanche.

---

1 III. 9. 963b. Je voudrais ici remercier Domna Stanton de m'avoir suggéré le titre de ce chapitre et Eric Wirth d'avoir "révisé" cet essai. Je remercie de même François Rigolot, Abby Zanger, Ullrich Langer, David Quint, Marie-Luce Demonet, Robert Cottrell, Philippe Desan et Stefanie Cohen pour leurs commentaires sur les premières ébauches de ce chapitre.

Réécrire est loin d'être un acte rare, mais il semble peu ordinaire, pour un auteur aussi reconnu que Montaigne, d'avoir continué à placer les fruits de toute une carrière littéraire sous le titre de sa première publication. Plus étrange encore, vu les pratiques modernes, est le fait que certaines révisions se poursuivaient parfois même au delà de la mort de l'auteur. Baro s'est chargé de composer mille (peut-être jusqu'à deux mille) nouvelles pages pour *L'Astrée* d'Urfé ; un auteur anonyme a très probablement complété la plupart du *Cinquième Livre* de Rabelais ; Bussy a généreusement réécrit la plupart sinon toutes les lettres de Mme de Sévigné ; et Charron a, sans se laisser intimider, compilé les *Essais* de Montaigne. La publication semblait à peine pouvoir mettre fin au processus de réécriture.

Bien des lecteurs traitent les additions de Montaigne comme si elles avaient l'évidence de la forme en abécédaire dont elles sont dotées dans les éditions modernes, mais la simplicité de leur présentation typographique d'aujourd'hui occulte des questions gênantes. Pourquoi Montaigne n'a-t-il jamais tenté de rédiger une nouvelle œuvre ? Pourquoi tant d'additions ? Comment, par leur quantité même (elles représentent à peu près 45 pour cent du livre) s'inscrivent-elles dans une histoire littéraire de la "réécriture" ? Les auteurs contemporains font aboutir leurs nouvelles idées dans de nouveaux titres plutôt que de les reconduire au sein d'un corpus déjà publié. Les rares exceptions, comme par exemple Marguerite Duras réécrivant *L'amant* sous la forme de *L'amant de la Chine du Nord*, ont tendance à frapper le public comme un fait inhabituel voire excentrique. Comme Breton dans sa préface tourmentée à la seconde édition du *Manifeste du Surréalisme*, les écrivains modernes sont comme sous le poids d'une sentence orphique selon laquelle il ne faut pas jeter de regard derrière soi. C'est une chose qu'Ignazio Silone regrette : "S'il avait été en mon pouvoir de changer les lois mercantiles de la société littéraire, j'aurais aimé passer ma vie à écrire et à réécrire toujours la même histoire".[1] Quelles sont ces "lois mercantiles" qui empêchent l'auteur moderne de rééditer ses œuvres, et se sont-elles transformées depuis la Renaissance pendant laquelle les auteurs comme Montaigne ont bel et bien passé leur vie à réécrire le même livre ? A l'époque de Montaigne, les éditeurs encourageaient-ils leurs auteurs chevronnés à écrire de nouveaux livres ou bien à rééditer régulièrement leurs succès ?

Voici ce que Montaigne en dit : "Mon livre est tousjours un. Sauf qu'à mesure qu'on se met à le renouveler, afin que l'acheteur ne s'en aille les mains du tout vuides, je me donne loy d'y attacher (comme ce n'est qu'une marqueterie mal jointe), quelque emblème supernuméraire. Ce ne sont que surpoids...".[2] En dépit de l'affirmation que voici du primat de la première édition, ce passage dans l'exemplaire de Bordeaux est lui-même un des "emblèmes" surajoutés les plus travaillés que Montaigne ait jamais écrit. "Ce ne sont que surpoids" a été raturé et réécrit deux fois, et les réflexions suivantes sur la "chronologie" ont été reprises trois fois. Ces efforts ont laissé leur trace dans la phrase que l'on lit aujourd'hui, toute empêtrée qu'elle est de précautions et de dénégations. La difficulté qu'éprouve le lecteur à interpréter cette phrase, comme nous allons le voir, n'est pas née du hasard, pas plus que la difficulté qu'éprouvait Montaigne lui-même à la composer :

Les parenthèses et les quelques virgules rajoutées par les éditeurs modernes, suivant en cela l'édition de Fortunat Strowski de 1933, peuvent ne sembler qu'une vétille. En réalité la ponctuation ajoutée altère le sens du passage car une virgule en trop a incité le lecteur moderne à prêter à ces mots un sens tout à fait autre de celui voulu par Montaigne. S'appuyant sur la virgule douteuse qui précède "afin que l'acheteur ne s'en aille les mains du tout vuides", on a cru que cette phrase expliquait plutôt ce qui suit : "je me donne loy d'y attacher". Ensuite on

1 Marguerite Duras, *L'Amant de la Chine du Nord* (Paris : Gallimard, 1991). Ignazio Silone, préface de la nouvelle édition française de *Fontamara* (Paris : Grasset, 1967), n. p.

2 III. 9. 964c.

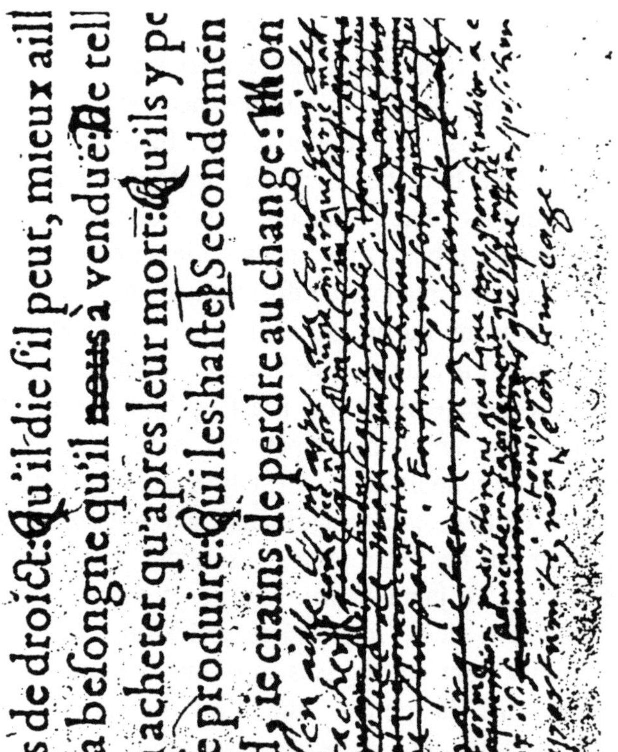

Figure 1 : Que Montaigne s'efforçait-il de dire à son public ?
(*Exemplaire de Bordeaux*, fol. 424v°)

intervertit l'ordre des éléments, ce qui produit : "je me donne loy d'y attacher (quelques emblèmes) afin que l'acheteur ne s'en aille les mains du tout vuides". Toutefois, vu les conséquences de cette lecture, il est étonnant qu'elle ait pu faire si longtemps autorité.

Montaigne déclarerait que ses rajouts étaient destinés à ce que les acheteurs n'aient pas l'impression d'être escroqués en achetant deux fois la même œuvre, comme si ses contemporains avaient coutume d'acheter leurs livres en plusieurs exemplaires. Cependant, ni les collections subsistantes, ni les registres des bibliothèques personnelles de la Renaissance ne soutiennent une telle allégation ; d'autant plus si l'on prend en considération les prix des livres de cette époque. Un seul exemplaire des *Essais* était chose coûteuse, car dans les dix années qui suivirent 1587, le livre de Montaigne ne parut que dans des formats de luxe. Il était possible que l'on payât jusqu'à quatre livres tournois pour les *Essais* de 1588, l'équivalent d'environ mille francs actuels.[1] Il y avait peut-être quelques fervents qui auraient bien donné cette somme pour n'importe quelle œuvre de Montaigne, même en possédant déjà une version précédente ; telle Marie de Gournay par exemple, sa jeune admiratrice qui devint plus tard son exécuteur littéraire. Si Montaigne s'était soucié du porte-monnaie de ses lecteurs, il aurait tout simplement pu publier ses dernières pensées sous un nouveau titre, *Recherches*, ou

1 Mon estimation de coût en livres tournois est basée sur les prix de gros stipulés dans un contrat datant de 1579 avec l'éditeur bordelais de Montaigne pour la vente de *Pimandre* de François de Foix, ainsi que sur les prix de détail rapportés par le célèbre *Erreurs populaires* de Laurent Joubert, imprimé par l'éditeur de Montaigne en 1578, voir A. -A. Chabé, "Le *Pimandre* de Mercure Trismegistre... Un contrat de libraire de Bordeaux," *Bulletin de la Société des Bibliophiles de Guyenne* 48 (1948), 93-102 et B. Cabrol, *Epistre apologétique* dans *Seconde partie des Erreurs populaires* de Laurent Joubert, (Paris : Breyer, 1580), B4$^{v}$. L'équivalent en Francs est lui aussi basé approximativement sur le salaire annuel (1200 livres tournois) de Elie Vinet, régent du prestigieux Collège de Guyenne à Bordeaux, voir Louis Desgraves, *Elie Vinet, humaniste de Bordeaux, 1509-1587* (Genève : Droz, 1977), 15. Le chiffre de 12,000 chez Desgraves est apparemment une faute typographique. On peut sans doute arriver à des estimations variables de la valeur monétaire actuelle de cette somme ; ce qui nous intéresse ici est simplement le fait qu'acheter un livre au XVI$^{e}$ siècle constituait un achat important.

*Contemplations*, ou *Questions nouvelles*, en un volume plus mince et donc moins cher, épargnant ainsi à ses lecteurs de dépenser de l'argent pour ce qu'ils avaient déjà lu dans les *Essais*.

Ici les lectures traditionnelles de la citation commencent à s'effondrer, montrant que nous avons ici justement affaire au type de passage susceptible d'avoir obligé Montaigne à l'écrire, le raturer et le réécrire plusieurs fois. Ce qui débute comme une déclaration de principe, "je ne change pas mon livre", dévie à mi-chemin pour aboutir à l'aveu, "je change mon livre", par une opération excessivement subtile dans laquelle la responsabilité du changement des *Essais* passe de Montaigne à une tierce personne pour revenir à Montaigne lui-même :

**Mon** livre est tousjours un. **Je** me donne loy d'y attacher...<br>
\ /<br>
Sauf qu'à mesure qu'**on** se met à le renouveller<br>
afin que l'acheteur ne s'en aille les mains du tout vuides

La proposition commençant par "sauf qu'à mesure qu'on se met à le renouveller" relie transversalement les deux moitiés d'une déclaration presque contradictoire : je ne change pas mon livre, et d'ailleurs les changements ne sont que négligeables. Ce qui intéresse évidement c'est le décalage ainsi constitué entre le Montaigne qui ne change pas les *Essais* et le Montaigne qui les change ; c'est dans ce décalage, comme la construction du passage le suggère, que doit résider le cœur du problème ; sa signification a été toutefois dissimulée derrière le vague sujet "on" qui "se met à renouveller le livre". Il s'agit de découvrir qui est cet "on" qui s'est mis à renouveler les *Essais*.

Une fois les virgules de l'éditeur moderne supprimées, Montaigne justifie ses révisions de la façon suivante : "Sauf qu'à mesure qu'on se met à renouveller le livre afin que l'acheteur ne s'en aille les mains du tout vuides". L'avantage immédiat qu'en tirait "l'acheteur" n'était pas dû uniquement aux additions de Montaigne, mais aussi au fait que le livre était réimprimé. Par conséquent, "l'acheteur" peut ne pas être le client qui achetait le livre en librairie, mais la personne, c'est-à-dire l'éditeur, qui acquérait les droits de réimpression de celui-ci. Montaigne affirme en effet que l'éditeur parisien responsable de la réimpression de son œuvre a "acheté" le privilège des *Essais*.[1] L'autorisation d'impression des *Essais* était faite au nom d'Abel L'Angelier. En quoi L'Angelier, aurait-il été intéressé par les additions de Montaigne ? Et quel est l'enthousiaste éditeur qui aurait pris la peine d'imprimer les milliers de remaniements de Montaigne, parmi lesquels un bon nombre devait sembler assez insignifiant alors même qu'il compliquait considérablement la tâche de l'imprimeur pour le calibrage de la copie et le calcul du papier nécessaire à une nouvelle édition ? Le succès des *Essais* sur le marché appelait des réimpressions certes, mais pas forcément des remaniements. Cependant, si "l'acheteur" dans ce passage désigne L'Angelier, Montaigne semble suggérer que l'éditeur, privé des "emblèmes supernuméraires" de l'auteur, se serait en allé après l'acquisition des *Essais* "les mains vuides".

L'Angelier a lui-même insisté sur ces emblèmes en incluant sur la page du titre de l'édition de 1588 : "augmentée d'un troisième livre et de six cens additions aux deux premiers". Des notifications de ce type n'étaient pas inhabituelles, mais il se trouve que ces spécifications figurent également dans le privilège royal dont l'extrait était reproduit dans l'édition de 1588 où l'on trouve cette mention : "reveus et amplifiez en plus de cinq cens passages, avec l'augmentation d'un troisiesme livre", ce qui suggère que les modifications de Montaigne avaient une certaine importance d'un point de vue légal.[2] Un

---

1 "J'achette les imprimeurs en Guiene, ailleurs ils m'*achettent*" (III.2.809c; nous soulignons). Simon Millanges, qui a fait paraître les *Essais* à Bordeaux, était à la fois imprimeur et éditeur, tandis que Abel L'Angelier était uniquement éditeur ; Ici Montaigne désigne les deux par le terme général d'"imprimeur".

2 Six ans plus tôt à Bordeaux, Millanges n'avait utilisé qu'une petite notification au dessous du titre– "reveuë et augmentée"–afin d'annoncer les premières retouches de Montaigne aux *Essais*. Une telle notice publicitaire signalait normalement les vertus de la nouvelle édition par rapport à celles qui la précédaient, puisque les éditeurs imprimaient souvent un supplément de pages-titres pour les poster devant les librairies comme enseignes publicitaires. Un extrait du privilège de 1588 est imprimé au dos du quatrième feuillet préliminaire de l'édition ; "reveus et amplifiez, en plus de cinq cens passages, avec l'augmentation d'un troisiesme livre" (ã4$^{v}$).

privilège ne servait pas à promouvoir un livre auprès du public mais à assurer les droits exclusifs d'un éditeur contre ses concurrents. Les privilèges datent de quelques dizaines d'années après l'avènement de l'imprimerie et comportent une grande variété : concessions de monopole sur une ville ou région, lettres patentes pour des publications dans certaines langues ou dans certains domaines, droits protégés pour des œuvres particulières (ou même des caractères d'imprimerie). Qu'on les considère aujourd'hui comme des cachets ou comme de véritables brevets commerciaux, ils ont de toute façon peu de chose en commun avec la notion moderne de droits d'auteur selon laquelle une œuvre est la propriété inviolable de l'écrivain. A la Renaissance, le privilège constituait une version abrégée d'un contrat à une époque où la législation protégeait surtout les imprimeurs et non les auteurs. Avant le "statut d'Anne" de 1709, explicité par le cas Millar contre Taylor en 1769, les auteurs pouvaient posséder des exemplaires de leurs livres mais ils avaient peu de droits sur l'œuvre en tant que propriété intellectuelle.[1]

Puisque L'Angelier avait obtenu privilège royal pour un livre dont le titre n'était pas seulement les *Essais* mais "*Les Essais de Michel Seigneur de Montaigne :* revus et augmentés d'un troisiesme livre et de six cens additions aux deux premiers ", il semblerait que l'édition de 1588 avait, aux yeux de la loi, le statut d'une œuvre entièrement nouvelle ; et s'il n'avait été établi cette distinction avec la première version, protégée par un privilège accordé à Simon Millanges huit ans plus tôt à Bordeaux, L'Angelier n'aurait pas pu prétendre en être le propriétaire. L'Angelier se serait retrouvé, ou bien avec une

1 Voir Stig Strömholm, *Le droit moral de l'auteur en droit allemand, français et scandinave*, vol. 1 (Stockholm : Norstedt, 1966), 82, 91. Pour la transformation du statut légal de l'auteur au 18$^{e}$ siècle, consulter Mark Rose, *Authors and Owners : The Invention of Copyright* (Cambridge, Mass. : Harvard UP, 1993). A la lumière de récentes négociations sur "la propriété intellectuelle" par l'organisation commerciale GATT, on envisage maintenant un retour de l'industrie livresque à une conception qui veut que les droits de l'auteur soient adaptés aux besoins des éditeurs, plutôt qu'à ceux de l'auteur, voir Bernard Edelman, "Le droit d'auteur, produit commercial comme les autres," *Le Monde diplomatique* (Juillet 1990), 32.

œuvre qu'il n'aurait pas pu publier, ou bien, s'il l'avait considérée comme tombée dans le domaine public, avec une œuvre que d'autres imprimeurs concurrents auraient aurait pu publier aussi bien que lui, de telle sorte qu'il serait effectivement reparti "les mains vuides" après l'achat des *Essais*.

Bien que l'Angleterre et la France en particulier eussent tendance à confondre le privilège et l'approbateur (approbation du contenu d'une œuvre par des institutions politiques et religieuses), ces contrats répondaient avant tout à des préoccupations commerciales visant à limiter la reproduction par des éditeurs rivaux. Au XVI$^{e}$ siècle, les autorités accordaient des privilèges pour des périodes de temps qui nous semblent, selon nos critères actuels, étonnamment courtes : en général de cinq à dix ans.[1] Ceci était dû au fait que la législation sur le privilège reflétait un compromis en constante évolution entre deux forces opposées de la société commerciale de l'époque : le monopole et la concurrence. D'une part les éditeurs revendiquaient continuellement, et parfois à juste titre, une protection plus grande de leur investissement de départ dans les nouvelles éditions. Vu la lenteur des moyens de transports,[2] de communication et de production de l'époque, une protection ne durant que quelques années aurait réduit le temps nécessaire à de nombreux éditeurs pour évaluer le succès d'une nouvelle œuvre et pour entreprendre une deuxième, ou avec de la chance, une troisième impression. De plus, puisque les techniques d'imprimerie de l'époque limitaient le nombre de tirage, beaucoup de libraires devaient éprouver de la difficulté à amortir la totalité de leur investissement avant d'entrer en concurrence avec des éditions rivales sur le marché libre.

---

1 Annie Parent-Charron, *Les Métiers du livre à Paris au XVI$^{e}$ siècle (1536-1560)* (Genève : Droz, 1974), 238-239. Pour une analyse excellente des motivations à l'origine de ces politiques économiques, je propose Geneviève Guilleminot-Chrétien, "Le contrôle de l'édition en France dans les années 1560 : la genèse de l'édit de Moulins", dans *Le Livre dans l'Europe de la Renaissance*, éd. par Pierre Aquilon et Henri-Jean Martin (Paris : Promodis, 1988), 379.

2 Fernand Braudel, *Civilisation matérielle, économique et capitalisme, XV$^{e}$-XVIII$^{e}$ siècle* (Paris : A. Colin, 1979), 1 : 467-486.

D'autre part, l'administration royale hésitait à imposer des restrictions à l'imprimerie du pays, restrictions susceptibles de les rendre non-concurrentielles face aux maisons d'édition des autres pays. La présence de plusieurs grands centres d'édition en langue française juste de l'autre côté des frontières, Anvers, Bâle et Genève, aggravait encore le problème.[1] Les deux parties trouvaient un accord en limitant la durée des privilèges (de deux à trois ans seulement au début du XVIe siècle, à douze à quinze ans au milieu du XVIIe siècle). La loi sur les privilèges reflétait ainsi le fragile équilibre qui existait au XVIe siècle entre, d'un côté, les tendances monopolistiques, et de l'autre, la concurrence ouverte du libre échange. Etant donné que les autorités royales et parlementaires étaient réticentes à prolonger les monopoles de courte durée fournis par les privilèges au delà de leur échéance d'origine, la seule façon pour un libraire d'empêcher une œuvre à succès comme celle de Montaigne de tomber rapidement dans le domaine public, était de leur soumettre à nouveau le livre sous une forme revue et augmentée de manière substantielle. La législation de l'époque interdisait explicitement aux librairies "d'obtenir aucune prolongation des privilèges... pour l'impression des livres, s'il n'y a augmentation aux livres desquels les privilèges sont expirés".[2] En d'autres termes, la loi française considérait toute édition suffisamment augmentée comme une nouvelle œuvre digne d'un nouveau privilège. La réédition autorisée supplantait les versions antérieures aux yeux du public intéressé, et rendait illégale la réimpression des éditions précédentes, décourageant ainsi les concurrents qui

1 *Le Fort inexpugnable de l'honneur de sexe Femenin* de François de Billon nous offre une transcription extraordinairement complète de son privilège (la plupart des livres ne donnaient que de brefs extraits) qui mentionne de façon précise "aucuns lieux etans hors de notre obeissance... Basle, Geneve & autres lieux" (Paris : Jan d'Allyer, 1555), 3T2v.

2 *Lettres patentes*, 1 Juin, 1618 (enregistré le 9 Juillet), *Article* 33 ; F. A. Isambert, et al., *Recueil général des anciennes lois françaises* (Paris : Belin-le-Prieur, 1821-33), 16 : 117 (numéro 79). Cette législation a suivi de près celle du 18 Avril, 1578, voir Augustin-Charles Renouard, *Traité des droits d'auteurs* (Paris : Renouard, 1838), 1 : 111. Voir aussi la discussion de la politique royale dans *Livre, pouvoirs et société à Paris au XVIIe siècle (1598-1701)* de Henri-Jean Martin, (Genève : Droz, 1969), I : 444-448.

auraient pu tenter de tirer profit des succès de leurs prédécesseurs ; d'autre part étaient garantis à l'éditeur, avec le nouveau privilège, les droits de propriété, non seulement sur les derniers écrits de l'auteur, mais encore sur ses premiers titres.

S'il est important pour les lecteurs de *David Copperfield* et de *Great Expectations* de garder à l'esprit que Dickens écrivait en feuilletons pour les journaux, il semble tout aussi pertinent pour les lecteurs des *Essais* de Montaigne de savoir que celui-ci a pu écrire pour une sorte de feuilleton là aussi, encore que se produisant dans un laps de temps beaucoup plus grand et soumis à des contraintes et des hasards très différents. Le *nouveau* livre de Montaigne en 1588 s'intitulait *les Essais, cinquiesme édition augmentée d'un troisiesme livre et de six cens additions aux deux premiers...* En latin "sexcenti", six cents, signifiait souvent simplement "un grand nombre" ; en réalité, Montaigne a fait plus de six cents rajouts aux deux premiers livres, si bien que le nombre de six cents pourrait bien correspondre à un véritable calcul. Qui aurait fait le compte ? Probablement pas Montaigne, qui n'était pas capable de compter "ny à get, ny à plume". Peut-être ce chiffre de six cents avait-il été décidé à l'avance car il évoquait un accroissement "supernuméraire", assez important pour convaincre les autorités qu'un nouveau privilège méritait d'être accordé, non seulement au troisième volume des *Essais*, mais aussi aux deux premiers. Ce calcul a pu être une des raisons pour lesquelles Montaigne a employé, à propos des rajouts, le terme commercial de "surpoids" et a prétendu qu'ils donnaient "quelque pris particulier" au reste du livre : "Ce ne sont que surpoids qui ne condamnent point la premiere forme mais donnent quelque pris particulier à chacune des suivantes par une petite subtilité ambitieuse".[1]

---

1 On peut en distinguer 536 dans l'édition de référence, bien que les éditeurs omettent d'indiquer un bon nombre de "courtes additions" ou de simples "remaniements" (xv). Montaigne : II. 17. 652a. Huguet cite Claude Fauchet, "surpoids... de ma marchandise", et Cotgrave fait référence au "supplément de poids mis sur l'échelle d'une balance". "Ce ne sont que *surpoids* qui ne condamnent point la premiere forme mais *donnent quelque pris*

Dans leurs proportions entre le corpus nouveau et l'ancien, les éditions successives des *Essais* sont comparables aux autres révisions de l'époque. La réédition des *Odes* de Ronsard de 1555 contenait vingt nouveaux poèmes ainsi que des modifications d'un quart des vers réimprimés.[1] Rabelais avait obtenu un second privilège pour son œuvre en 1552 en rajoutant le substantiel *Quart Livre*, transformant quelque peu les romans précédents et divisant les chapitres les plus longs[2] ; cette répartition a probablement fait apparaître la révision comme plus importante qu'elle ne l'était en réalité. La page titre des *Adagia* d'Erasme, de 1520, annonçait *Ex Quarta Autoris Recognitione*, "révisé pour un quart par l'auteur". La critique (surtout anglo-américaine) s'est récemment interrogée de façon passionnée sur l'ampleur que devait avoir la révision d'un livre pour constituer une nouvelle œuvre. Au XVI^e^ siècle, les autorités légales, quant à elles, semblaient avoir un point de vue décidé sur la question. L'édition de 1595 des *Essais*, sur la page-titre, déclare être "augmentée... d'un tiers de plus qu'aux précédentes impressions"[3] Comment Montaigne pouvait-il

*particulier* à chacune des suivantes par une petite subtilité ambitieuse" (III. 9. 964c ; 736 ; nous soulignons). Gray s'intéresse au caractère mercantile du vocabulaire de ce passage dans *La Balance de Montaigne : Exagium/essai* (Paris :Nizet,1982),40,aussi bien que Philippe Desan, "Montaigne en lopins ou les *Essais* à pièces décousues", *Modern Philology* 88 : 4 (1991), 290.

1 Louis Terreaux, *Ronsard, correcteur de ses Œuvres* (Genève : Droz, 1968), 8.

2 Cela était-il la raison pour laquelle la publication de 1552 a détruit la symétrie numérique des chapitres du *Tiers livre* autour du chapitre central, comme l'a démontré Edwin M. Duval, une symétrie si marquée et si significative que l'on s'attendrait à ce qu'elle soit maintenue d'édition en édition ? Voir Duval, "Panurge, Perplexity, and the Ironic Design of Rabelais's *Tiers livre* ", *Renaissance Quarterly* 35 : 3 (1982), 387, note 10. Duval suggère que le total de cinquante-deux chapitres a pu être voulu afin de refléter l'année de la publication du *Tiers livre* révisé. Dans cette optique, il est aussi intéressant de noter que la révision de 1555 des *Odes* de Ronsard paraît avoir aussi troublé l'"architecture" originale du livre, voir le récent *Du Palais au jardin* de Doranne Fenoaltea, *L'architecture des "Odes" de Ronsard, Etudes Ronsardiennes,* 3 (Genève : Droz, 1990), 110.

3 Hans Zeller a été le premier à introduire dans les milieux littéraires anglo-américains une vue extrême, favorisée par les critiques allemands, selon laquelle la moindre révision constituait une "intention finale" de l'auteur et déterminait ainsi une nouvelle œuvre, "A New Approach to the Critical

savoir qu'il lui fallait augmenter son œuvre dans de telles proportions ? Est-ce l'éditeur qui le lui avait indiqué ?

L'intervention éventuelle de l'éditeur expliquerait pourquoi Montaigne dit "sauf qu'à mesure qu'on se met à renouveller mon livre", au lieu de "je me mets à le renouveller". A qui cet énigmatique "on" peut-il se référer ? Plutôt que de se lancer dans des spéculations, cherchons la réponse, écrite noir sur blanc, dans l'exemplaire de Bordeaux. Montaigne y a d'abord écrit "sauf que les imprimeurs ont dépensé leurs efforts à renouveller mon livre"[1], avant de remplacer cette proposition par "on se met à le renouveller" (Fig. 2).

Il fit également une autre correction : après avoir d'abord écrit que ses rajouts "ne condamnent point la première impression", il biffa le mot "impression" pour le remplacer par "forme". C'est la seule fois où Montaigne se permet, il est vrai en passant, de nommer les *Essais* une "impression". Ce silence est étrange, étant donné qu'il n'hésite pas à dire que

---

Constitution of Literary Texts", *Studies in Bibliography* 28 (1975) : 231-64. G. Thomas Tanselle propose une position plus modérée, "The Editorial Problem of Final Authorial Intention", *Selected Studies in Bibliography* (Charlottesville, VA : UP of Virginia, 1979), 309-353. Alain Viala prend en considération la perspective du 17$^{e}$ siècle, *Naissance de l'écrivain : Sociologie de la littérature à l'âge classique* (Paris : Minuit, 1985), 102. Le 7 Septembre, 1657, le parlement de Paris a réitéré la condition requérant l'expansion "d'un quart" ; pour une brève discussion des problèmes légaux et la polémique autour des critères de prolongations des droits d'auteur, voir M. Gastambide, *Historique et théorie de la propriété des auteurs* (Paris : Cosse & Marchal, 1862), 15-21 ; et Renouard, *op. cit*, 1 : 110-120. Pour un inventaire de législations pertinentes à notre propos, voir A. Fontanon, *Les édits et ordonnances des rois de France*, 3 vols. (Paris : 1611) ; Laurent Bouchel, *Recueil des statuts et règlements des marchands libraires, imprimeurs et relieurs de la ville de Paris* (Paris : F. Julliot, 1620) ; Claude-Marin Saugrain, *Code de la librairie et imprimerie de Paris... avec les anciennes Ordonnances...* (Paris : 1744) ; Isambert, *op. cit.*, vols. 12-15. La page-titre de 1595 porte : "augmentée... d'un tiers plus qu'aux précédentes Impressions" ; un homme seulement a tenté de vérifier l'exactitude de ce chiffre. Joseph Coppin a proposé la proportion de deux onzièmes, donc même si le chiffre semble avoir été exagéré, il ne laisse pas de doute sur le fait que Montaigne ait révisé considérablement plus que presque tous ses contemporains, *Etude sur la Grammaire et le vocabulaire de Montaigne d'après les variants des "Essais"* (Lille : H. Morel, 1925).

1 (Copie de Bordeaux, 424$^{v}$).

de la révision des *Essais*. La fonction précise de ces lignes est de faire passer la responsabilité par toute une série de qualifications :

<table>
<tr><td>Je ne change pas mon livre</td><td>||</td><td>Je change mon livre</td></tr>
<tr><td>|</td><td></td><td>|</td></tr>
<tr><td>sauf qu'à mesure que les imprimeurs rééditent mon livre</td><td>--></td><td>afin que l'éditeur ne s'en aille les mains de tout vuides</td></tr>
</table>

Apparemment Montaigne affirme parfaitement contrôler le devenir de son livre, toutefois, la construction du passage ruine l'affirmation elle-même en insinuant que de tierces personnes y seraient impliquées : je ne change pas mon livre ; d'autres le font (en me faisant faire des rajouts) ; je ne fais que des changements mineurs. Ce qui apparaît d'abord comme une profession de foi, affirmant l'intégrité du livre, devient par la suite l'aveu d'un compromis. Même dans son choix de l'expression "je me donne loy d'attacher... quelque emblème"[1], Montaigne, avec une certaine ironie amère, semble ajouter une note de contrainte, puisque la "loy" qu'il se donne est conforme à la loi des privilèges.

Néanmoins, il reste difficile de croire que cette question de privilèges touchait vraiment Montaigne. Les chercheurs ont avancé bien des explications passionnantes pour ces rajouts. Montaigne aurait essayé de personnaliser son livre en donnant de lui-même un portrait plus détaillé. Montaigne aurait tacitement reconnu que faire un portrait de lui-même était une tâche impossible. Montaigne aurait essayé de surmonter le hasard de l'existence. Montaigne voulait insister sur une telle contingence. Montaigne cherchait à parfaire son style. Montaigne sentait un manque dans le langage, une impossibilité

1 La formule réflexive "se donner loi" est mentionnée à trois endroits différents dans les *Essais* et toujours à la troisième personne. Une fois seulement, l'expression est employée dans le sens de "prise de liberté" : Montaigne y condamne les historiens qui se permettent ("se donnent loy") de faire entorse aux faits (II. 10. 417a). Cependant, les deux autres récurrences de cette expression, présentes dans les additions d'après 1588 et appartenant ainsi à la même période que le passage ici analysé, pourraient exprimer une contrainte - procédés requis par la guerre (I, 5, 26c) ou préceptes technologiques (I, 13, 74c).

de transmettre totalement le sens qui le poussait toujours plus en avant dans la quête de l'expression nouvelle. Est-il possible qu'un homme considéré comme l'un des plus grands écrivains de l'Europe ait pu avoir été persuadé de changer son chef d'œuvre par un éditeur préoccupé du renouvellement de son privilège ?[1] On a apprécié la révision de Montaigne comme magistrale, profonde et subversive ; elle a certes toutes ses conséquences philosophiques et psychologiques, quant à ses causes, elles se discernent peut-être par un simple regard sur quelques dates. L'édition de L'Angelier, grossie de nouveaux écrits et d'un nouveau volume, est paru en 1588, trois années après que Montaigne eut abandonné sa charge de maire de Bordeaux, et au moins quatre ans après le début de la rédaction du troisième volume. Pourquoi cette date tardive de 1588 ? Ou, à l'inverse, puisque Montaigne a continué de travailler à tous ces chapitres après cette édition, pourquoi cette date précoce de 1588 ?

Millanges a d'abord imprimé les *Essais* en 1580 avec un privilège royal d'une durée de huit ans. 1588 était donc l'année où le livre devait entrer dans le domaine public. La version augmentée de Montaigne a paru à la veille de l'expiration du premier privilège. L'absence d'un privilège dans l'édition non-augmentée de Jean Richner, datant de 1587, suggère en effet que Richner anticipait que le livre de Montaigne serait disponible à tous les imprimeurs[2]. Montaigne n'était pas le seul

1 Ces interprétations figurent dans les études de Pierre Villey, *Les Essais de Montaigne* (Paris : Nizet, n. d.), 91-111 ; Claude Blum, "Ecrire le 'moi' : 'J'adjouste, mais je ne corrige pas", *Actes du colloque international : Montaigne 1580-1980*, édité par Marcel Tetel (Paris : Nizet, 1983), 42-44 et surtout 49-52 ; Antoine Compagnon, *Nous, Michel de Montaigne* (Paris : Seuil, 1980), 214, 221 et 229-230 ; André Tournon, *Montaigne : La glose et l'essai* (Lyon : Presses universitaires de Lyon, 1983), 287-296 ; Hugo Friedrich, *Montaigne*, traduit par R. Rovini (Paris : Gallimard, 1968), 382, et Richard Regosin, "Montaigne between the Lines : Reading the Interstices, 1580, 1588, 1595, "*Le parcours des Essais, Montaigne 1588-1988*, édité par Marcel Tetel et G. Mallary Masters (Paris : Aux Amateurs de Livres, 1989), 49-51.

2 Mettant en doute la supposition commune selon laquelle Richer aurait imprimé une édition pirate, Michel Simonin a récemment rappelé que Richer est réputé pour avoir collaboré avec L'Angelier, d'où il conclut que l'impression de 1587 faisait l'objet d'un accord préétabli entre les deux éditeurs, "Le périgourdin au Palais : sur le voyage des *Essais* de Bordeaux à

auteur à produire une révision au moment de l'expiration du privilège, comme le montre cet extrait de la chronologie des éditions de Rabelais :

> 1546 : parution du *Tiers Livre*, avec privilège rétrospectif pour *Pantagruel* et *Gargantua*[1] parus plus tôt.
>
> 1552 : expiration du privilège de 1546. Parution du *Quart Livre*, avec nouveau privilège pour tous les romans.
>
> 1562 : expiration du privilège de 1552. Parution du *Cinquième Livre* avec privilège pour tous les romans.

Il semble que ce soit moins l'effet du hasard si la seconde partie du *Roman comique* de Scarron est parue en 1657, juste avant l'échéance du premier privilège d'une durée de sept ans accordé en 1650, ou que Ronsard ait remanié ses *Odes* en 1555, au moment de l'expiration de son privilège de 1550. Ce n'est pas non plus une simple coïncidence si les *Œuvres* de Ronsard de 1560 ont renouvelé le privilège général de 1553, et que la réédition revue et augmentée des écrits de Ronsard de 1567 ait permis à Gabrielle Buon d'augmenter d'une durée de six ans l'autorisation d'imprimer qui lui avait été accordé en 1560. Est-ce que le privilège de dix ans d'Urfé, reçu pour *L'Astrée* en 1607, a quelque chose à voir avec le fait qu'il ait ajouté une troisième partie au roman en 1616 ?[2] Ce sont des problèmes de

---

Paris", dans *Le Parcours... op, cit.*, 22-24. Bien qu'on puisse objecter qu'aucune preuve ne soutienne l'hypothèse "pirate", L'Angelier a tout de même donné à sous-traiter à de nombreuses maisons parisiennes et provinciales toutes ses impressions (sa tâche se limitait à la gestion financière et à la distribution et lui-même ne possédait pas de presses), par conséquent nombreux ont pu être les imprimeurs avec lesquels il a collaboré à un moment ou à un autre.

1 Dans son édition qui continue malheureusement d'être l'édition de référence pour Rabelais depuis plus de soixante ans, Lefranc discute le privilège de 1546 d'une manière enthousiaste qui, malgré tout, n'établit pas la relation entre la parution du *Tiers livre* et la protection rétroactive accordée aux précédents romans (Paris : Champion, 1931), xi-xii. R. Marichal a même mal compris la phrase du privilège, "le reste et sequence des dictz faictz et dictz heroiques", comme s'appliquant au *Quart livre,* "Rabelais et les censures de la Sorbonne", *Etudes rabelaisiennes*, 9 (1971), 135, note 1.

2 La seconde partie du roman de Scarron n'a été jointe à la première qu'en 1658, un an après la date prévue. Pourtant, un privilège avait été accordé séparément à la nouvelle partie en 1654 et pour une duré de six ans–En 1660, la date d'expiration suivante, un nouveau privilège a été accordé, grâce à la

cette sorte qu'il faut considérer lorsqu'on étudie la genèse et l'évolution d'un certain nombre d'œuvres littéraires du XVI^e^ et du XVII^e^ siècles.

Toutes les révisions ne sont pas dues évidemment aux dates d'expiration des privilèges. Claude Blum a récemment démontré que, quand Millanges a réédité les *Essais* en 1582, Montaigne effectua des changements[1] afin de corriger la première édition hâtivement imprimée. L'Angelier a publié l'édition posthume des *Essais* en 1595 – trois ans avant l'expiration du privilège de 1588 – en réponse à l'apparition d'éditions pirates.[2] Néanmoins, la coïncidence entre les expirations de privilège et les "nouvelles" éditions révisées au XVI^e^ et XVII^e^, est assez fréquente pour que l'on s'étonne que le parallèle n'ait pas été remarqué plus tôt. Les deux mille

---

troisième partie achevée depuis peu–, E. Magne, *Bibliographie générale des œuvres de Scarron* (Paris : Leclerc, 1924). Urfé a publié *L'Astrée* avec un privilège de dix ans qui prenait effet en 1607 (la deuxième partie a paru en 1610) ; en 1616 il se préparait à étendre l'exclusivité sur l'œuvre en soumettant une troisième partie qui venait d'être composée, et en demandant un deuxième privilège général. Ses projets ont été contrariés lorsque le 5 Mai, 1617, le parlement de Paris, d'une humeur rebelle, a tenté de rivaliser avec les autorités royales en faisant d'Urfé un exemple et en refusant de prolonger le privilège des deux premières parties, puisqu'elles n'avaient pas été révisées (trois mois et demie plus tard, le 19 Août, une autre décision a révoqué la prolongation accordée à la veuve de L'Angelier). Les décisions contradictoires de ces instances judiciaires suggèrent le besoin, à cette époque, d'une histoire du droit des privilèges plus détaillée. Les désaccords juridiques permanents sur le statut légal des œuvres anciennes, surtout celle de l'antiquité, à savoir si on devait y appliquer des droits d'auteur ou si elles étaient plutôt propriétés du domaine public, semblait être un terrain particulièrement propice à un renouveau de la *querelle des anciens et des modernes* (voir les lois de 1647, 1665 et 1671 dans Isambert). Les imprimeurs d'Urfé ont malgré tout publié les trois parties en 1618, pendant que l'auteur s'inclinait devant le parlement en soumettant une nouvelle fois *L'Astrée*, l'année suivante, sous une forme dûment "revue et corrigée", à laquelle a été accordée un nouveau privilège, *L'Astrée nouvelle édition*, éditée par H. Vaganay, vol. 5, "Essai bibliographique" (Lyon : P. Masson, 1928), 551-561 : Gastambide, *op. cit.*, 15-18 ; et Renouard *op. cit.*, 115.

1 "Dans l'atelier de Millanges : les conditions de fabrication des éditions bordelaises. De l'édition princeps de 1580 à l' "édition perdue" de 1583", intervention lors du colloque "Editer les *Essais* " (Paris, 27 Janvier 1995).

2 Michel Simonin, "Les contrefaçons lyonnaises de Montaigne et Ronsard au temps de la Ligue", *Les Presses grises* (Paris : Aux Amateurs de Livres, 1989), 142-144.

passages et plus que Montaigne a ajoutés aux *Essais*, déjà volumineux dans leur première version, n'ont absolument pas été ignorés : presque aucun chercheur n'a manqué de citer les étapes menant des éditions 1580 et 1588 aux derniers remaniements de l'exemplaire de Bordeaux. Plus on a accordé de valeur à ce qui aurait très bien pu rester simple préoccupation de bibliographe, et moins on s'est soucié d'explications convaincantes. Les échéances des privilèges des *Essais* se trouvent dans différentes éditions en fac-similé aussi bien que dans la bibliographie de référence de Montaigne, et elles sont mentionnées dans un grand nombre d'articles de spécialistes. Cependant personne n'a fait remarquer que L'Angelier a effectué la réédition de 1588 à l'échéance du premier privilège. Pour qui a passé des années à interpréter le sens, il peut être troublant de le trouver pour finir dans le quotidien. Cependant, Montaigne lui-même a bien pu voir là une leçon : il ne faut pas séparer ce qui paraît banal du significatif.

Lorsque les spécialistes contemporains considèrent le cas de Charles Sorel, écrivain parfaitement au courant du commerce du livre et qui a publié une édition augmentée du *Francion* en 1633, ce serait pour eux une grave négligence d'ignorer qu'il acquérait par là même un nouveau privilège. Ils ne peuvent non plus se permettre de ne pas voir que Ronsard a obtenu au moyen de la révision pas moins de quatre prolongations pour les privilèges de ses œuvres. A la fin du XVI$^{e}$ siècle aucun poète n'était plus connu que Ronsard pour la révision et le remaniement de ses écrits déjà publiés. Il ne cessa de déplacer ses poèmes d'une partie de son livre à l'autre, à tel point qu'au moins un lecteur a demandé publiquement où était le bénéfice de tant de révisions.[1] Non seulement il faut se demander dans

1 Le nouveau privilège de *Francion* a été accordé le 26 Août 1633, la révision de Sorel ne paraît pourtant pas coïncider avec l'approche d'une échéance. Le premier privilège, celui de 1623, a duré six ans mais Pierre Billaine, son éditeur et lui ont sorti une nouvelle édition en 1626 et ont ensuite attendu la parution du volume de 1633 avant d'établir un nouveau privilège. Les privilèges pour les œuvres de Ronsard ont été renouvelés le 4 Janvier 1553, le 20 Septembre 1560, le 10 Novembre 1577, le 7 Décembre 1583 et à titre posthume le 14 Mars 1586 (la publication a suivi d'un an les

quelle mesure Ronsard était motivé par des conceptions esthétiques changeantes, mais aussi à quel point il utilisait des ruses de libraire afin de convaincre les autorités légales que son œuvre avait été suffisamment modifiée pour mériter un nouveau privilège. Y aurait-il eu beaucoup d'éditeurs qui auraient permis à Ronsard de fignoler son œuvre pendant toute sa vie s'il n'y avait pas eu un avantage financier à cet exercice ?

Beaucoup de livres à succès de cette époque devinrent des corpus élaborés qui s'augmentaient avec chaque réédition, défiant même les plus longs romans contemporains, et créant de véritables cauchemars pour les éditeurs d'aujourd'hui. Par une ironie "étymologique" le terme "auteur" vient du latin "auctor" (d'augeo) qui signifie "celui qui augmente". Bien qu'il ne soit peut-être pas exact de dire que le commerce du livre de la Renaissance procédait de façon mystérieuse, il avait bien un rythme propre à lui-même. Les plus anciens privilèges tendaient à être accordés pour seulement deux ou trois ans. Ainsi Erasme, par exemple, a révisé et augmenté les éditions de Bâle d'*Adagia*, non en suivant les cycles de huit à dix ans de Montaigne et de Rabelais, mais tous les deux ou trois ans : en 1515, 1517-1518, 1520, 1523, 1526, 1528, 1530, 1533 et en 1536. Erasme a admis de son plein gré dans son *Catologus*, qu'il avait souvent fait des rajouts à ses ouvrages "afin de plaire

---

trois précédentes) ; voir P. Laumonier, *Tableau chronologique des Œuvres de Ronsard* (Paris : Hachette, 1911). A partir des *Œuvres* de 1560, la mention "revuë, corrigé et augmentée" devenue usuelle apparaissait non seulement sur les pages-titres des œuvres complètes de Ronsard mais (comme dans les annonces des révisions de Montaigne) dans les textes des privilèges. Faire concorder les révisions augmentées avec les années d'échéance des privilèges est une tâche fortement compliquée par le fait que deux programmes différents se chevauchaient : celui des dates d'échéance des privilèges à proprement parler, et celui des permissions d'imprimer que Ronsard avait accordées à Buon. Ainsi, l'échéance de dix ans du privilège de 1560 peut expliquer les éditions de 1571 (et peut-être même celle de 1572-73), tout comme les dix années de protection de l'édition de 1578 peuvent expliquer l'édition de 1578. Par contre, l'édition de 1567 semble correspondre aux dix ans de permission d'imprimer accordés à Buon en 1560, tout comme l'édition de 1584 peut correspondre au renouvellement de huit ans proche de son échéance ; la date qui reste sans explication est celle de l'édition de 1578. Etienne Pasquier étudie les révisions de Ronsard, *Recherches de la France* (Paris : Sonnius, 1611), 748.

à ceux qui aiment apprendre et de plaire à Jean Froben", son imprimeur ; et Erasme a sollicité des amis bien placés d'utiliser leur influence à la cour, afin que l'empereur renouvelle les privilèges de Froben[1]. Au XVII<sup>e</sup> siècle, les privilèges avaient cependant atteint une durée moyenne d'environ dix à quinze ans. Par conséquent, des œuvres comme les *Fables* de La Fontaine ont évolué dans des intervalles plus longs que de précédents ouvrages, permettant ainsi aux auteurs de changer totalement de conception de leur œuvre d'une édition à l'autre.

Les pratiques légales de la Renaissance ont peut-être cultivé le penchant des écrivains du XVI<sup>e</sup> et du XVII<sup>e</sup> pour les formes ouvertes (telle que la *réflexion* ou le *discours*), qui invitent à une

1 Pour des exemples de durée des privilèges en France à cette époque, voir E. Maugis *Histoire du Parlement de Paris*, vol. 2, appendix 1 : "L'Histoire de la censure des livres et de l'imprimerie par le parlement au XVI<sup>e</sup> siècle" (Paris : Picard, 1914), 312-313 ; ou Isambert, *op. cit.*, vol. 12, 103. Elizabeth Armstrong s'intéresse aux privilèges à court terme à l'aube des lois sur les droits d'auteur, *Before Copyright : The French Book Privilege System*, 1498-1526 (Cambridge : Cambridge UP, 1990), 118-124 ; pour des époques plus tardives, consulter Robert L. Dawson, *The French Booktrade and the "permission simple" of 1777 : Copyright and the Public Domain* (Oxford : the Voltaire Foundation, 1992), 9-10. Bien qu'à cette époque les notifications de privilèges n'étaient pas toujours imprimés dans les livres, les ouvrages d'Erasme se vantent sur la page-titre d'avoir été largement corrigés : "révisés d'un quart par l'auteur". Cette mention était reproduite sous forme de notifications spéciales ajoutées par Froben à la fin des ouvrages, voir F. Vander Haeghen, *Bibliotheca Erasmania, Bibliographie des œuvres d'Erasme*, vol. 1 : "Adagia" (Ghent : Ghent UP, 1897).

Erasme : "Itaque in gratiam studiosorum & Joannis Frobenii frequenter iam auctarium adiecimus, sed ita temperatis argumentis, ut praeter lectionis voluptatem..." (Basel : Froben, 1524) B2v. Voir la lettre du 28 janvier 1522 [1523] à Willibald Pirckhaimer, dans laquelle Erasme demande précisément un privilège général de deux ans qui couvrirait chaque "livre dont Froben avait produit la première édition ou un avec des additions de l'auteur faîtes en l'espace de deux ans " (librum primum a Frobenis excussum, aut cui sit aliquid ab auctore additum, excudat intro biennium). De plus, Erasme demande à être notifié de l'issu de sa requête, en espérant qu'elle sera satisfaite et que Froben aura suffisamment de temps pour imprimer une nouvelle édition avant la "prochaine foire", lettre 1341 dans *The Correspondance of Erasmus*. Lettres 1252 à 1355, 1522-1523, vol. 9, traduit par R. A. B. Mynors et annoté par J. M. Estes (Toronto : Toronto UP, 1989), 290 ; et *Opus epistolarum*, H. M. Allen, vol. 5 (Oxford : Clarendon, 1924), 202. La demande d'Erasme lui a été accordée le 14 février 1523, et le privilège apparaît dans *Auctores Historiae Ecclesiasticae* de Beatus Rhenanus (Bale : Froben, 1523), qui ne contient d'ordinaire pas de tels documents.

continuation, et pour les genres courts (tels que le *portrait*, la *maxime* et la *fable*), qui peuvent aisément incorporer de nouveaux segments[1]. L'attrait d'une loi qui se pose clairement en opposition avec une forme esthétique close peut servir à expliquer les contours de beaucoup de livres du XVI^e^ et du XVII^e^. L'absence d'accord international sur les droits à la propriété se fait parfois sentir même de nos jours, poussant certains auteurs anglais importants à réécrire leurs œuvres pour une édition "New yorkaise"[2]. Aujourd'hui, les changements dans les statuts de droits d'auteur ont presque fait disparaître la coutume de réécrire des ouvrages déjà publiés. Avec un statut moderne qui étend les droits d'auteur bien au-delà de la mort de ceux-ci, le fardeau qui consistait à s'assurer l'exclusivité s'est déplacé sur les héritiers. Ainsi, le désir de maintenir un monopole d'édition sur de célèbres livres contemporains se réapparaît dans les revendications faites pour les traductions et

1 On remarque l'absence globale de programmes de révisions pour le théâtre de cette période. Ceci s'explique par le fait que les œuvres théâtrales gagnaient la plupart de leurs revenues des représentations, qui étaient gérées par une instance juridique différente, voir Renouard, *op. cit.*, 1 : 203-217.

2 Avant 1909, les éditeurs américains ne reconnaissait pas les droits d'auteur étrangers, imprimant ainsi fréquemment des livres qui avaient d'abord été publiés en Angleterre, sans en payer les droits d'auteur. Michael Anesko étudie la relation d'Henri James d'avec Schribners, Houghton et Mifflin dans *"Friction with the Market' : Henry James and the Profession of Authorship* (Oxford : Oxford UP, 1986), 141-162 ; Philip Horne a récemment tenté de nuancer ces découvertes en démontrant avec quelle passion James embrassait les conséquences artistiques d'une telle révision, *Henry James and Revision* (Oxford : Clarendon, 1990). Bien que le livre d'Horne lu parallèlement avec celui d'Anesto montre comment les impulsions commerciales et esthétiques ne s'excluent pas l'une l'autre, il est intéressant de noter qu'aucune des deux études ne commentent les avantages à gagner de l'édition de New York en matière de droits d'auteur. Anesko étudie pourtant le rôle et la position de James par rapport au Chace Copy Act de 1891 (163-169) et il attire l'attention sur le fait que les éditeurs restaient enthousiastes bien que James ne soit plus considéré comme auteur à succès. L'agent de James, J. B. Pinker avait tenté, en 1899, de revoir les statues de droits d'auteur complexes et multiples de James ; et il est probable que le bruit d'une édition complète et révisée ait commencé dès 1904 et que celle-ci était envisagée comme solution pour mettre de l'ordre dans la protection des œuvres de James. G. Thomas Tanselle a fourni à la recherche anglo-américaine un guide utile des archives de droits d'auteur, " Copyright Records and the Bibliographer", *Selected Studies in Bibliography* (Charlottesville : UP of Virginia, 1979), 93-138.

les éditions spécialisées, telles la "révision" de 1981 par Terence Kilmartin de la traduction en 1924 par Scott Moncrieff de *A la recherche du temps perdu*, les nouvelles publications de Cambridge de D. H. Lawrence et de Joseph Conrad, et la très controversée édition "corrigée" de *Ulysse* de Joyce par Gabler en 1984, qui ont toutes été accusées d'avoir été motivées par une expiration imminente des droits d'auteur[1].

Ce ne sont là que quelques exemples de la façon dont la loi sur les droits d'auteur a mené à la modification d'ouvrages célèbres. Lorsque Montaigne écrit "j'achette les imprimeurs en Guiene, ailleurs ils m'achettent", on peut entendre que L'Angelier le payait, ou que L'Angelier l'achetait. On comprend qu'il puisse être fâcheux que les héritiers d'un auteur fassent modifier ses œuvres d'art. Doit-on s'en inquiéter quand les auteurs eux-mêmes modifient leurs livres pour de semblables raisons ? La question de savoir pourquoi Montaigne aurait cédé aux pressions commerciales a été laissé pour la fin. Pour l'argent ? Pour le pouvoir ? Il ne semble pas avoir particulièrement manqué ni de l'un ni de l'autre. Montaigne a pu voir un autre avantage à maintenir une relation avec un libraire autorisé à publier les *Essais*. En considération de l'intérêt financier d'une révision de l'auteur, Montaigne a peut-être en effet persuadé à son éditeur de s'assurer que la composition du manuscrit était exacte et respectait ses intentions en ce qui concerne la capitalisation, l'alinéa des citations et sa

---

1 Scott Moncrieff est mort en 1930 : les lois anglaises sur les droits d'auteur protégeaient sa traduction jusqu'à la fin de la cinquantième année suivante, c'est à dire jusqu'en 1981. Je remercie ici Roger Shattuck d'avoir attiré mon attention sur cet exemple. Consulter "Kilmartin's Way", in the *New York Review of Books*, 25 juin 1981, 16-20. Pour ce qui concerne Lawrence, voir M. Holroyd and S. Jobson, "Copyrights and Wrongs. D. H. Lawrence, *Times Literary Supplement*, 3 septembre 1982, 943-944. John Kidd a remis en question les prétentions de l'édition d'*Ulysse* de Gabler, ainsi que l'intégrité d'un certain nombre de participants à l'association "goliathesque" à l'origine des travaux de Gabler, "The Scandal Of 'Ulysses'", *"The New York Review of Books*, 30 juin 1988, 32-39. Curieusement, la première personne à faire remarquer les bénéfices à tirer de l'édition "corrigée" en matière de droits d'auteur était Charles Monaghan dans "Bloomtime" paru en 1986, et ceci peut-être parce qu'il écrivait pour une revue commerciale où de telles considérations sont plus ordinaires.

ponctuation insolite[1]. Puisque L'Angelier était intéressé par une révision des *Essais*, Montaigne pouvait obtenir de lui qu'il fît des concessions, permettant ainsi à l'auteur de se protéger contre des erreurs, abondantes dans l'édition pirate de 1593[2], et contre une censure qui deviendra évidente dans l'édition contrefaite de Genève de 1595. Plus important, peut-être, est le fait que Montaigne pouvait mieux se garantir contre le manque de soin qui avait, selon lui, gâté sa traduction de 1569 de *Theologia Naturalis* de Raymond Sebond, et qu'"on void, par l'infiny nombre des fautes, que l'imprimeur y laissa, qui en eust la conduite luy seul"[3]. Le fait que Montaigne ait fait des milliers de modifications dans l'exemplaire de Bordeaux (même après avoir fait l'expérience des vicissitudes des trois précédentes éditions) présuppose une confiance rare dans le bon vouloir de L'Angelier à s'assurer que l'imprimeur respecte de tels détails, et indique une étroite coopération entre l'auteur et le libraire.

Toutefois, réviser les *Essais* pour L'Angelier n'était probablement pas une décision prise consciemment par Montaigne à un moment précis de sa carrière, mais plutôt une pratique commune à l'époque, une réponse naturelle et attendue provoquée par le succès de la première édition. Si, dès le début,

1 On peut se demander en toute légitimité si le même Montaigne qui avait repoussé l'offre de Henri IV de lui rembourser ses services diplomatiques, aurait accepté de réviser son livre pour un éditeur et pour des raisons purement financières : "Sire, votre majesté me fera, s'il lui plaît, cette grâce de croire que je ne plaindrai jamais ma bourse aux occasions auxquelles je ne voudrais epargner ma vie", dans une lettre datée du 18 janvier 1590, dans les *Oeuvres Complètes*, éd. A. Thibaudet et M. Rat (Paris : Gallimard, 1962), 1399-1400. A propos de l'emploi peu commun de la ponctuation chez Montaigne, consulter André Tournon "Un langage coupé", *Writing the Renaissance : Essays on Sixteenth Century Literature in Honor of Floyd Gray*, édité par Raymond C. La Charité (Lexington : French Forum, 1922), 219-231.

2 L'Angelier a tenté de poursuivre en justice ces imprimeurs, pour une transcription du passage concerné, voir Simonin *op. cit.*, 142, note 17.

3 Montaigne : II. 12. 440a, note 3. La réédition de 1581 de la traduction de Montaigne produit par le même consortium (Guillaume Chaudière, Michel Sonnius et Gilles Gourbin de Paris) corrigeait beaucoup de fautes, ce qui a vraisemblablement provoqué la décision de Montaigne en 1588 de retirer des *Essais* les reproches qu'il leur avait adressés.

Montaigne a bien travaillé étroitement avec les éditeurs, se demander alors pourquoi il a subitement "cédé" à leurs demandes concernant la révision à partir de 1584, n'est pas la bonne question. Les *Essais*, un projet d'édition, entrepris conjointement par Montaigne et Millanges, et puis par L'Angelier, était à beaucoup d'égards une créature du marché : modifier l'œuvre pour contourner les restrictions légales a peut-être moins remis en question l'intégrité artistique, que cela n'est simplement apparu comme une évidence. Ce qui était plutôt nouveau après 1584, était l'empressement de Montaigne à faire des demandes détaillées à son éditeur concernant la présentation typographique du livre. Une telle indépendance suggère une détermination qui n'était pas évidente chez le Montaigne de 1580, qui s'était lui résigné à l'orthographe et à la ponctuation de l'imprimeur. Plutôt que d'être un principe commun, la discrétion de l'auteur sur de tels points doit être considérée comme une exception, survenant seulement dans le cas d'une popularité (et d'une profitabilité) déjà démontrée[1].

Il faut éviter d'être trop idéaliste ou trop clairement cynique. Les libraires contrôlaient les moyens de disséminer les

---

1 III. 9. 965b ; copie de Bordeaux, ãlv. Bien qu'aucun document où il s'agisse de Montaigne ne permette de soutenir cette hypothèse, il est possible d'en trouver des preuves dans d'autres cas. Erasme affirme explicitement qu'il aide Froben a obtenir de nouveaux privilèges car Froben "dépense de grosses sommes pour les correcteurs" ("Frobenius immensam pecuniam impendit in castigatores" [lettre 1341] ; Mynors, *op. cit.*, 290 ; Allen, *op. cit.*, 202]) : dans une lettre à Gianfrancesco Torresani, un imprimeur italien qu'Erasme avait précédemment employé, écrite deux mois plus tard, le 18 mars 1523, Erasme dit hésiter à envoyer de nouveaux travaux parce que Torresani a "mal corrigé" ("parum emendatis") de récentes parutions (lettre 1349 : Mynors, 429 ; Allen, 253). Même après la mort de Montaigne, Marie de Gournay a pu obtenir des concessions similaires de L'Angelier et de son imprimeur, Léger Degas-voir sa préface de 1595 éditée par François Rigolot, *Montaigne Studies* I (1989), 52-54. En 1635, elle a cependant fini par céder à la pression de l'éditeur et a ajouté (expressément contre ses vœux) une biographie de Montaigne, un index, des traductions de ses citations et une liste des sources des citations, fournissant ainsi à l'éditeur le prétexte nécessaire à une nouvelle prolongation des privilèges, et recevant en retour la promesse de l'imprimeur de rester fidèle au texte original ; voir sa préface éditée par Philippe Desan, "Marie de Gournay, préface de 1635", *Montaigne Studies* 2 : 2(1990), 93-94, 96-97.

ouvrages ; vu sous cette lumière, l'ensemble du passage de Montaigne commençant par "mon livre est tousjours un..." prend un caractère urgent, celui d'un appel à l'unité de son livre devant les pratiques d'édition qu'il percevait comme menaçantes et incitant à la fragmentation de l'œuvre. Cependant le type d'unité que Montaigne préconisait pour son livre (il ne biffait ni ne corrigeait, mais laissait les écrits antérieurs intacts) répondait peut-être lui-même aux restrictions légales sur la réédition d'ouvrages. Selon Philippe Desan le refus de Montaigne de modifier sa précédente production peut venir des pratiques de comptabilité de la Renaissance sous laquelle il était illégal d'effacer d'anciennes données dans les registres. Toutefois, Montaigne a fait plusieurs milliers de modifications dans d'anciens passages. Malheureusement, ce sont précisément ces variantes "mineures", que les éditions modernes des *Essais* le plus souvent omettent de fournir ; de telles modifications, visant à corriger plutôt qu'à ajouter, représentent peut-être les révisions les plus importantes pour Montaigne. "J'adjouste, mais je ne corrige pas" dit Montaigne, associant sa philosophie de l'écriture à une éthique de la non-intervention qu'il exprime tout au long de l'essai intitulé *De la vanité*. Mais le fait que Montaigne tendait à ne pas retravailler ce qu'il avait déjà écrit peut avoir une origine pratique en ce qu'une semblable révision n'a pas pu augmenter le volume du livre "d'un quart", et ne permettait donc pas à l'éditeur d'obtenir une extension du privilège[1].

Bien qu'il annonce ici avoir été obligé de se plier aux demandes des éditeurs, Montaigne a néanmoins finit par établir un précédent en ce qui concerne l'intégrité et les prérogatives artistiques. "Mon livre est tousjours un" devient le support qui permettra plus tard d'affirmer que la légitimité d'une œuvre vient de son unité esthétique, unité qui est elle-même garantie et

---

1 III. 9. 963c. Consulter aussi III. 5. 875b, III. 2. 806b et II. 37. 758a/c. Philippe Desan, *L'Imaginaire économique de la Renaissance*, "Le comptabilité Montaigne" (Mont-de-Marsan : Editions Interuniversitaires, 1993), 197.

définie par l'auteur, "je suis moy mesmes la matière de mon livre" dit Montaigne, "tout le monde me reconnoit en mon livre, et mon livre en moi"[1]. Cependant, Montaigne aurait-il professé de tels principes, si le commerce du livre ne lui avait pas fait prendre conscience de son statut légal en tant qu'auteur, en lui faisant signer des contrats commerciaux et en l'encourageant à s'entendre avec les éditeurs de façon à ce que les révisions mènent à la prolongation des privilèges ? Avant la loi sur les droits d'auteur, les accords légaux reconnaissaient déjà implicitement l'auteur en ce que les autorités étaient mieux disposées à prolonger les privilèges pour des ouvrages remaniés par l'auteur lui-même. Lorsque les éditeurs devaient trouver une autre personne pour réviser ou augmenter une œuvre originale, ils prétendaient souvent, afin de s'assurer le renouvellement des privilèges, que l'auteur initial avait fait lui-même les modifications, ainsi qu'il en était le cas pour *Le cinquième Livre* posthume de "Rabelais".

Les fondements historiques pour une prérogative de l'auteur sont, comme nous l'avons vu, fragiles[2]. C'est, néanmoins, l'image que Montaigne avait de l'auteur, qui a fini par prévaloir sur les pratiques d'édition qui avaient provoqué son commentaire : la législation promulguée au XVIII$^{e}$ siècle définissait la littérature comme la propriété inviolable de l'auteur et non du libraire, établissant ainsi la conception moderne du droit d'auteur. En gardant à l'esprit cette paternité, Montaigne peut être non seulement vu comme ayant simplement réagi à la politique du marché, mais aussi comme ayant agi de pair avec elle. Le livre de Montaigne lève certaines objections en faveur d'un déterminisme social, en présentant un exemple de la façon dont la vision de l'artiste peut en retour modifier l'infrastructure économique qui l'avait initialement fondée et inspirée.

---

1 "Au lecteur", 3a ; III. 5. 875b.

2 Roger Chartier critique et commente les études récentes sur ce sujet, *L'Ordre des livres : Lecteurs, auteurs, bibliothèques en Europe entre XIX$^{e}$ et XVIII$^{e}$ siècle* (Aix-en-Provence : Alinéa, 1992), 35-67.

Bien que l'on puisse supposer que des contraintes légales, telles que l'échéance des privilèges, s'opposent à une esthétique de l'individu, le marché du livre encourageait les auteurs (surtout les plus connus) à établir une relation durable avec leur œuvre. A la fin de la Renaissance, les auteurs semblent s'être davantage intéressés à la révision comme fin en soi. En 1601, Pierre Charron a conclu un accord avec Simon Millanges afin de faire imprimer une compilation de la pensée de Montaigne dans le *Traité de Sagesse*, connu plus tard tout simplement sous le titre *De la Sagesse*. Charron s'attendait à ce que les ventes soient significatives, et il a ainsi conservé le privilège à son nom ; son contrat avec Millanges stipulait "que le dict de Millanges ne pourra réimprimer les œuvres qui sont déjà imprimées ou sur la presse qu'il n'en advertisse trois moys par avant le sieur de Charron pour sçavoir de luy s'il y conviendra rien adjouster..."[1]. Quand L'Angelier soumit à nouveau les *Essais* aux autorités royales en 1588, Montaigne les avait "révisés et avait ajouté plus de cinq cens passages" ; toutefois, quelques mois plus tard ce chiffre avait atteint "six cents additions". Cette augmentation d'une centaine d'additions peut suggérer que Montaigne a continué d'ajouter à son œuvre même après que l'éditeur ait obtenu un nouveau privilège. Effectivement, le système de privilèges français du XVIe et du XVIIe siècles encourageait les auteurs à envisager une fin ouverte à leurs écrits. C'est une des ironies de l'Histoire que les humanistes de la Renaissance aient pris fait et cause pour la même industrie qui a été plus tard responsable du démantèlement de leur rêve d'obtenir des éditions "définitives" d'œuvres littéraires. Les historiens ont souvent soutenu que l'invention de l'imprimerie a agi comme force stabilisante, capable de promouvoir des

1 Réciproquement, si Charron décidait de réviser *De la Sagesse*, il était obligé de donner trois mois de préavis à Millanges afin que celui-ci puisse "prendre sur soy ladicte impression ou la reffusez" ; voir document n. 1 fourni par Dast Le Vacher de Boisville dans son "Simon Millanges, imprimeur à Bordeaux de 1572 à 1623, *"Bulletin historique et philologique du Comité des travaux historiques et scientifiques"* (1896), 788-812. Charron est mort deux ans après avoir signé ce contrat, mais néanmoins avant que les clauses aient pu prendre effet.

"éditions définies et permanentes"[1]. Les auteurs de l'époque ont cependant très bien pu confier leurs manuscrits aux imprimeurs tout en sachant que la première édition ne serait pas nécessairement définitive, mais que, suivant son succès, ils auraient peut-être à réviser largement leur œuvre en vue d'une republication.

Dès le milieu du XVII^e siècle, Antoine Arnauld et Pierre Nicole avaient transformé ce sentiment en un principe que tout écrivain devaient suivre ; "ainsi, il seroit à désirer qu'on ne considérât les premières éditions des Livres que comme des essais informes que ceux qui en sont auteurs proposent aux personnes de Lettres pour en apprendre leurs sentiments ; & qu'ensuite sur les différents vues que leur donneroit ces différentes pensées, ils y travaillassent tout de nouveau pour mettre leurs ouvrages dans la perfection où ils sont capables de les porter"[2]. Lorsque Benjamin Franklin a rédigé sa propre épitaphe en 1728, la pratique de la révision d'éditions était devenue suffisamment commune pour que Franklin, lui-même imprimeur et ainsi au courant des ficelles du métier, ait pu faire une satire des déclarations pompeuses que les éditeurs faisaient pour les nouvelles éditions :

Le corps de
B. Franklin, Imprimeur
Comme la couverture d'un vieux Livre.
Son Contenu arraché,
Et dégarni de sa Dorure
Ci-gît, Nourriture pour les Vers.
Mais l'Œuvre ne sera pas perdue ;
Parce que, comme il croyait,

1 Cette notion est devenue un tel lieu commun qu'elle est même enchâssée dans l'*Introduction to Scholarship* du Modern Language Association, D. C. Greetham, "Textual Scholarship" (New York : Modern Language Association, 1992), 126.

2 *La logique ou l'art de penser*, préface à la seconde édition de 1664, éditée par Louis Marin (Paris : Flammarion, 1970), 47 ; traduit par James Dickoff, *The Art of Thinking : Port Royal Logic* (New York : Bobbs Merill, 1964). Je remercie John McClelland d'avoir attiré mon attention sur ce passage.

Elle fera de nouveau une apparition
Dans une nouvelle Edition encore plus élégante
Corrigée et Améliorée
Par l'Auteur[1]

Les choses avaient changées depuis l'époque de Montaigne. Le plus remarquable était le statut élevé que l'époque de Franklin accordait aux écrivains, lui permettant de faire de Dieu" l'Auteur" de l'humanité. La suggestion de Franklin que les gens, comme les livres, réapparaîtront "corrigés"--que la vie après la mort offre une sorte de clémence éditoriale--rappelle la déclaration de Montaigne que son livre et lui étaient "constubstantiels", ayant tous deux beaucoup changé à travers les années, "nous allons conformément et tout d'un trein, mon livre et moy"[2]. Etant donné que Montaigne voyait ses *Essais* comme un portrait de lui-même--un portrait qui de plus pouvait "former" qui il était--ne peut-on pas envisager que les procédures d'impression, qui incitaient à une continuelle révision de ce portrait, aient pu contribuer à développer chez Montaigne une certaine sensibilité à l'égard de son identité changeante et de l'instabilité de l'âme humaine en général ?

Néanmoins, contrairement à Franklin, Montaigne était peu disposé à croire que les gens ou les livres s'améliorent par la correction : "nous nous corrigeons aussi sottement souvent comme nous corrigeons les autres. Mes premières publications furent l'an mille cinq cens quatre vingts. Depuis d'un long traict de temps je suis envieilli, mais assagi je ne le suis certes pas d'un pouce"[3]. Ayant été lui-même témoin des multiples mésaventures qui se sont produites lors de la publication des

1 *The Papers of Benjamin Franklin,* édité par Leonard W. Labaree (New Haven : Yale UO, 1959-) I : 109-111, cité par Robert Danton dans *The Kiss of Lamourette : Reflections in Cultural History* (New York : Norton, 1990), 186.

2 II. 18. 665c. III. 2. 806b.

3 II. 9. 964bc. Montaigne remet souvent en question l'avantage qu'il y a à corriger quelque chose que l'on a déjà écrit (III. 5. 875b ; III. 8. 924c), allant jusqu'à affirmer que lui-même oubliait parfois ce qu'il avait voulu dire à l'origine. (I. 10. 40c ; II. 12. 566b)

œuvres de La Boétie chez Fédéric Morel, de la traduction de Raymond Sebond chez Guillaume Chaudière, Michel Sonnius et Gilles Gourbin, et même lors de la parution de son propre livre chez Millanges et L'Angelier, Montaigne n'aurait certainement pas placé une confiance aveugle dans des processus éditoriaux, qui ont laissé les *Essais* moins parachevés que "décousues", "bigarrés", "diverses" ou encore "mal jointes"[1]. Ceci ne pourrait-il pas expliquer "l'impression d'inachevé" que Michel Jeanneret perçoit dans beaucoup d'œuvres de la Renaissance qui ressemblent à "des travaux en cours, cherchant leur forme définitive"[2] ?

Détenir les droits des *Essais* aurait, bien entendu, été la préoccupation principale de l'éditeur de la Renaissance. Mais en acceptant une révision de Montaigne qui était totalement différente de ce que la plupart des écrivains de la Renaissance (comme Ronsard et Rabelais) avaient tenté (une révision dont on peut dire qu'elle était révolutionnaire par son procédé), Abel L'Angelier a offert à Montaigne une occasion éditoriale. Montaigne a saisi cette occasion pour créer une nouvelle sorte d'œuvre ; une œuvre qui se servait de la révision comme une voie de recherches artistiques en soi. Un des premiers "augmentateurs" à passer du feuilleton à un accroissement intérieur, Montaigne semble avoir pris plus sérieusement que n'importe quel autre auteur les critères légaux qui définissaient une nouvelle œuvre. Proust était l'un des quelques écrivains modernes qui ne semblait pas pouvoir laisser son livre, ajoutant page après page aux épreuves de son édition. Mais contrairement à *La recherche du temps perdu*, dont le projet a été achevé lorsque Proust écrivit les dernières phrases du *Temps retrouvé* sur son lit de mort, il n'a pas été question d'une forme accomplie pour les *Essais*.

1 III. 13. 1076b. II. 25. 689c. II. 37. 758a. III. 9. 964c.

2 Michel Jeanneret et Jacqueline Cerquiglini, "Savoir, signe, sens : dialogue d'une médiéviste et d'un seiziémiste", *The Journal of Medieval and Renaissance Studies*, numéro spécial sur "L'idée de la renaissance", 22 : 1 (1992), 23.

Le fait que Montaigne travaillait en dehors de toute conception de "clôture" ou d'accomplissement esthétique se révèle dans les inégalités de sa révision. La longueur de certains essais a augmenté de trois fois au cours des douze ans qu'il a passés à les réviser, alors que d'autres demeurent inchangés. Ce qui est encore plus surprenant est que certains des chapitres non-révisés restent, en tant que productions littéraires, totalement inadéquats. Le LIIe chapitre du livre premier, par exemple, "De la parcimonie des Anciens", se résume à une série d'exemples copiés de la traduction d'Amyot de Plutarque, *Les Vies parallèles*, de *De consolatione ad Helviam* de Sénèque et du compendium de Valerius Maximus. Comme s'il avait anticipé une révision qui n'était jamais arrivée, ce chapitre n'a jamais dépassé l'état embryonnaire de la "leçon", un exercice de la Renaissance qui consistait à collectionner des citations et des documents pour des *orationes* futures. Au contraire de " A demain les affaires", un autre chapitre- "leçon" dont ironiquement l'augmentation n'a pas été différée à jamais, aucune critique, ni réflexion, ni anecdote personnelle n'ont jamais changé ces notes "parcimonieuses" en un essai cohérent.

Montaigne n'essayait manifestement pas d'écrire un chef d'œuvre au sens traditionnel et "fini" du terme. Les *Essais* fonctionnaient plutôt comme "un travail en cours", qui non seulement poussait Montaigne à composer de nouveaux écrits, mais motivaient d'autres à explorer cette forme prosaïque ouverte. La continuation et la consécration finale des *Essais* en tant que genre propre résultent de la nature même de la forme telle que Montaigne la concevait. Exigeant, dès le départ, de nouveaux rajouts, l'esthétique de l'inachevé des *Essais* a influencé, en Angleterre surtout, un nombre presque infini d'autres écrivains : Bacon, Pepys, Swift, Addison et Steele, Johnson... Montaigne semble avoir prévu et même voulu une telle postérité, invitant à un moment donné ses lecteurs à poursuivre les nombreuses "histoires qui ne disent mot, lesquelles qui voudra esplucher un peu ingénieusement, en produira infinis essais"[1]. Montaigne remarque ailleurs "qu'un parler ouvert ouvre un autre parler et le tire hors, comme faict le vin et l'amour"[2]. On trouve, dans de telles invitations, une vision du livre en tant qu'activité, un espace auquel les lecteurs peuvent participer, vision qui diverge nettement de celle des éditeurs qui tendent eux à regarder les livres comme des biens de consommation. Dans ce qui doit être reconnu, par conséquent, comme un genre littéraire à part, celui de la réécriture, la contribution de Montaigne ne nécessite aucune justification. "Ce ne sont que surpoids qui ne condamnent point la première forme mais donne quelque pris particulier à chacune des suivantes par une petite subtilité ambitieuse". Une subtilité ambitieuse, en effet.

George HOFFMAN

1 I, 40, p. 251c. Les éditeurs modernes ont par erreur mis une majuscule à "essais" ; Montaigne le laisse en minuscule dans son addition écrite sur la copie de Bordeaux, indiquant par là que les lecteurs doivent poursuivre les "essais" en tant que forme et non dans un livre particulier portant ce titre.

2 III. 1. 794c.

ce de ma memoire, mais aussi pour ce que cette forme, retire
trop à l'artiste. Baste, que ie me suis meshuy promis, de
ne prendre plus la charge de parler en lieu de respect. Car quāt
à parler en lisant son escript, outre ce qu'il est monstrueux, il
est de grand desauātage à ceux, qui par nature pouuoiēt quel-
que chose en l'action. Et de me ietter à la mercy de mon in-
uention presente, encore moins: Ie l'ay lourde & trouble, qui
ne sçauroit fournir à soudaines necessitez, & importantes.
Laisse lecteur courir encore ce coup d'essay, & ce troisiesme a-
longeail, du reste des pieces de ma peinture. I'adiouste, mais ie
ne corrige pas. Premierement, par ce que celuy qui à hypothec-
qué au monde son ouurage, ie trouue apparence, qu'il n'y aye
plus de droict. Qu'il die s'il peut, mieux ailleurs, & ne corrom-
pe la besongne qu'il nous à vendue. De telles gēs il ne faudroit
rien acheter qu'apres leur mort. Qu'ils y pensent bien, auant q̄
de se produire. Qui les haste? Secondement, que pour mon re-
gard, ie crains de perdre au change: Mon entendement ne va

# II. EDITER LES ESSAIS

# L'ORTHOGRAPHE DE MONTAIGNE ET SA PONCTUATION, D'APRÈS L'EXEMPLAIRE DE BORDEAUX[1]

Lorsque l'on décide de réaliser une nouvelle édition critique des *Essais*, et que l'on veut en déterminer les exemplaires de référence, trois dates apparaissent d'emblée : l'édition de 1580, celle de 1588 (dernière revue par l'auteur) et l'exemplaire de Bordeaux (1588, annoté par Montaigne pour les éditions suivantes).

Pour ce dernier état, nous possédons la reproduction photographique (Fortunat Strowski, Hachette, 1912). Cela nous donne la possibilité d'étudier de près l'écriture, les intentions, les ajouts et les usages autographes de l'auteur.

Ce précieux exemplaire présente en tête l'extraordinaire message adressé par l'auteur à son imprimeur, S. Millanges (voir transcription du texte Figure V).

On ne peut qu'admirer la précision avec laquelle il énumère ici les points sur lesquels il souhaite une révision, pour l'orthographe de son nom, celle du texte ou la ponctuation, bien qu'il n'ait nulle envie de faire cette révision lui-même.

Sur les lignes de l'exemplaire de Bordeaux [E. B.], ou dans les marges, il note quelques-uns seulement de ces changements souhaités, concernant surtout majuscules et ponctuation, et faisant confiance à son cher Millanges pour bien comprendre ainsi la démarche générale qu'il souhaite et rectifier le reste (mais les autres éditeurs seront-ils aussi scrupuleux ?). Il sait, et il le dit, qu'il y a, en dehors de ce qu'il voit, "infinies autres" corrections à faire, "de grande importance", et de nombreuses contradictions orthographiques, comme c'était l'habitude à l'époque (contradictions auxquelles s'ajoutent, dans son cas, une grande fragilité et une incertitude personnelle constante en ce domaine).

---

1 Texte écrit conformément aux *Rectifications orthographiques nouvelles* (1990)

Nous allons tenter de voir quelle était l'origine de ces contradictions, de ces habitudes et de ces écarts graphiques (auxquels il est resté fidèle toute sa vie), ce qui nous permettra je l'espère de prendre, à ce sujet, quelques décisions (ou absences de décisions) utiles en connaissance de cause.

## I. L'orthographe de Montaigne

Ceux qui, aujourd'hui comme hier, se penchent, quand ils les découvrent, sur les écrits autographes de Montaigne, qu'il s'agisse de ses annotations personnelles (*Ephémérides* de Beuther, 1551, *Annales* de N. Gilles, 1562, etc.), de ses lettres, et, surtout, des ajouts et abondantes corrections portées sur l'exemplaire de Bordeaux, ne peuvent que s'étonner de ses habitudes orthographiques personnelles, comparées aux centaines d'éditions qui n'ont cessé, depuis quatre cents ans, à la fois de l'honorer et de la banaliser, en occultant entièrement cet aspect de son œuvre[1].

Cependant, bien que déjà contaminées par les interventions des typographes (c'est ce que nous appelons une orthographe "panachée"), ces habitudes de plume sont bien visibles aux yeux de tous dans les éditions des *Essais* publiées du vivant de l'auteur, de 1580 à 1588, surtout dans la première édition. Mais elles sont par la suite effacées par sa correctrice, Mademoiselle de Gournay, dès 1595 (éd. A. Langelier), oubliées ensuite, et il faudra attendre l'édition photographique réalisée par F. Strowski pour avoir largement accès, à nouveau, aux sources sûres de l'original de Bordeaux.

Ch. Beaulieux (1940, 1951, 1953-54, voir Bibliographie) n'a pas manqué, à plusieurs reprises, d'attirer l'attention et de revenir sur cette question importante. J'ai fait de même (Catach 1968 et 1969) et donc je ne ferai que rappeler ici l'essentiel de ce qui est admis concernant l'orthographe personnelle et "réformée" de Montaigne, en renvoyant aux travaux cités ci-

1 Encore tout récemment, à Bordeaux, deux publications estimables ont été faites des lettres personnelles de Montaigne, toutes les deux modernisées, tant pour l'orthographe que pour la ponctuation, sans aucune précaution (voir Bibliographie).

dessus et en y ajoutant certaines découvertes personnelles récentes.

1. *L'attitude de Montaigne vis-à-vis de l'écrit et de l'orthographe*

Tout d'abord, Montaigne était gascon, et peu sûr de lui : "Mon langage françois, disait-il, est altéré et en la prononciation et ailleurs par la barbarie de mon creu" (L. II, chap. XVIII) Son éducation en français avait été très déficiente[1].

Après le grand succès des *Essais*, il prend conscience de ses différences et du tort qu'elles peuvent lui causer. Sans y renoncer (il persiste jusqu'à la fin de sa vie dans ses habitudes phonétiques et graphiques, et voudrait-il y renoncer qu'il ne le pourrait pas) il recommande cependant à son imprimeur, S. Millanges, de suivre "l'orthografe antiene" :

> Ie ne me mesle ny dortografe (et ordonne seulement qu'ils suivent l'antiene)nydepunctuation :ie suis peu expert en l'un et en l'autre,

disait-il déjà, en 1588, dans son Troisième Livre (p. 230).

Ensuite, il ne fait aucun doute, aujourd'hui, que Montaigne pratiquait, comme la plupart des écrivains et créateurs "à la page" de l'époque de la Renaissance, une graphie rénovée, sensiblement différente des usages traditionnels du début du siècle et des imprimeurs du Roy, renouvellement qu'il partageait avec Ronsard et les poètes de la Pléiade[2].

2. *Ses usages personnels*

Parmi les gasconismes naturels à Montaigne, reflétés constamment dans sa façon d'écrire, rappelons entre autres :

---

1 N'oublions pas qu'il n'avait abordé cette langue qu'à son entrée au collège, son père ayant tenu à ce qu'il ne parle que le latin chez lui jusqu'à six ans. Cet usage n'était pas unique : F. de la Trémouille, par exemple, et surtout R. Estienne, faisaient en sorte que chacun chez eux ne parlât que le latin, femme, enfants et maisonnée. Nous respectons, dans la mesure du possible, l'orthographe de Montaigne, excepté les coquilles manifestes, abréviations, absences de coupures de mots, d'accent final, de distinction entre *u* et *v*, etc.

2 Voir à ce sujet NC, *L'orthographe française à l'époque de la Renaissance* [ici *Orth. Ren.]*, Droz, 1968, p. 250 : sur 255 auteurs étudiés pour cette époque, prosateurs et surtout poètes, 14 ou 15% seulement peuvent être classés comme pratiquant encore une orthographe "ancienne" (c'est-à-dire ni modernisée ni réformée, selon les usages généralisés établis vers 1550 par les poètes de La Pléiade).

- Une nasalisation incomplète des voyelles (ce qu'il partageait avec le lyonnais Meigret, comme pratiquement avec l'ensemble des locuteurs des pays occitans) ;

- Le phénomène bien connu de l'"ouïsme" (voir dans les *Annales*, *sount*, *fount* pour (ils) *sont*, (ils) *font*, *noumer*, *coume*, *doumage*, pour *nommer*, *comme*, *dommage*, mots qu'il écrivait naturellement avec un seul *n*) ; après une éclipse assez longue, on retrouve dans les gloses de 1588 *Gascougne*, *souignant*, *pouint*, etc. Averti de ce "défaut", Montaigne l'évite par la suite et tombe ainsi dans des excès contraires (*oblier*, *uigoreus*, *Perigordin*, etc.) ; il écrit *Bourdeaus* pour *Bordeaux*, graphie par *ou*, courante alors ;

- La prononciation et la graphie en *u* à la place de *eu* (neuf mots en *ur* dans la lettre XXXVII adressée à Henri IV, *asture*, *monseignur*, *servitur*, *hureuse*, pour *à cette heure*, *monseigneur*, *serviteur*, *heureuse*) ;

- Problème des *e* caducs : tendance à maintenir partout, à l'écrit comme à l'oral, des *e* caducs prononcés dans le Midi, et déjà supprimés dans le français du nord, ex. *larrecin*, *serrement*, *mairerie*, et aussi *chatiement*, *regleement*, etc. ; inversement, peut-être par hypercorrection, Montaigne écrit *durté* pour *dureté*, etc.

- Il prononce en revanche et écrit très souvent *cte* pour *cette* (écrit aussi *ste*, *ste uertu*, *dest Artus*, *st histoëre*, *st'usage*, trait courant à l'époque dans le Sud-Ouest et condamné par Péletier).

- Certaines flexions de conjugaison : passés simples en *-erent*, qui passent ensuite à *-arent (alarent*, *blessarent)*, imparfaits et conditionnels en *-oent*, *-oënt*, puis en *oint*, *disposoient*, *nuisoient*, *trouveroint*), etc.

- Quelques traits plus spécifiques, comme le féminin de *deux* (*duës heretieres*, *duës filles*, etc.).

Pour son orthographe, on peut distinguer deux époques :

- Une orthographe strictement personnelle, telle qu'elle apparait en 1551 (sur son exemplaire du *Beuther*), puis en 1562 (en marge des *Annales* de N. Gilles) ; puis, à son retour d'Italie, avec une évolution et un "panachage" dû à l'imprimeur, dans les éditions de 1580, 1582, 1583, 1588, etc.

Citons en particulier les points suivants (voir Figure III ; je m'appuie ici essentiellement sur Ch. Beaulieux, 1953-54, pp. 61-62, et sur *Orth. Ren.*)[1] :

*A. Alphabet, signes diacritiques*

- *Pas de distinction de u et v, à l'initiale comme à l'intérieur* (*u* partout, *uous* pour *vous) ;*

- *Accent aigu* sur les finales fermées suivies de *s ;*

- *Accent* grave pour aigu en finale (*despechè, anterrè*) ;

- *Tréma* (*Voïage en Italie*, tendance au tréma sur *ï* intervocalique remplaçant *y* pour yod, voir plus bas) *;*

- *Usage constant d'une apostrophe-accent*, faisant fonction d'accent circonflexe : d'abord, dans son orthographe manuscrite, placée à côté de la voyelle, pour indiquer sa longueur ou à la place d'un *s* amui (*ma'les, na'quit, bla'me, la'che, cha'cun*) ; puis remplacée dans l'édition par un aigu sur la voyelle, ex. *báteleurs, láchement, préter, céte*, etc.

*Remarque* : Cette riche accentuation, absente des éditions ordinaires, constitue l'une des caractéristiques de l'orthographe de Ronsard.

*B. Vocalisme*

Nous parlerons surtout ici des traits, comme nous l'avons dit mélangés, qui apparaissent dans la 1ère édition de 1580, parfois aussi dans les éditions suivantes (nous mettons à gauche l'"antiene" graphie, à droite la "nouvelle", ou celle, plus personnelle, de Montaigne) :

- *en/an* : C'est le trait le plus constant et le plus frappant (*atandre, magnifiquemant, accidant, mouvemans, cepandant,*

---

1 Ce que l'on appelle le *Livre de raison* de Montaigne se trouve à la Bibliothèque de Bordeaux. Il s'agit d'un ouvrage (l'*Ephemeris historica* de Beuther, de 1551, exemplaire amputé de 44 pages qui ont été arrachées) dont Montaigne a utilisé en 1572-73 les pages blanches comme agenda personnel (la transcription des annotations se trouve à la fin de l'article de Beaulieux de 1951). Les notes de Montaigne en marge des *Annales* de N. Gilles (ouvrage datant de 1562) sont plus fournies et plus intéressantes à étudier.

*randre*, etc.), mais la préposition *en* est maintenue. Par conséquence, en raison du passage de *e* à *a*, Montaigne est souvent obligé de remplacer *g* par *i* consonne (voir plus bas), ou d'ajouter une cédille au *c* (*deçandus*) ;

- *ai/e* (*mauuese, secretere, Lorrene, lessa, aduerseres)* ;

- *ain/ein* : La diphtongue ancienne *ain* s'étant à l'époque fermée et ayant évolué vers la nasale simple, le groupe avait rejoint *ein* ou *in* (*capiteine, demein, sepmeine, souverein*, trait qu'il partage avec Péletier du Mans) ;

- *y/i (aïant, uoïes, moiens ou moïens, Guienne, essuié)* ;

- *oi/oë, oe* (dans les *Annales* et le *Beuther* surtout, graphie plus phonétique, correspondant à la prononciation d'alors ; il écrit *-oënt* avec tréma dans les finales verbales, ex. *sortoënt*, ce qui confirme sa prononciation ; puis, à partir de 1573, il revient à *oi*, sans e, et adopte *sortoint, donoint, etc.)* ;

*C. Consonantisme*

Les habitudes graphiques de Montaigne pour le consonantisme sont plus spectaculaires encore :

- Suppression de la consonne finale devant *s* au pluriel (*enfans, fons*, trait le plus caractéristique alors de l'orthographe "modernisée") ;

- Suppression d'autres consonnes muettes, surtout internes (mon *fis, lontems, bateme*) ;

- Suppression de nombreuses lettres grecques (*stile, Siracuse, rithme, ortografe*) ;

- Suppression de nombreuses consonnes doubles (*apartient, atribue, metent, querele, apele*, et même *fauseté*, etc.) ;

- Suppression en particulier de nombreuses consonnes doubles nasales (*home, fame, nome, prisonier*, etc.) ;

- Tendance au *c* pour *qu* et pour *s* (*cartier, face, dispence*) ;

- Tendance au *g* noté *i* (*iantilhomes, ians, ueniance*, etc.) ;

- Tendance au *ign* pour *gn* (*campaigne, Montaigne*), mais suppression du *i* devant *gl* (*regle, regler*, et non *reigle, reigler*) ;

- Tendance au *z* seulement lorsque utilisé parfois pour *s* à l'intervocalique (*roze*) ;

- Adoption large du *s* final pour *x* (*veus, ceus, ingenieus*, mais *six*) ; *s* final pour *z* muet, y compris pour les verbes (*ches, asses, voies* pour *voyez*), voir Figure III.

3. *Jacques Peletier du Mans*

Ch. Beaulieux, qui a fait un bon recensement de ses habitudes à cet égard, était parvenu à la conviction que Montaigne avait adopté cette orthographe "réformée" sous l'influence de J. Peletier du Mans, à partir de 1572. Il se fondait non seulement sur des ressemblances graphiques assez frappantes avec le phonéticien (passant un peu rapidement sur les différences, tout aussi nettes), mais surtout sur le fait que Peletier avait vécu au château de Montaigne, et avait pu ensuite fréquenter ce dernier durant ses sept années de séjour à Bordeaux[1] :

> "Iaques Peletier, vivant chez moy, m'avoit fait ce présent singulier", dit en effet Montaigne (L1, chap. XII).

Les ressemblances et différences principales entre les usages de Péletier (P.) et ceux de Montaigne (M.) sont les suivantes :

- P. (comme M.) utilise *oe* pour *oi* (mais avec un crochet), *an* nasal pour *en, e* pour *ai, ein* pour *ain*, peu de consonnes doubles et muettes, pas de lettres grecques, *x* muet final proscrit, mais il présente un autre système d'accents, des voyelles nasales notées par la consonne double, beaucoup d'y intervocaliques, surtout beaucoup de *z, nh, lh, n* pour *gn*, etc. ;
- M. présente seul *s* amui remplacé par une apostrophe-accent, *i* pour *g* et *ç* devant *an, ï* ou *i* à l'intervocalique, *y* (non l'*y* calligraphique final, mais celui venu du grec) proscrit, *s* muet pour *z* à la finale, etc.

4. *Elie Vinet et le Collège de Guyenne*

Reprenant le dossier, et me fondant en particulier sur ces différences avec Péletier, je suis parvenue à la conviction qu'il

1 Peletier est de passage à Bordeaux en 1549, mais il en part précipitamment lors des troubles très graves de l'émeute "de la Gabelle". Il y revient en 1552, puis, retour d'Annecy, en 1572. Il devient Principal du Collège de Guyenne de façon éphémère, en 1573, puis pratique comme médecin à Bordeaux jusqu'en 1579.

ne s'agissait pas, pour Montaigne, d'une conversion tardive (même si elle a pu effectivement se renforcer ou évoluer sur certains points du fait de son amitié avec Peletier) mais d'une habitude d'enfance, contre laquelle il ne pouvait rien. Ce qui permet d'expliquer à la fois la précocité de ces usages (il écrit ainsi, selon nos documents, dès 1551, peut-être avant), leur persistance et le curieux rejet professé à leur égard par Montaigne vers la fin de sa vie [1].

D'où venait cette habitude, et qui la lui avait donnée ? Il ne faut pas être grand clerc pour penser aux professeurs qu'il eut au Collège de Guyenne (où il est entré à six ans), premier foyer intellectuel de Bordeaux, "tres florissant pour lors et le meilleur de France", estime Montaigne (*De l'Institution des Enfans*).

Le Collège était à l'époque dirigé par André de Gouvéa, homme éminent et remarquable à tous égards, "le plus grand principal de France", connu comme disciple d'Erasme et professant les opinions évangélistes nouvelles. Il s'était entouré d'une équipe brillante, et proche de lui à la fois par les idées et les conceptions pédagogiques.

Ces professeurs, comme lui-même, eurent à subir à plusieurs reprises les soupçons et les foudres de la répression religieuse venue de Paris (Bordeaux a tout fait pour les protéger) : renvois des maitres suspects, vérification des manuels utilisés, demande de saisie et de destruction des livres par le Parlement, etc. (voir en particulier sur ce sujet Madeleine Lazard 1992, pp. 60-65), ce qui explique la discrétion observée par Montaigne à leur égard.

Quels étaient donc les précepteurs de Montaigne ? Pour ceux qui sont cités (qui ont également été ses répétiteurs personnels), il s'agit entre autres de Buchanan, G. Guérante, N. de Grouchy et M. A. de Muret.

---

1 "L'ampleur des phénomènes, disions-nous en 1969, nous semble exclure le hasard. Une influence de l'orthographe de Ronsard est certes à retenir, mais elle est d'ordre trop général, et n'a dû se faire sentir qu'après 1550-1552, alors qu'un Montaigne, par exemple, avait déjà près de vingt ans et un Monluc près de quarante" (NC, *Orth. Ren.*, p. 9).

Montaigne, cependant, en a eu d'autres, ceux qui à son arrivée lui ont appris à parler le français, à lire et à écrire, ceux qui lui ont enseigné ensuite la grammaire et la rhétorique. Certes, on commençait à lire en latin, mais le français n'était apparemment absent ni des cours ni des conversations, puisque Montaigne est sorti du Collège à treize ans sachant bien parler sa nouvelle langue, le français.

Notre élève, plutôt paresseux, garde un souvenir attendri d'un de ses précepteurs, homme habile qui laissa trainer sous ses yeux, "par mégarde", quelques ouvrages, lus ainsi par son élève avec d'autant plus d'intérêt et même de passion :

> Là, *rappelle Montaigne*, il me vint singulièrement à propos d'avoir affaire à un homme d'entendement de précepteur qui sçeut dextrement conniver à cete miene desbauche et autres pareilles...

S'agit-il, comme le dit Madeleine Lazard, de Jean Talpin ? Pourquoi ne pas penser à Elie Vinet (1509-1587), qui, comme nous allons le voir par la comparaison de leurs écritures, semble avoir joué un rôle bien plus grand que Talpin auprès de Montaigne ?

Régent, Principal et enfin Recteur de l'Université, auteur et responsable, durant près de cinquante ans, des Programmes d'études et des manuels de grammaire de l'Etablissement, Vinet représentait alors, avec Gouvéa, la plus haute et importante figure du Collège, et sans doute de l'Université de Bordeaux[1]. Plus d'un siècle avant les Petites Ecoles de Port-Royal, il avait instauré au Collège un enseignement vivant et ouvert, dont Montaigne, malgré ses dires, a largement profité[2].

---

1. Vinet arrive au Collège en 1539, en même temps que Montaigne. Il y exerce d'abord comme Régent des lettres et mathématiques, puis comme Principal (1562-1570, et de nouveau, après Peletier, de 1573 à 1587). Homme public, il devient Recteur de l'Université à partir de 1580, et reste donc ainsi en contact avec Montaigne. C'est grâce à lui que S. Millanges entre comme régent dans l'établissement en 1562 et peut s'installer, à partir de 1572, comme imprimeur attitré du Collège, puis de l'Université. Pour les publications et ouvrages en tous genres, d'E. Vinet, voir NC, 1969, pp. 18-31.

2 Il serait injuste à ce sujet de ne pas se référer aux articles et bibliographies d'E. Labadie (La Rochelle et Bordeaux, 1907, 1909, etc.) et surtout de L. Desgraves (Genève, Droz, 1977), riche en renseignements sur les amitiés humanistes de Vinet (pp. 22-30) . C'est Labadie qui a le premier attiré

Vinet présente, par rapport à Montaigne, trois caractéristiques essentielles : il lui a selon toutes probabilités, directement ou indirectement, appris à écrire durant ses premières années d'école (et peut-être ensuite la rhétorique) ; il a toujours pratiqué lui-même une orthographe régulièrement "réformée" ; enfin, et surtout, cette orthographe se trouve être, et de très loin, la plus proche de celle que Montaigne a pratiqué toute sa vie[1].

5. *L'orthographe du Sud-Ouest et de l'Occitanie*

Pour ce qui est de son entourage, poètes et prosateurs contemporains de Montaigne, qui partagent à peu de choses près les habitudes graphiques que nous avons relevées ici, la chose parait claire : ils ont tous, plus ou moins (S. Millanges inclus) passé par les mains d'E. Vinet, ou ont pu être influencés par l'enseignement du Collège[2].

> C'est le français qu'on enseignait au Collège de Guyenne, *dit à juste titre E. Labadie*, parlant de ces usages écrits et oraux, c'est le français de nos écrivains bordelais du XVI^e s., des Montaigne, des La Boëtie, des Fl. de Raymond [...], et de bien d'autres encore.

---

l'attention sur l'importance des interventions pédagogiques d'E. Vinet (*Bibliographie historique d'E. Vinet*, 1909, p. XXIV). Ce dernier avait rédigé, à l'instigation d'A. de Gouvéa, les *Schola Aquitanica* (Millanges, 1583), qui devinrent l'ouvrage de référence pour les études. Il avait aidé à instaurer dans les classes des concours d'émulation (*disputationes*, joutes rhétoriques), qui semblent avoir passionné les enfants, et ont continué bien avant dans le XVII^e siècle. On faisait aussi du théâtre : Montaigne raconte comment il a participé avec succès aux tragédies latines qu'on lui a fait jouer.

1 Ainsi, Vinet, comme Montaigne, et contrairement à Peletier, ne connait pas les voyelles nasales devant voyelle (ils écrivent tous les deux *debonaires*, *pardona*, *fame*, *enemis*) ; il écrit toujours *antiene*, comme son élève ; il remplace comme lui *en* par *an*, *ai* par *e*, *ain* par *ein*, *y* par *i*, etc. ; il supprime l'*x* final et l'*y* intervocalique (ce que ne fait pas Peletier) ; il supprime absolument le *z* final, dont Peletier abuse, au profit du *s*. Vinet utilise, plus encore que Montaigne, le *z* intervocalique (*mezure*, *mezurage*). Il se sert, non des *lh* et *nh* occitans (pour *l* et *n* mouillés) comme Peletier, mais de *ill* et *ign*, comme Montaigne, et il a les mêmes formes verbales (*devoint*, *montoint*).

2 Citons, entre autres, Blaise de Monluc (voir NC, *Orth. Ren.*, pp. 196-197), Pierre de Brach (ibid., p. 176), Salluste Du Bartas (ibidem, pp. 178-180), Etienne de La Boëtie (pp. 195-96), ou Fl. de Raymond, P. Charron, Du Haillan, E. de Cond, J. du Chem, Richeome, Champaignac, de Lurbe, etc., sans compter les collègues d'E. Vinet, comme M. A. de Muret (pp. 123, 171, etc.).

Cependant, au-delà de l'influence du Collège, il faut pouvoir expliquer aussi la curieuse rencontre d'usages graphiques nouveaux plus éloignés, venant d'hommes d'origine et de formation toutes différentes, comme Monluc (de vingt ans plus âgé que Montaigne), ou le médecin Laurent Joubert, de Montpellier (publié lui aussi à Bordeaux par Millanges, voir *Orth. Ren.*,), etc. Une étude plus poussée de ces rapprochements serait nécessaire.

Une évidence frappante saute d'ores et déjà aux yeux : la convergence entre certaines habitudes graphiques présentes depuis des siècles pour les langues locales (Guyenne, Languedoc, Provence, franco-provençal) et l'engouement soudain dans ces régions, aux alentours de 1550, pour la nouvelle notation du français, que l'on commençait à utiliser couramment en remplacement du latin et des langues locales (celles-ci ayant des systèmes plus phonétiques que le français, et le rapprochement avec ce dernier étant souhaité par tous).

Ces faits sont à intégrer dans un ensemble plus général encore : la force du renouveau littéraire et technique à l'époque de la Renaissance, l'influence majeure des premiers imprimeurs humanistes, celle des mouvements protestants, souvent éloignés mais novateurs en la matière (voir la thèse de Susan Baddeley, 1993), etc., dans des villes comme Poitiers, Lyon (autour de l'école poétique de Pontus de Tyard, M. Scève, Louise Labé et bien d'autres, et de Jean 1er de Tournes) de même qu'à Montpellier, Marseille (H. Rambaud), Bordeaux (autour d'E. Vinet et de S. Millanges, voir aussi NC, "L'Orthographe de la Renaissance", in *Information Grammaticale*, 1996), etc.

Ces mouvements ont persisté dans le Sud bien au-delà du XVI$^{e}$ s., contrairement à ce qui s'est passé dans le Nord. Il est certain qu'il y avait là un terrain de prédilection, à la fois sur le plan de la prise de conscience sociale et religieuse, et identitaire sur le plan linguistique.

Notons que les différentes pistes que nous avons ouvertes pour expliquer les usages graphiques de Montaigne ne s'excluent pas : le rayonnement des prises de position de

Ronsard et des poètes de la Pléiade, Peletier en tête, l'influence des phonéticiens, y compris Vinet, celles des auteurs des *Arts poétiques* (Peletier, Th. Sebillet, Du Bellay) ; les engagements courageux à leurs côtés des gens du Livre, graveurs compris (Garamond, Granjon, Millanges, voir *Orth. Ren.*, passim, et *Conclusion*, 245-262).

Les contacts en France et à l'étranger des réformateurs de tous ordres étaient alors nombreux et fréquents, malgré la difficulté des voyages. Vinet et Peletier, par exemple, se connaissaient, ayant tous deux travaillé à Poitiers chez les Marnef, dès 1548. Ils avaient certainement échangé leurs idées sur l'orthographe, comme sur tous les sujets jugés importants. J. Peletier lui-même, pélerin infatigable des idées nouvelles, peut être dénommé le véritable "commis-voyageur" de la nouvelle orthographe sur l'ensemble de la France (*Orth. Ren.*, 99-107).

D'accord sur le fond, les différentes écoles des novateurs d'alors divergent sur les détails (ce qui a constitué d'ailleurs l'une des raisons principales de leur échec, du moins sur le court terme).

Il semble qu'en 1549 (alors qu'il n'avait pas encore pu faire publier son *Dialogue de l'ortografe*), Peletier ait trouvé à Bordeaux certaines solutions satisfaisantes à des notations difficiles, puisqu'il a alors adopté, entre autres, le *nh* (pour *gn*) et le *lh* (pour *ill*) traditionnels de l'occitan, ainsi que *e* pour *ai*, *ein* pour *ain*, etc. (mêmes graphies chez L. Joubert, *Erreurs populaires et propos vulgaires touchant la medecine*, Bourdeaux, S. Millanges, 1578, voir *Orth. Ren.* pp. 191-194, 442-443), usages que l'on retrouve largement chez les écrivains bordelais.

Il se pourrait bien, par conséquent, que la réalité soit inverse des suppositions de Ch. Beaulieux, et que J. Peletier ait puisé à Bordeaux et dans le pays d'oc des usages qui y étaient déjà bien vivants, en particulier chez E. Vinet, ses collègues et ses élèves.

## 6. *Choix éditoriaux*

Pour en revenir à Montaigne, on peut se demander, dans ces conditions, si, contrairement à ses propres recommandations en faveur de l'orthographe "antiene", il est aussi facile de le suivre sur ce point (c'est-à-dire : de restituer l'orthographe ancienne de son époque, en l'occurrence, par exemple, celle de Mlle de Gournay) ; ou, à l'inverse, s'il serait licite de moderniser radicalement son orthographe selon celle d'aujourd'hui.

Avant de prendre une décision aussi importante, il semble nécessaire de bien comprendre son point de vue et les circonstances qui expliquent sa déclaration.

A notre avis, ce qu'il avait souhaité de 1588 à 1592 pour les éditions à venir des *Essais*, sans doute sous l'influence de Mlle de Gournay, c'était surtout pouvoir "normaliser" au mieux ses gasconismes et sa ponctuation, "vieillir" autant que possible son style et son orthographe (jugés par lui trop insolites), pour ne pas s'attirer d'ennuis dans une époque particulièrement dangereuse pour les novateurs quels qu'ils soient.

Il faut savoir qu'à l'époque, les mots orthographe "moderne" et "antiene" ont un sens précis, et qui engage celui qui les pratique. Rappelons qu'à partir de la Saint Barthélemy surtout, les meilleurs imprimeurs de France (pour ceux, nombreux, qui étaient soupçonnés de sympathie pour les Réformés), ont abandonné en masse leurs officines pour se réfugier en Belgique et aux Pays-Bas ; ceux qui restaient étaient contraints de s'aligner sans tarder sur les usages des greffes et des imprimeurs du roi, et Montaigne, homme public, se montre d'une extrême prudence à cet égard. Il s'agit pour lui d'une sorte de "conversion", comparable toutes proportions gardées à celle d'Henri IV au catholicisme.

En ce qui concerne les écrivains, la plupart revenaient alors dans toute la France, volontairement ou non, à l'orthographe traditionnelle ; ceux qui avaient disparu depuis ou, tel que Ronsard, ne s'en occupaient plus, étaient comme Montaigne "habillés" à nouveau à l'ancienne mode.

Il y avait aussi un autre aspect, non négligeable, à ce désir et à ce choix : il pensait ainsi mieux atteindre sans doute à l'universalité qu'il souhaitait[1].

---

1 Rappelons que Rabelais s'est, lui aussi, volontairement et outrageusement vieilli dans sa façon d'écrire, afin de mieux "travestir" sa

Mais ce souhait de travestissement était-il profond ? N'y était-il pas un peu contraint ? Même si l'on écarte la présence incontournable des usages constants de toute sa vie, le poids de ses autographes qu'il faut bien respecter, ceux de l'édition princeps et des suivantes, y compris l'exemplaire de Bordeaux, avec la masse de leurs graphies modernes (en réalité plus proches de nous et plus lisibles), peut-on dissocier son verbe de son style ? Peut-on dissocier ce dernier de cette "couleur locale" de la forme et du fond qu'il partage avec ses amis de Bordeaux et la plupart des écrivains contemporains ? N'enlève-t-on pas beaucoup ainsi à son originalité, à son particularisme, à son génie et à son époque ?

D'autre part, comment exaucer son vœu ? Le vieillir selon l'orthographe du temps ? C'est ce qu'à fait, en somme, Mlle de Gournay. Il suffirait de se référer à l'édition de 1595, à condition, bien entendu, de la choisir entièrement comme base de référence. Sinon, qui va avoir le courage de manipuler à nouveau à loisir les éditions précédentes[1] ? Troisième solution : ignorer son vœu, le moderniser, et éviter ainsi tout tracas. Alors, l'horizon est clair et tout est dit.

Inutile de dire que tout cela me paraitrait, pour Montaigne plus que pour tout autre écrivain, une mutilation, et surtout une

---

pensée sous l'aspect le plus commun et mieux déjouer ainsi les accusations de la Sorbonne (voir *Orth. Ren.*, pp. 153-160).

1 Cette manipulation n'est pas impossible : elle a été réalisée, encore tout récemment, dans le *Journal de Voyage de M. de Montaigne* (François Rigolot éd., PUF, 1992) : "Contrairement aux éditions modernes qui suivent passivement l'orthographe du XVIII$^{e}$ siècle, dit F. Rigolot, nous avons tenté de restituer, dans toute la mesure du possible, l'état du texte imprimé tel que Montaigne l'aurait connu s'il avait fait publier son *Journal de voyage*. Plutôt que de nous en tenir à la graphie capricieuse des éditions originales, nous avons délibérément choisi, comme l'a fait Pierre Villey, une orthographe conforme aux éditions des *Essais* parues du vivant de Montaigne". Le but étant avant tout de donner, ajoute l'éditeur, "un texte lisible du XVI$^{e}$ siècle"... [ ? ].

Ces manipulations somme toutes "honnêtes" (puisque avouées), rejoignent avantageusement, il faut le rappeler, toutes celles qui ont affecté, sans le dire et depuis toujours, l'œuvre de Montaigne. Elles expliquent qu'on puisse ignorer, encore aujourd'hui, comment il écrivait. Il s'agit sans doute ici, pour l'éditeur, de s'aligner sur les éditions "non-capricieuses" et "non-originales" du XVI$^{e}$ siècle. Elles n'ont rien à voir, en tous cas, avec les usages personnels de notre auteur.

belle occasion manquée. Ou alors encore, se résoudre à faire une édition photographique, encore une ? Cela ne règlerait rien.

Pas d'autre voie, selon moi, que la plus longue, celle de l'étude, de l'analyse préalable et explicite des problèmes, du choix conscient et réfléchi des maintiens, des modernisations et des corrections souhaitables à faire, pour le texte de l'édition comme pour l'ensemble de l'apparat critique qui va l'accompagner. Le tout en tenant compte, à chaque fois que cela est possible, à la fois des nécessités de la lisibilité, des habitudes autographes de l'auteur et de ses choix personnels, clairement formulés (par exemple écrire *regle* pour *reigle*, etc.).

En tous cas, non seulement ces questions se posent, mais, quelle que soit la solution choisie, elles ne peuvent nous dispenser de donner toute sa place à cette partie de Montaigne, à ce qui a constitué sa vie, sa culture et tout un aspect de son temps. En se souvenant que jusqu'à une époque récente, l'orthographe, comme la ponctuation, faisait partie intégrante de la personnalité, des choix et du style de l'écrivain, place qu'à mon avis elle méritait, car elle constitue bien un des niveaux de la langue écrite, et non des moindres.

Quelques observations générales sur l'édition savante pour finir : jusqu'au XIX^e^ siècle, tout exemplaire d'une même édition peut différer sur certains points de l'exemplaire voisin et apparemment identique.

En matière d'édition critique comme pour l'orthographe, je ne crois donc pas à la mode de la reconstitution, aujourd'hui dépassée, de "l'exemplaire idéal" ou de "l'orthographe idéale" (même à partir d'hypothèses valables, de préférences ou de leçons attestées). Un exemplaire est toujours unique.

Une fois choisi le texte de base, il faut s'y tenir au plus juste, et le respecter sous tous ses aspects. Non seulement ne pas céder à la facilité d'une "modernisation" (vite démodée), qui serait faite au nom du confort d'un lecteur supposé, ici et maintenant (en réalité plutôt de par notre paresse, ou de notre complexe de supériorité par rapport au passé), mais ne pas non plus se chercher d'autres prétextes.

Le fait, par exemple, que l'orthographe d'un livre, ancien ou moderne, ait toujours été en bonne partie à la charge de l'imprimeur ou du typographe n'excuse rien. Ce livre étant sur ce point leur œuvre commune, c'est le livre, comme l'auteur, qu'il faut respecter.

Il s'agit d'un monument du passé, et l'édition critique est un acte archéologique. Je ne crois qu'à l'authenticité de l'exemplaire honnêtement suivi, entouré et repensé par ailleurs avec tout le soin et la connaissance que réclame la matière pour une longue période.

Pensons aux textes du Moyen âge. C'est ainsi qu'on les traite, et on a raison. Et pourquoi pas les siècles suivants ? On ne peut toucher à un texte ancien que dans la mesure où l'on sait exactement ce qu'on fait, qu'aucune atteinte ne puisse avoir de répercussion dommageable à long terme, qu'on justifie et qu'on explicite tout changement. Ce qui est loin, hélas, d'avoir été le cas pour les éditions faites jusqu'ici de Montaigne.

## II. La ponctuation de Montaigne

Les problèmes posés par la ponctuation de Montaigne, bien que de moins grande implication que ceux de son orthographe, n'en sont pas moins complexes.

Je m'en tiendrai à l'un des aspects, précis mais capital, des corrections de l'Exemplaire de Bordeaux (ici EB), qui a depuis longtemps attiré la perplexité des spécialistes. Il s'agit de la nouvelle segmentation du texte, voulue et en partie pratiquée par Montaigne.

Ces problèmes concernent :

1. Le passage non systématique, par mentions autographes, de l'ancien signe en forme de deux-points (que nous appellerons de façon plus exacte *comma*, selon la terminologie utilisée à l'époque et par l'auteur lui-même) à des points ;

2. Le passage beaucoup plus systématique, autographe, de la minuscule à la majuscule après comma ;

3. Le maintien concomitant, parfois, de la minuscule dans les mêmes contextes, sans raisons faciles à discerner ;

4. Les contradictions que ces corrections présentent avec les recommandations de Montaigne lui-même.

Il pourrait s'agir, comme le pense André Tournon, d'une sorte de style personnel de ponctuation, propre à Montaigne, coupant et rythmant ainsi avec plus de force ses phrases par la majuscule, de façon entièrement originale.

Cette théorie ne manque pas de fondement, et elle est conforme à l'esprit du temps[1]. Cependant, je ne la crois pas suffisante pour expliquer les faits, et voudrais donc ajouter ma pierre à l'édifice.

Je dirai d'abord que pour moi, le respect de la ponctuation originale des auteurs représente un enjeu tout aussi important, sinon plus, que celui de leur orthographe, pour deux raisons principales :

- Bien que dans le cas de Montaigne l'orthographe joue un rôle tout à fait particulier, il n'en est pas toujours ainsi, et la ponctuation semble (pour notre temps en tous cas) plus personnelle, et surtout plus directement impliquée dans les aspects majeurs du texte, culture, langue (syntaxe, sens), et style ;
- Les problèmes de graphie sont depuis quelques années mieux dominés, et des changements éventuels modérés, faits par l'éditeur en ce domaine, peuvent être adoptés et expliqués. En revanche, nous ne connaissons que peu de choses des motivations et des substrats profonds de la ponctuation de ces époques.

Pour Montaigne comme pour toutes les rééditions anciennes, surtout depuis le XIXe siècle, on s'est trompé et on se trompe encore souvent en modernisant la ponctuation, de façon inconséquente et brutale. On a fait ainsi, disons-le, suffisamment de sottises sans nous.

Je n'aurai donc qu'un conseil à donner pour celle des *Essais*, et je le ferai en paraphrasant le poème de S. Prudhomme : *n'y touchons pas, nous la briserions.*

---

1 On trouve effectivement, dans les premiers écrits de Montaigne (comme on le faisait souvent précédemment ailleurs), la majuscule utilisée seule, comme signe nécessaire et suffisant pour noter une séparation. Mais il ne s'agit pas alors d'une pause forte, et nous avons ici affaire, me semble-t-il, à tout autre chose.

1. *Les déclarations de Montaigne*

Que trouve-t-on à ce sujet dans la déclaration liminaire de l'EB ? On y apprend que Montaigne considère :

1. Que l'usage des majuscules de noms propres doit être revu :

> Ne mettez en grande lettre, *dit-il*, que les noms *propres (voir plus bas l'explication de cette expression*) ou au moins ne diuersifies pas come en cet examplere que un mesme mot soit tantost en grande lettre tantost en petite.

2. Que les mots doivent être "serrés" autrement ("*Qu'il serre les mots autrement qu'icy les uns aus autres*"), ce qui semble faire allusion aux coupures nécessaires entre les mots, par le blanc, le trait d'union, le trait de division, et surtout l'apostrophe (signes-mots, ex. *limprimeur/l'imprimeur)*.

3. Qu'en remplacement des commas et des parenthèses, il souhaite passer de sa façon d'écrire à une autre qui serait ponctuée seulement par des "pouincts". Lesquels sont, ajoute-t-il, *"en ce stile de grande importance"*. C'est ce qu'il appelle le "langage coupé", et ses consignes sont claires à ce sujet :

> C'est un langage coupé (qu'il n'y espargne les poincts & lettres maiuscules. Moimesme ai failli [*me suis trompé*] souuant a les oster & a mettre des comma ou il faloit un poinct. [...] qu'il uoie en plusieurs lieus ou il y a des parantheses s'il ne suffira de distinguer le sens aueq des poincts.

4. Que ces modifications entrainent le remplacement des minuscules par des majuscules (ce que nous nommons des "majuscules de phrase", pour les distinguer des "majuscules de mots", celles des noms propres) : *"Qu'il n'y espargne*, souligne-t-il, *les poincts & lettres maiuscules*".

Le problème est que ces annotations correspondent mal aux autres réalités autographes (partielles et contradictoires) trouvées sur les planches des *Essais*. Il en est de même des ajouts manuscrits de l'auteur, qui contredisent, eux aussi, les consignes données à son imprimeur. Montaigne en reste apparemment (et, le connaissant, on peut le comprendre), à l'usage courant qu'il a toujours pratiqué auparavant.

5. Mais de cela aussi, il est parfaitement conscient, et il nous avertit qu'il ne se fait pas confiance. Il demande avec insistance qu'on prenne note de ses indications pour appliquer ailleurs ses corrections et les rendre systématiques dans l'ensemble du texte, afin que partout *"une mesme chose [soit] en mesme sens"* :

> Outre, *dit-il*, les corrections qui sont en cet examplaire il y a infinies autres à faire de quoi limprimeur se pourra auiser...

C'est donc en tenant compte de cette indication (confirmant une fois encore le sentiment d'insécurité qui l'habitait), et de ce que j'ai montré ailleurs au sujet de sa formation écrite générale que je me permettrai, soit dit sans offense aucune, de contredire les volontés de Michel de Montaigne au sujet de sa ponctuation.

Pour dire les choses de façon un peu brutale, je revendique sur ce point la méfiance qu'il professait lui-même envers ses capacités. Et que dire alors des nôtres ?

2. *Les majuscules de mots*

Rappelons à nouveau, en raison de son importance, la remarque faite dans les *Essais* eux-mêmes : "*Ie ne me mesle ny dortografe [...] ny de punctuation : ie suis peu expert en l'un et en l'autre*".

En ce qui concerne les majuscules de mots, le message de Montaigne est clair. S'en remettant par des indications générales à son imprimeur, il se contente de remplacer par des minuscules, çà et là, lorsqu'il les voit, et à titre d'exemples, les nombreuses majuscules de titres nobiliaires, *Roi*, *Prince*, *Duc*, *Comte*, *Marquis*, etc. qu'il utilisait jusque-là, tout en respectant celles des noms propres de personnes et de lieux. Cette tendance à une plus grande sobriété pour les marques des "mots essentiels" du texte correspond à l'évolution générale au XVIe siècle, sans doute aussi au gout personnel de Montaigne.

3. *Les majuscules de phrases*

Pour la ponctuation de la phrase, les choses sont plus complexes et il faut les prendre davantage en amont : sur ce terrain, ce sont en effet non seulement les usages, mais la terminologie, les conceptions fondamentales elles-mêmes qui ont changé.

Jusqu'en 1588, les "phrases" de Montaigne se conforment à l'aspect ancien de la ponctuation des textes littéraires (apprise à l'école). L'exemplaire imprimé de 1588, comme les précédents, présente donc l'usage traditionnel, très abondant, du *comma*.

Il s'agit d'une ponctuation moyenne, signe à tout faire dans les manuscrits (en latin *distinctio media*), correspondant, selon les cas :

- soit à une virgule renforcée (point le plus faible, que l'on peut classer comme étant "de troisième ordre", celui des parties de discours) ;

- soit à un point médian ("de deuxième ordre"), presque comparable en force à notre point-virgule ;

- soit même à un point "de premier ordre", mais qui ne pouvait servir qu'aux phrases comprises dans un énoncé (alors qu'à la fin de l'énoncé était présent un autre signe, le *périodus*, en forme de point-virgule)[1].

Cette hésitation (ou triple disponibilité) du signe explique que les majuscules suivantes ne soient pas systématiques, la chose étant laissée à la nuance désirée et à la décision du scripteur[2].

C'est pourquoi la mise généralisée de points et de majuscules en remplacement des commas dans le texte de Montaigne, même voulue par lui de façon un peu inconsidérée (à mon avis non définitive, car cet exemplaire n'a pas été donné à l'impression), risque de remettre en cause le texte lui-même.

Une autre précision est nécessaire : qu'est-ce qu'une "phrase" à l'époque ? Le mot est attesté dès 1546, mais la chose à laquelle nous pensons n'existe pas. Venu du grec, le

---

1 Pour le classement des signes en premier, second et troisième ordre, voir NC, *La Ponctuation*, 1994, p. 50, et Figure 5 [ici *Ponct.* 1994]. Pour l'étude de la ponctuation à cette époque, voir aussi NC, *Orth. Ren.*], en particulier chapitre premier, III, pp. 71-85, et Appendice II, 295-314, avec reproduction du *Traité* de ponctuation d'E. Dolet, 305-309. .

2 Le point moyen du Moyen Age (en général placé au milieu de la ligne), suivi ou non de majuscule, est en ce sens très différent du point final italien.

terme signifie alors, et pour longtemps encore (jusqu'au XIX^e^ siècle, et encore aujourd'hui en anglais), "diction", "locution", "façons de parler, de s'exprimer différentes, mais qui signifient la même chose".

L'usage du comma s'explique par le fait que le seul segment clairement perçu de l'énoncé ("unité de sens total") est alors ce que nous concevons comme la "proposition", construction syntaxique minimale pourvue de sens, "unité de sens partiel".

Ce segment s'appelle alors *sentence (sententia*, terme apparenté au mot *sensus*), ce qui n'a rien à voir avec notre "phrase" typographique actuelle, segment d'une longueur indéterminée, simple ou complexe, dont le seul fondement définitoire (entièrement graphique) est en fait d'être commencée par une majuscule et terminée par un point.

4. *Le "langage coupé"*

Mais une autre question se pose aussi, et il nous faut dire un mot du "style coupé".

Il s'agit là d'un vieux problème de la culture classique et de l'enseignement de la rhétorique en Europe, encore âprement disputé au XVIII^e^ siècle (après la coupure due à l'extension de la presse), et même plus tard.

Selon les grammairiens, deux styles s'opposaient depuis la Grèce et Rome, dans le domaine du discours :

- la rhétorique des "périodes", ample style cicéronien des avocats, des prédicateurs, etc., fondement même de l'enseignement juridique traditionnel, avec de longues phrases balancées, organisées en protase (partie ascendante), acmé (point culminant), apodose (chute finale) ; et le langage dit "coupé", plus simple, plus sec, par petites touches, celui-là même déjà préconisé à Rome par Tacite, J. César, etc., lequel ne répondait en rien aux critères du "beau style" et visait d'avantage à la modernité, l'impact et l'efficacité directe.

Le milieu du XVI^e^ siècle voit à cet égard une véritable révolution de la conception même de la "phrase" écrite, qui ne touche pas seulement la littérature.

Avec l'explosion des productions due à l'imprimerie, apparaissent alors des genres pratiquement inconnus jusque-là. En particulier, on peut citer les traductions savantes des grands textes de l'antiquité, la publication des écrivains et savants de la Renaissance italienne (importés avec les petits volumes des Alde), celles des auteurs arabes, les traités d'histoire, de mathématiques, d'astronomie, de géométrie, de médecine, d'architecture, etc., sans compter les textes religieux et politiques majeurs. La pensée moderne se met en place, et un tel changement ne pouvait qu'avoir ses répercussions sur la façon de ponctuer[1].

En même temps que se répand ainsi une nouvelle façon d'écrire, les progrès de l'imprimerie imposent leurs lois, accompagnant et parfois précédant le phénomène. Ils apportent des possibilités remarquables pour la lisibilité, avec l'extension des blancs, le soin apporté à la mise en page, aux marges, aux titres, aux alinéas, permettant ainsi aux auteurs, en quelque sorte, d'économiser les mots et les phrases, et la sobriété devient à la mode.

En réalité, le changement de ponctuation s'explique mieux si l'on songe que, le typographe prenant désormais en main la lourde charge de la mise en page (faite jusqu'alors par l'auteur ou le copiste), la ponctuation nouvelle peut se consacrer de plus en plus au détail du texte, organiser au mieux les groupes de mots et de sens par des signes de niveau inférieur, points, virgules, etc., coupant ainsi davantage les séquences longues afin d'améliorer la lecture.

L'influence modernisatrice de l'Italie et le travail des graveurs français sont également à souligner. Les ateliers disposent à présent partout de caractères ronds, romains et

1 Exemple caractéristique du style nouveau, citons les traductions et travaux de Simon Goulart, proche des Protestants et écrivant à Genève. Il produit des ouvrages importants comme les *Mémoires de l'Estat de France sous Charles neufieme* (trois éditions successives de 1576 à 1578). Dans les années 1580, il traduit Plutarque, corrige et remanie les œuvres de J. Amyot, de La Boëtie, de Du Bartas, etc., dans une langue sobre, claire, éloignée de toute éloquence et de toute enflure.

italiques, dont les casses, plus riches que les caractères traditionnels, comprennent des accents, des signes auxiliaires, et surtout une nouvelle ponctuation.

L'Italie nous apporte les signes gravés des parenthèses, du point exclamatif, du nouveau point-virgule, l'usage (non gravé) des premiers guillemets modernes, etc. Elle nous apporte surtout l'usage du banal point final, tel que nous le connaissons aujourd'hui[1].

5. *Le Traité de Dolet*

Quelle que soit leur forme extérieure, la conception des valeurs les plus anciennes des signes reposait jusque-là essentiellement sur la trilogie gréco-latine, reprise des grammairiens d'Alexandrie (point en haut, point médian, point en bas, voir Figure 4, *Ponctuation ancienne et moderne au XVIe siècle*) :

- *comma* (subdistinctio, faible) ;
- *colon* (distinctio, ponctuation moyenne) ;
- *periodus* (ponctuation forte).

E. Dolet, éditeur, grand traducteur et humaniste, est de ceux qui innovent en ces domaines, et ce n'est pas un hasard s'il s'intéresse à ces problèmes de ponctuation. A l'imitation des Italiens, et grâce à l'apparition du nouvel usage généralisé de la virgule courbe (ou *point crochu*) au bas de l'échelle, il hausse la valeur des deux autres points d'un degré (y compris les dénominations), et la trilogie de base "moderne" devient :

- *virgule* (incisum, ponctuation faible) ;
- *comma* (ponctuation moyenne) ;
- *colon* (punctum, ponctuation forte), avec disparition du signe de periodus de paragraphe (libéré pour correspondre ensuite au nouveau point-virgule)[2].

---

1 Voir les riches propositions de ponctuation de l'imprimeur humaniste G. Tory revenant d'Italie : onze signes nouveaux, dont deux types de virgules, trois ou quatre types de points médians, deux types d'"interrogants", un nouveau point "admiratif", les parenthèses, etc. (dans *Ponct*. 1994, p. 30).

2 La forme du signe disparait chez Dolet, mais non sa valeur, marquant la "sentence finale de periode" (voir plus loin).

Rappelons que, contrairement au point médian, ce dernier signe était dans les manuscrits toujours suivi de majuscules (de forces différentes, simples, coloriées ou illustrées selon les cas). Au début du XVIe siècle encore, la période se déroule avec des points "faibles" ou "moyens" (virgules ou commas) jusqu'à l'achèvement complet de ce que le scripteur veut communiquer sur le sujet (unité totale de forme = unité totale du sens de l'énoncé), ce qui peut s'étendre sur un ou plusieurs de nos paragraphes (d'où l'aspect massif des chapitres).

A l'intérieur, on trouve donc, chez Montaigne comme ailleurs, ce qu'on considère comme des propositions partielles (ce que Dolet appellera "sentences moyennes et suspendues", et Beauzée "hiérarchie des sens partiels"). Elles peuvent se réduire à de simples syntagmes (pour Dolet "locutions"), avec une suite de commas successifs. Quand le message est considéré comme terminé, on met le "periodus", remplacé ensuite par le point final ("sentence finale de periode", dit Dolet), sans que la conception interne du texte ait vraiment changé.

Depuis la publication du *Traité* de Dolet (1540), qui instaure un véritable renversement dans les habitudes, les imprimés (et avec plus de lenteur et de difficulté les manuscrits) s'efforcent massivement de s'y conformer. Les corrections de Montaigne marquent à la fois son trouble à cet égard, et combien il souhaitait se mettre à jour.

Si on lit bien Dolet lui-même, la chose ne devait pas être facile, même pour lui (voir Figure 6, reproduction du *Traité* de Dolet) :

> Quant à l'efficacité, dit-il avec embarras, il n'y a pas grand'difference entre colon, & comma. Sinon que l'ung (qui est comma) tient le sens en partie suspens, et l'autre (qui est le colon) conclud la sentence. Par ainsi on pourroit dire, que le colon peut comprendre plusieurs comma : & non pas le comma plusieurs colon".

Et il ajoute, sur un ton acerbe :

> [...] Les Latins interpretent comma pour incisum : & si les Grecs le prennent pour incision de locution, ie le ueulx prendre pour incision de sentence, c'est asscauoir pour sentence moyenne, & suspendue : & le colon pour sentence finale de periode. Ie dy cecy, pour obuier aux maldisants, & calumniateurs....

On comprend que d'autres, plus avertis que Montaigne, aient pu s'y perdre. D'où de nombreuses hésitations, dont on voit la trace sur l'EB[1]. Montaigne n'est pas sûr de lui, et se trompe souvent. De plus, il est paresseux, et après quelques indications, il s'aperçoit que les ajouts de points sont fastidieux et illisibles.

Mon hypothèse est donc plutôt celle-ci : il décide alors de faire confiance aux spécialistes et se contente dans le texte (assez régulièrement) d'indiquer les passages aux majuscules, qui lui paraissent l'essentiel, sans toucher matériellement aux signes précédents, virgules ou commas, dont le changement en points va pour lui de soi. Cependant, emporté par son élan, il va trop loin, systématisant sans s'apercevoir qu'on ne peut ainsi impunément remanier, transformer si vite un énoncé suivi, qui a sa cohérence (voir Figure VII).

6 *Cas difficiles*

Cependant, on ne peut nier les difficultés existantes. Il y aura interprétations et choix à faire essentiellement dans deux cas, qui concernent :

- les contradictions entre les corrections manuscrites de Montaigne et les intentions avouées de la note liminaire ;
- les inadvertances, comme cela arrive à chacun de nous (voir Figure VII).

Tantôt, surtout au début, il supprime le comma en faveur du point et majuscule (I, fo. 344 v°) ; tantôt, il ajoute des majuscules après une virgule (, **Et**) ou un comma suivi de majuscule ( : **Qu**) ; tantôt il introduit un peu plus loin une minuscule après comma, ce qui montre qu'il pratiquait les deux usages (I, fo. 347 r°) ; il fait de même dans les ajouts écrits en marge (I, fo. 420 v°).

*Conclusion*

Que faire pour l'édition critique ? Loin de moi, bien entendu, l'idée d'ignorer les corrections manuscrites de l'EB,

1 Les initiales majuscules rajoutées au connecteur *Et* (ou autres mots de même type) semblent noter une intention particulière de l'auteur à leur égard.

ou de ne pas les consigner avec soin. La question est simplement de savoir dans quelle mesure et à quelle place on va le faire.

Trois aspects du texte sont à prendre en compte :

- le texte imprimé ;
- les tendances observées dans les corrections ;
- les volontés que l'auteur a exprimées.

A première vue, il pourrait sembler licite et souhaitable de moderniser au mieux, dans le texte de l'édition, la ponctuation de Montaigne (et cela correspond à ce qui a été appliqué, pour d'autres raisons, dans les éditions du passé), en concrétisant ainsi du même coup les intentions explicites de l'auteur.

On pourrait également tenter de trouver une ou plusieurs solutions intermédiaires, ce qui voudrait dire par exemple :

- Virgule pour les pauses de troisième ordre ;
- Points-virgules en remplacement des commas, prenant ainsi en compte les maintiens ou ajouts de commas + minuscules utilisées par Montaigne (pauses de 2e ordre) ;
- Points suivis de majuscules ailleurs (pauses de 1er ordre), à chaque fois que Montaigne indique nommément ces dernières (il ne me parait guère possible, si l'on modernise de la sorte, de maintenir des majuscules sans point précédent, ou des commas suivis de majuscules).

Malgré les apparences, ces solutions intermédiaires ne me paraissent pas meilleures que la première, et je donne mes raisons :

- Quelles que soient la compétence et la bonne volonté des éditeurs, il y a d'abord, comme je l'ai dit, le risque des dégats inévitables de toute manipulation nouvelle en ce domaine. Pensons que chaque signe rajouté, parenthèses, exclamatif, guillemets, etc., et surtout points-virgules (signes qui pour la plupart n'existaient pas du temps de Montaigne ou, quand ils existent, peuvent avoir une autre signification que la nôtre), va nous éloigner de la vérité du texte ;
- En ce sens (et je suis consciente de mon outrecuidance sur ce point), si l'on suivait à la lettre ses indications, il y a aussi

l'évidence de la maladresse de certaines corrections, dont j'ai donné abondamment les raisons ;

- Enfin et surtout, je mets en garde contre le fait qu'il s'agirait alors non d'un simple changement graphique, mais d'une véritable réécriture, d'un remaniement en profondeur de son style, ce que chacun aura scrupule à faire et même à imaginer (voir le résultat d'un changement éventuel des commas en points, étudié sur quelques exemples, Figure VII). Autant réécrire du Cicéron en Tacite...

Les deux-points du comma, ponctuation médiane, permettent, dans leur ambiguïté ancienne et nouvelle, plusieurs interprétations, pour ce qui précède et aussi pour ce qui suit : ils ont plusieurs valeurs de clôture du segment précédent, et en même temps une certaine valeur de présentation de ce qui suit, comme nos deux-points actuels. En ce sens, ils ne sont pas l'équivalent exact du point-virgule[1].

Serait-il si difficile, après tout, de demander au lecteur, une fois n'est pas coutume, de s'habituer à ce signe central du XVI^e^ siècle, et de le maintenir pour l'amour des *Essais* ? Je ne le pense pas.

Notre but est certes de faciliter la lecture des *Essais*, mais pas aux dépens de l'information. Comme pour son orthographe, je pense donc qu'il faut avant tout et en allant aussi loin qu'il est possible *respecter le texte imprimé* des éditions de Montaigne qui seront sélectionnées. Naturellement, il faudra compenser pour le lecteur l'effort qu'on lui demande ainsi par les explications et tous les accompagnements nécessaires.

Si l'on se range à l'avis, selon moi le meilleur, de Fausta Gavarini (édition triplex des *Essais*), la ponctuation devra se conformer à l'ouvrage concerné, et pour l'essentiel être maintenue telle qu'elle s'y trouve, dans sa véracité la plus complète. Je dis cela autant pour le maintien des chapitres

1 On peut mieux comprendre la disponibilité du comma si l'on songe à nos signes de force moyenne actuels, deux-points, point exclamatif ou interrogatif, qui peuvent, selon les cas, être suivis soit de la minuscule, soit de la majuscule.

compacts que pour la segmentation actuelle du texte. Pour l'EB, laissons donc aux corrections et commentaires de Montaigne leur place de choix, en complément, tels qu'ils se présentent actuellement.

Ce maintien du signe nous éviterait, me semble-t-il, de nombreux contresens, en évitant de trop trancher dans un sens ou dans l'autre. Cette solution a plusieurs avantages, mais surtout celui de préserver au mieux le rythme long, inimitable de la phrase de Montaigne, parlée autant qu'écrite, peut-être dictée, calquée en tous cas sur sa pensée sinueuse comme au cours d'une conversation amicale avec nous.

Les questions de détail restantes seront, naturellement, nombreuses, et demanderont à être examinées cas par cas. Mais l'essentiel n'est pas là : ne dominant pas les fils d'un tissu aussi fin et d'implication générale aussi essentielle, touchant en profondeur à la genèse de l'œuvre et à son environnement, pouvons-nous faire autrement ? Je serais donc, personnellement, plus que réservée sur un remaniement de ce type de la ponctuation de Montaigne, telle qu'elle existe dans les textes.

> Je reviendrois volontiers de l'aultre monde, *nous avertit Montaigne*, pour desmentir celuy qui me formeroit autre que je n'étois, fust-ce pour m'honorer".
>
> (*Essais*, L. III, IX)

Nina CATACH

## BIBLIOGRAPHIE

Baddeley Susan (1993), *L'orthographe française au temps de la Réforme*, Genève, Droz.

Beaulieux Charles (1940), "L'Orthographe de Montaigne", *Mélanges Huguet*, Paris, Boivin.

Beaulieux Charles (1951), "Chronologie du *Livre de Raison* et des autres œuvres manuscrites de Montaigne", *Bulletin de la Société des Bibliophiles de Guyenne*, Bordeaux, pp. 5-23.

Beaulieux Charles (1953-1954), "L'Orthographe de Montaigne dans la première édition des *Essais*", *Bulletin de la Société des Amis de Montaigne*, n° 16, pp. 59-63.

Boucris Madeleine (1966), "L'Orthographe de Montaigne", Diplôme d'Etudes supérieures, Sorbonne.

Catach Nina (1968), *L'Orthographe française à l'époque de la Renaissance*, Genève, Droz (pour Montaigne, pp. 195-201, 450-452; pour la ponctuation, chap. III, pp. 71-85, 295-317, etc.)

Catach Nina (1969), "L'Orthographe de la Renaissance à Bordeaux", *Bulletin de la Société des Bibliophiles de Guyenne*, Bordeaux, pp. 3-31.

Catach Nina (1996), "L'Orthographe de la Renaissance", *Information grammaticale.*

Coppin Jean (1937), *Etude sur la grammaire et le vocabulaire de Montaigne d'après les variantes des Essais*, Paris (variantes orthographiques des différentes éditions et additions manuscrites).

Courteault Pierre (1936), "Le premier principal du Collège de Guyenne" (J. de Tartas), *Mélanges A. Lefranc*, Genève, Droz, pp. 234-245.

F. D. (non signé, 1807), "Réponse à la question : quelle a été l'influence d'E. Vinet sur l'instruction publique à Bordeaux", *Bulletin polymatique de Bordeaux*, p. 217 et suivantes.

Desgraves Louis (1977), *Elie Vinet, Humaniste de Bordeaux (1509-1587), Vie, Bibliographie, Correspondance, Bibliothèque*, Genève, Droz, *Travaux d'Humanisme et Renaissance*, CLVI.

Gaullieur (1874), *Histoire du Collège de Guyenne*, Sandroz, p. 308 et suivantes.

Gilles Nicolas (1562), *Annales et Chroniques*, Paris, G. Le Noir, in-4°, ouvrage annoté par Montaigne (exemplaire de la Bibliothèque nationale).

Jugé Claude (1907), *J. Peletier du Mans, 1517-1582, Essai sur sa vie, son œuvre, son influence.*

Labadie Etienne (1909), *Bibliographie historique d'E. Vinet, principal du Collège de Guyenne à Bordeaux au XVI^e^ siècle*, Bordeaux.

Montaigne (Michel de) (1912), édition Strowski Fortunat, Reproduction photographique de l'exemplaire de Bordeaux des *Essais*, édition de 1588, Paris, Hachette.

Montaigne (Michel de) (1931), édition du Dr Armaingaud, *Oeuvres complètes de M. de Montaigne*, Reproduction typographique de l'exemplaire de Bordeaux, Paris, Imprimerie nationale.

Montaigne (Michel de) (1925-1941), édition du Dr Armaingaud, *Oeuvres complètes de M. de Montaigne*, 12 vol. (sur Beuther, tome XI, pp. 274-287 ; sur Nicolas Gilles, tome XII, p. 11)

Montaigne (Michel de) (1551), *Livre de Raison*, sur l'*Ephemeris Historica* de Beuther, reproduction en français, avec introduction et notes, par J. Marchand, préface d'A. Lefranc, *Société des Amis de Montaigne*, 1948, 362 pp.

Vinet Elie (1546), *La Vie du Roy et Empereur Charlemaigne* (traduction), A l'enseigne du Pelican.

Vinet Elie (1583), *Schola Aquitanica*, édition S. Millanges (reproduction L. Masselrau), Collection *Mémoires et documents scolaires* n°7, Musée Pédagogique, 1886.

Voizard Emile (1885), *Etude sur la langue de Montaigne* (lettres manuscrites, 1ères éditions, édition 1588).

184 ESSAIS DE M. DE MONTA.

A ce propos on demandoit a Ageſilaus
ce qu'il ſeroit d'aduis que les enfãs aprin-
ſẽt: Ce qu'ils doiuẽt faire encore eſtants
hõmes, reſpõdit il. Ce n'eſt pas merueil-
le ſi vne telle inſtitution a produit des ef-
fects ſi admirables. On aloit, dict on, aus
autres villes de Grece chercher des Rhe-
thoriciens, des peintres, & des muſiciẽs:
mais en Lacedemone des legiſlateurs,
des magiſtrats, & empereurs d'armée.
A Athenes on aprenoit a bien dire, &
icy a bien faire: la a ſe deſmeler d'vn ar-
gument ſophiſtique, & a rabattre l'im-
poſture des motz captieuſement entre-
laſſez, icy a ſe deſmeler des appats de la
volupté, & a rabatre d'vn courage in-
uincible les menaſſes de la fortune & de
la mort: ceux la s'embeſongnoiẽt apres
les parolles, ceux cy apres les choſes: la
c'eſtoit vne continuelle exercitation de
la langue, icy vne continuelle exercita-
tion de

Figure I : Extrait de texte de Montaigne (1580). L'imprimeur a gardé en partie l'orthographe originale de Montaigne.

I – *Annotations manuscrites de Montaigne portées sur l'exemplaire de Bordeaux, à l'intention de l'imprimeur :*

«– montre, montrer, remontrer &c escriues les sans (*s*) a la differance de monstre, monstrueus,

- cet home, cette fame escriues le sans (*s*) a la differãce de c'est, c'estoit,
- ainsi mettes le sans (n) quãd une uoyelle suit & aueq (n) si c'est une consonãte ainsi marcha ainsin alla,
- cãpaigne, espaigne, gascouigne &c mettez un (i) deuant le (g) come a Montaigne non pas sans (i) campagne, espagne,

...

- ne mettez en grande lettre que les noms propres ou au moins ne diuersifies pas come en cet exãplere que un mesme mot soit tãtost en grande lettre tantost en petite,

...

- mettez, regles, regler non pas reigles, reigler,
- *suiués lorthografe antiene*
- outre les corrections qui sont en cet exãplaire il y a infinies autres a faire de quoi l'imprimeur se pourra auiser mais regarder de pres aus pouints qui sont en ce stile de grande importance,

  une mesme chose en mesme sens
- sil treuue deus fois qu'il en oste l'une ou il uerra qu'elle sert le moins,
- c'est un langage coupé (qu'il n'y espargne les poincts & lettres maiuscules. Moimesme ai failli souuant a les oster & a mettre des comma ou il faloit un poinct,
- qu'il uoie ẽ plusieurs lieus ou il y a des parãtheses s'il ne suffira de distinguer le sens aueq des poincts,
- qu'il mette tout au long les dates & sans chiffre,
- qu'il serre les mots autremẽt qu'icy les uns aus autres»

II – *Remarque imprimée de Montaigne :*

«ie ne me mesle ny d'ortografe (et ordonne seulement qu'ils suiuent l'antiene) ny de punctuation : ie suis peu expert en l'un et en l'autre.»

Figure II : Déclaration liminaire (1588).

A. *Alphabet, signes diacritiques*

- Pas de distinction de u et v (u partout, uous pour vous) ;
- Accent aigu suivi de s ;
- Accent grave pour aigu en finale (*despechè, anterrè)* ;
- Tréma (*Voïage en Italie*) ;
- Usage constant d'une apostrophe-accent (*ma'les, na'quit, bla'me, la'che, cha'cun*) ; remplacée par un aigu sur la voyelle, ex. *bateleurs, lachement, préter, céte*, etc.

B. *Vocalisme*

(à gauche l'"antiene" graphie, à droite la "nouvelle")

- *en/an (atandre, magnifiquemant, accidant, mouvemans, cepandant, randre*, etc.), la préposition en est maintenue ;
- *ai/e* (*mauuese, secretere, Lorrene, lessa, aduerseres*) ;
- *ain/ein* (*capiteine, demein, sepmeine, souverein*) ;
- *y/i* (*aïant, uoïes, moiens ou moïens, Guienne, essuié*) ;
- *oi/oë, oe* (finales verbales en *-oënt, sortoënt*; puis *oi* , *sortoient, donoint, etc.*).

C. Consonantisme

- Suppression de la consonne finale devant *s* au pluriel (*enfans, fons*) ;
- Suppression d'autres consonnes muettes, surtout internes (mon *fis, lontems, bateme*) ;
- Suppression de lettres grecques (*stile, Siracuse, rithme, ortografe*) ;
- Suppression de consonnes doubles (*apartient, atribue, metent, querele, apele, et même fauseté*, etc.) et consonnes doubles nasales (*home, fame, nome, prisonier*, etc.) ;
- *c* pour *qu* et pour *s* (*cartier, face, dispence*, et *ç deçandus*) ;
- *g* noté *i* (*iantilhomes, ians, ueniance*, etc.) ;
- *ign* pour *gn* (*campaigne, Montaigne*) ;
- *z* pour *s* à l'intervocalique (*roze*) ;
- *s* final pour *x* (*veus, ceus, ingenieus*, mais *six*) ; *s* final pour *z* muet (*ches, asses, voies* pour *voyez*).

Figure III : L'orthographe de Montaigne

| Valeur des points | Grecs et Latins | | | IXe-XIIe siècles | | XVIe s. Aldes | Lefèvre d'Etaples | | Dolet | | Usage actuel | |
|---|---|---|---|---|---|---|---|---|---|---|---|---|
| ponct. forte | en haut teleia ou stigmè | (plena) distinctio | [·] | periodus (finitiva) | [;]* | periodus | periodus | [;] | colon | [.] | point | [.] |
| ponct. moyenne | au milieu messè | distinctio media | [.] | colon (constans) | [.] | côlum (point en bas) | côlum | [.] | comma | [:] | point-virgule | [;] |
| ponct. faible | en bas upostigmè | subdistinc tio | [.] | comma** | [!] | comma | comma | [:,] | incisum, virgule | [,] | virgule | [,] |

* Périodus: point en haut renforcé, pour raison de lisibilité, d'une virgule au-dessous, de diverses formes.
** Comma: point en bas renforcé d'une virgule au-dessus.

Figure IV : Ponctuation ancienne et ponctuation moderne au XVIe siècle

*Ponctuation*

| *Hiérarchie force* | *Segments de base* | *Composition du segment* | *Exemples de signes* |
|---|---|---|---|
| | Livre | pl. chapitres | espaces, caractères |
| I. 7 | Discours, période | pl. parties majeures | grandes séparations |
| 6 | Paragraphe | une ou pl. phrases | maj. et pt paragraphe |
| II. 5 | Phrase complexe | pl. propositions | maj-pts dx-pts, pt-virg. |
| 4 | Proposition | pl. parties de discours | virg. |
| III. 3 | Paroles du discours | discours direct, dialogues, énumérations... | signes doubles |
| | | un ou pl. mots | virgule(s) |
| 2 | Mot | | maj. du mot pt abrév. |
| 1 | Paroles de mot, syllabes | | trait d'union, de division |

Figure V : Hiérarchie générale et force des signes

# LA PVNCTVATION DE LA LANGVE FRANCOYSE.



*Les noms d'yceulx.* 1 Le premier poinct est appellé en Latin incisum: & en Francoys (principalement en L'imprimerie) on l'appelle ung poinct à queue, ou uirgule: & se souloit marquer ainsi / .

2 Le second est appellé en Grec comma: & les Latins ne luy ont baille aultre nom. Mais il fault entendre, que toutes ces sortes de punctuer n'ont leur appellation, & nom à cause de leur forme, & marque, ains pour leur effect, & proprieté.

3 Le tiers est dict par les Grecs colon. En Latin on l'appelle punctũ. Et en L'imprimerie on l'appelle ung poinct, ou ung poinct rond. Toutesfoys quãt à l'efficace il n'y a pas grand' difference entre colon, & comma. Sinon que l'ung (qui est comma) tient le sens en partie suspens, Et l'aultre (qui est le colon) conclud la sentence. Par ainsi on pourroit dire, que le colon peult comprendre plusieurs comma: & non pas le comma plusieurs colon.

*Precaution contre les detracteurs.* Si en cest endroict quelque maling detracteur veult dire, que i'entends mal ce, que les Grecs appellent comma, & colon: ie luy responds, que combien que les Grecs ayent appellé comma, ce que i'appelle ung poinct à queue: & que dudict comma ie marque ung colon: & que ie constitue ung colon pour fin de sentence, certainement ie n'erre en rien. Car les Latins interpretent comma pour incisum: & si les Grecs le prennent pour incision de locution, ie le veulx prendre pour incision de sentence, c'est assavoir pour sentence moyenne, & suspendue: & le colon



pour sentence finale du periode. Ie dy cecy, pour obuier aux maldisants, & calumniateurs. Desquelz il est au temps present si grand nombre, que si ung homme d'esprit s'arrestoit à eulx, il ne composeroit iamais rien. Mais mon naturel est tel, que ie n'ay aultre passetemps, que de telz sols.

4 Le quart est nommé par les Latins interrogans: & par les Francoys interrogant.

5 Le quint differe peu du quart en figure: toutesfoys il se peult appeller admiratif, & non interrogãt.

6 Le sixiesme est appellé parenthese: & est double, comme l'on peult ueoir par ses deux petits demys cercles.

*La collocation des poincts.* Or puisque tu congnois leurs noms, & figures, ie te ueulx maintenant mõstrer familieremẽt, quelz lieux ilz doibuẽt auoir en nostre parler, & escripture. Et te prie y ueuloir entendre: car une punctuation bien gardée, & obseruée sert d'une exposition en tout oeuure.

*Qu'est ce que periode.* Premierement il te fault entendre, que tout argument, & discours de propos, soit oratoire, ou poetique, est deduict par periodes.

Periode est une diction Grecque, que les Latins appellent clausula, ou comprehensio uerborũ: c'est a dire une clausule, ou une cõprehension de parolles. Ce periode (ou aultremẽt clausule) est distingué, & diuisé par les poincts dessusdicts. Et cõmunémẽt ne doibt auoir que deux, ou trois membres: car si par sa longueur il excede l'alaine de l'hõme, il est uicieux.

C 2 Si tu

Figure VI : Etienne Dolet : mise en place de la ponctuation moderne

## LES CORRECTIONS ET LEURS IMPLICATIONS

I. *Points + majuscules rajoutés à la place du comma*

f° 344 r° (pl. 715, exemples).

"Personne n'est exempt de dire des fadaises : **le [. Le]** malheur est de les dire curieusement : [.]... Cela ne me touche pas, **les [, Les]** miennes m'eschappent aussi nonchallamment qu'elles le valent : **d'où [. D'où]** bien leur prend **:ie [. Ie]** les quitterois soudain,..."

II. *Majuscules sans points rajoutés à la place du comma*

(id.) "... et ne [ny] les vens, que ce qu'elles poisent : **ie [Je]** parle au papier, comme ie parle au premier que ie rencontre : **qu'il [Qu'il]** soit vray, voicy dequoy. " "industrie [Industrie]... bon [Bon] sens... "

Fo 345 r° (pl. 717)

"Les gens du mestier se tiennent les plus couverts [...] et les plus voisins qu'ils peuvent : **moy [Moy]**, ie m'offre par mes opinions les plus vives, et par la forme plus mienne : tendre [Tendre] negotiateur et novice...

III. *Majuscules ou minuscules après comma rajouté à la place d'une virgule*

"Cela ne me touche pas, **les [, Les]** miennes m'eschappent... " **"et [, Et]** ne les achette,... "

f° 347 r° (p. 721): "Ceux qui disent communément contre ma profession, que ce que i'appelle franchise, simplesse, et nayfueté, en mes moeurs, **[:]** c'est art et finesse, **[:] et [Et]** plustot prudence, que bonté, **[:]** industrie [Industrie], que nature, **[:]** bon [Bon] sens, que bon heur, **[:]** me font plus d'honneur qu'ils ne m'en ostent. "

IV. *Majuscules après comma dans un additif*

f° 420 v° (pl 268) *[rajout de notes autographes]* "I'en parle selon moy : **Ne** laissant pas en general d'estimer combien c'est un dous amusement..."

V. *Introduction de commas dans les ajouts*

Fo 346 r° (pl. 719) Mais il ne faut pas appeler devoir, [:] comme nous faisons tous les jours, **[:]** vne aigreur et aspreté intestine, qui naist de l'interest et passion privée, **[:]** **N**y courage, une conduitte traistresse et malitieuse. Ils nomment zele, leur propension vers la malignité, et la violence: **ce [Ce]** n'est pas la cause, qui les embesogne [eschauffe], c'est leur interest : **[Ils]** attisent la guerre, **[:]** non par ce qu'elle est iuste, mais par ce qu'elle est guerre".

Fo 347 r° (p. 721): "Ceux qui disent communément contre ma profession, que ce que i'appelle franchise, simplesse, et nayfueté, en mes moeurs, [:] c'est art et finesse, [: **Et**] plustot prudence, que bonté, [:] industrie [Industrie], que nature, [:] bon [Bon] sens, que bon heur, [:] me font plus d'honneur qu'ils ne m'en ostent. "

VI. *Que deviendraient les textes de Montaigne remaniés selon ses instructions ?*

Chap. I, fo 344 r° (pl. 715)

"Personne n'est exempt de dire des fadaises. **Le** malheur est de les dire curieusement. Cela ne me touche pas. **Les** miennes m'eschappent aussi nonchallamment qu'elles le valent. **D'où** bien leur prend. **Ie** les quitterois soudain,[. .] à peu de coust qu'il y eust. **Et** ne les achette, ny ne les vens, que ce qu'elles poisent. **Ie** parle au papier, comme ie parle au premier que ie rencontre. **Qu**'il soit vray, voici dequoy. "

*La ponctuation de Montaigne*

*Essais*, Hachette, 1912, Livre Troisiesme, Chap. I.

Les additions-corrections manuscrites de Montaigne sont données entre crochets, à côté de la ponctuation ou graphie du texte imprimé.

## LA SEGMENTATION DU TEXTE : USAGES ET SINGULARITES.

Les redites sont fastidieuses pour qui les écoute ; plus encore pour qui les profère, sauf vocation de prédicateur. A tort ou à raison, je tiendrai donc pour connu (ne pas lire : "pour acquis") ce que j'ai donné à voir en ces trois dernières années - le phénomène d'ailleurs patent, perceptible au premier coup d'œil sur l'Exemplaire de Bordeaux, de la segmentation du texte des *Essais*, après 1588, par retouches de ponctuation et surtout majuscules autographes scandant les phrases[1]. La présente communication aura pour principal objet de situer cette pratique de Montaigne par rapport aux usages de son époque. Mais, bien entendu, il ne saurait être question de dresser en une demi-heure le tableau général de ces usages ; l'entreprise serait d'ailleurs plus ambitieuse qu'utile pour notre propos. Mieux vaut réduire le champ d'investigations en considérant d'une part le type de segmentation auquel Montaigne oppose son propre système, d'autre part le degré de singularité de ce système, mesurable aux méconnaissances ou refus auxquels il s'est immédiatement heurté. Programme facile à esquisser sur échantillons : pour sa première phase, il suffira de confronter la segmentation autographe avec celle de l'imprimé de 1588 sur lequel travaillait l'écrivain ; pour la seconde, il suffira de la confronter avec la version agréée par les éditeurs de 1595. Le procédé, disons-le, est expéditif, et ne serait guère probant s'il s'agissait ici de différences minimes, à définir avec précision et finesse ; mais tel n'est pas le cas ; nous avons affaire à des écarts

1 Voir, dans l'ordre de rédaction : "Un langage coupé" (*Writing the Renaissance. Essays (...) in honour of Floyd Gray*, ed. R. C. La Charité, French Forum Pub., 1992), sur les aspects stylistiques du procédé inventé par Montaigne ; "Syntaxe et scansion : l'énergie du 'langage coupé' et la censure éditoriale" (colloque de St Andrews sur *Montaigne et la rhétorique*, 1992, éd. Champion, 1995, p. 117-133 sur ses aspects philosophiques, et le sens de la méconnaissance systématique dont il a été l'objet ; "Je n'ai jamais lu les Essais de Montaigne" (Cahiers *Textuel*, Publ. de l'Univ. de Paris VII, Février 1993) sur l'attitude requise du lecteur.

si énormes que les précautions peuvent se réduire à une injonction toute cartésienne dans sa brutalité : garder les yeux ouverts sur les évidences, et s'abstenir d'en fausser le sens.

Prenons pour exemple le chapitre "Du parler prompt ou tardif" (I, 10 - se reporter à l'annexe I). Il ne compte que 65 lignes imprimées dans l'édition de 1588 ; mais le nombre des retouches de segmentation y est particulièrement élevé : 24 majuscules autographes, de scansion, combinées avec 8 changements de ponctuation (transformations : de deux-points en points, 4 ; de virgules en points, 2 ; de point en virgule, 1 ; de deux-points en virgule, 1) - le décompte fait abstraction, évidemment, de l'addition manuscrite placée à la fin du texte, sans correspondant imprimé. On pourra vérifier ces données sur la transcription ci-après, où les retouches sont notées en caractères gras, et les leçons de 1588 placées en regard dans la seconde colonne. Pour les déchiffrer, il est nécessaire de s'attarder sur elles, avec, en arrière-pensée, la question que l'on hésite à formuler : Montaigne tronçonnait-il son texte au petit bonheur ? Ou une autre, moins saugrenue peut-être : en quoi cherchait-il à distinguer son mode de segmentation de celui qu'avaient appliqué les protes de Langelier ?

Les retouches qui affectent les deux premières phrases de 1588 (soit tout ce qui précède l'histoire de Poyet) témoignent d'un effort d'organisation logique, aisé à décrire pourvu que l'on tienne compte de la fonction propre aux majuscules : marquer le début d'un segment[1] (alors que les signes de ponctuation en marquent le suspens ou l'achèvement). D'abord, présentant en parallèle les deux types d'orateurs dont il va

---

1 Rappelons que Montaigne, dans les consignes qu'il inscrit sur la page de garde de l'Exemplaire de Bordeaux, refuse les majuscules emphatiques, privilégiant des substantifs (les Lois, le Royaume, le Monde, l'Ame...), dont usaient et abusaient les imprimeurs de l'époque : "Ne mettez en grande lettre que les noms propres ou au moins ne diversifiez pas comme en cet exemplaire...". En revanche, il insiste sur la fonction syntaxique des majuscules à l'initiale des énoncés, doublant ou renforçant la ponctuation : "C'est un langage coupé / qu'il n'y espargne les pouincts & lettres majuscules. Moimesme ai failli souvant à les oster & à mettre des comma où il faloit un poinct."

traiter, Montaigne évite l'effet de retombée qu' imprimait au second membre ("les autres...") la ponctuation de 1588 (avec deux-points servant de démarcation entre protase et apodose) : la majuscule de scansion ("Les autres...") réitère le mouvement inchoatif. De même, dans la phrase suivante, après une comparaison initiale, il marque le début logique de son propos (en même temps que l'apparition de la première personne du singulier, définissant le rôle qu'il s'assigne) par un semblable effet de relance, sans modification de la syntaxe ni de la ponctuation : "Comme on donne des règles aux dames (...), **S**i j'avais à conseiller de même...". Après quoi, quatre autres majuscules de scansion repèrent deux par deux les motifs du double conseil, schématisant du même coup les conditions correspondant aux aptitudes considérées. Le dispositif entre en concurrence avec le rythme très ample de la phrase (de syntaxe cicéronienne) pour insister sur les observations concrètes, détaillées à la fin en attente de développements ultérieurs : alors que la ponctuation de 1588 suivait les contours d'une période équilibrée, la scansion autographe accélère les derniers mouvements, distribués en segments quasi-autonomes, comme des arguments qui viendraient successivement à l'esprit du locuteur.

Dans l'anecdote qui suit, narrée en une seule phrase dans la version de 1588, seule la première retouche ("**Q**ue monsieur Poyet...") exerce une fonction purement structurale, inaugurant le récit proprement dit et le détachant des circonstances rappelées en préambule. Les autres, qui affectent à la fois la ponctuation (renforcée) et la scansion, marquent comiquement les faits saillants. Après la longue et paisible série de propositions qui évoque les préparatifs de l'orateur, et, en contrepoint, les préoccupations diplomatiques de Clément VII, voici la surprise : le pape a choisi le sujet de la harangue, "le plus propre au temps et au lieu**. M**ais, de fortune, tout autre que celui sur lequel monsieur Poyet s'était travaillé**. D**e façon que sa harangue demeurait inutile...". L'effet est semblable à celui que l'on obtiendrait maintenant à l'aide de points de suspension (avant "mais") et d'exclamation (après "travaillé") ; faut-il préciser que les éditeurs modernes, n'osant ni reproduire une ponctuation insolite, ni utiliser des signes anachroniques, font tranquillement disparaître le trait de style en ponctuant sagement par virgule et point-virgule ? Nous y reviendrons.

Moins évident est le rôle des deux retouches suivantes. La première ("**E**t nous trouvons...") accuse le contraste entre l'assertion théorique et le constat, en portant atteinte à la continuité syntaxique ; la seconde ("**A**u moins...") suggère un temps d'hésitation, comme le ferait un tiret, infléchissant en épanorthose une simple réserve. On peut sans doute y distinguer d'autres nuances ; mais l'essentiel est que le déroulement de la phrase de 1588, si brève que soit celle-ci, en est perturbé : ici, les propos cessent d'être péremptoires, des problèmes surgissent. La répartition des capacités professionnelles, qui semblait aller de soi, vient d'être remise en question par le désarroi inattendu de l'avocat Poyet, et l'aptitude du cardinal Du Bellay, ambassadeur et homme d'Eglise, à improviser son discours ; comme par répercussion, les énoncés en viennent à s'enchaîner par contrastes, l'un rectifiant ou limitant l'autre, sur le modèle d'une délibération encore indécise. La ponctuation banale de l'imprimé masquait cette inflexion ; la scansion autographe la souligne.

Les autres remaniements paraissent plus simples, et moins significatifs. On reconnaît une majuscule de relance, pour présenter le second terme d'un couple antithétique ("**E**t celui aussi..."). Puis trois majuscules marquent des propos rapportés ("**Q**u'il devait (...), **Q**u'il (...), Et que...") selon un procédé très courant dans les textes du XVIème siècle, qui donne statut de citation à ce que la syntaxe intègre à la phrase sous forme d'une série de complétives. Rien de bien insolite non plus dans la majuscule après deux-points ("**S**i elle ne va...") qui détache une formule incisive en fin de phrase, avant les considérations détaillées qui vont l'expliquer. Moins conforme à la syntaxe, le détachement d'une explicative par point en surchage et majuscule ( "...cela. **Q**u'elle demande...") inaugure l'énumération des circonstances propres à stimuler l'improvisateur. L'un des énoncés suivants porte les traces d'une hésitation. Dans le texte imprimé, par exception, une ponctuation forte brisait la série sans raison apparente : "... & fortuites. Si elle va...". Montaigne transforme d'abord le point en deux-points, rature la majuscule et inscrit en marge un *s*-minuscule ; puis, se ravisant, il barre cet *s*- et rétablit la majuscule par surcharge[1], tout en laissant le deux-points ; la ponctuation qu'il obtient ("... & fortuite : Si...") est ainsi du même ordre que la précédente ("... sollicitée : Elle...") et respecte la cohérence de la série, jusqu'à la formule plus nettement détachée qui résume celle-ci : "L'agitation est sa vie et sa grâce". Les interventions se bornent ensuite à renforcer la segmentation, et coïncident avec les articulations syntaxiques ; sauf la dernière. Celle-ci en effet détache une subordonnée conditionnelle de la principale qui la régit : "Ainsi les paroles en valent mieux que les écrits. S'il y peut avoir choix où il n'y a point de prix." - c'est à la fois une rectification et un signe de désinvolture, comme un haussement d'épaules après une formule empreinte de quelque complaisance envers soi.

Que le lecteur impatient veuille bien excuser ces minuties, nécessaires pour écarter l'étrange hypothèse selon laquelle Montaigne aurait éparpillé points, "commas" et majuscules sans trop comprendre la manière de s'en servir. Et qu'il ne s'y attarde pas : en fait, il suffit de lire le texte muni de telles indications prosodiques, en regard de la version de 1588, pour percevoir intuitivement la modification qu'il a subie. La ponctuation imprimée tendait à régulariser le flux verbal, en dessinant de larges ensembles hiérarchisés auxquels étaient

1 Ce type de repentir n'est pas exceptionnel dans les *Essais* ; il paraît tenter un compromis entre la propension à utiliser des "commas" plutôt que des points, et la nécessité de scander le "langage coupé" par des majuscules. L'avis à l'imprimeur cité à la fin de la note précédente paraît dater d'une époque où l'écrivain ne dissociait pas ponctuation et scansion, points et majuscules, et, par conséquent, procédait le cas échéant à un double affaiblissement de la segmentation, comme dans la première étape de la retouche examinée ici. Nous pouvons conjecturer qu'il n'a pleinement maîtrisé son système que lorsqu'il a pris le parti d'admettre, en dépit des usages, toutes les combinaisons possibles entre majuscules et signes de ponctuation.

assujettis les traits inattendus ou disparates, au point de s'y résorber. Sans brouiller la structure générale, les marques autographes accusent ces traits, et de ce fait font apparaître, comme en surimpression, des reliefs, des inflexions brusques, des cassures même, jusqu'à constituer un équivalent scriptural du "parler prompt" pour lequel l'écrivain avoue finalement sa prédilection, tout en raffermissant par endroits les articulations logiques des propos. C'est là un choix nettement affirmé, par opposition au modèle que constituait l'agencement cautionné par l'imprimeur (quel qu'ait pu être, auparavant, le rôle de Montaigne dans cet agencement[1]).

Il a dû paraître fort insolite, et même aberrant. Car dès 1595 se sont trouvés des lecteurs assez sûrs de leurs propres compétences pour s'en offusquer, et assez dévoués à l'écrivain maladroit pour prendre la peine de corriger méthodiquement ses bévues. S'agit-il du copiste qui a probablement mis au net l'Exemplaire de Bordeaux, de Marie de Gournay, de Pierre de Brach, de l'imprimeur chargé de l'édition posthume, du démon de Maxwell ? Quoi qu'il en soit, le résultat est spectaculaire, comme on pourra le constater en parcourant la troisième colonne du tableau, où sont notées les variantes de cette édition. Sur les 24 majuscules autographes qui scandaient le texte, 21 disparaissent sans laisser de traces. Des trois rescapées, la dernière ("... fortuites. Si elle...") semble venir directement de l'imprimé, dont la ponctuation trop forte est également maintenue ; une autre ("...avocat : Parce que...") est

1 Nous verrons plus tard un exemple d'intervention de Montaigne antérieure à 1588 sur un détail de ponctuation. Mais il n'y a pas lieu de généraliser. Dans le chapitre 9 du IIIème livre (PUF, p. 965), l'écrivain déclarait (transcription diplomatique) : "Ie ne me mesle, n'y d'ortografe, & ordonne seulement qu'ils suiuent l'ancienne, ny de la punctuatiõ : ie suis peu expert en l'vn & en l'autre." On peut l'en croire, pour la période antérieure à 1588. Mais dans l'Exemplaire de Bordeaux il infirme implicitement le second point, en remaniant la ponctuation de cette même phrase : "... l'ancienne : Ny de la punctuatiõ..." ; quant à son indifférence envers l'orthographe, il la confirme en laissant à la première négation sa forme insolite : "n'y". Faut-il faire observer que, dans les controverses sur l'orthographe et la ponctuation de Montaigne, ce passage est couramment cité sous la forme que lui assigne la fantaisie des érudits modernes ?

exactement conforme à la retouche manuscrite : admirons-la. Enfin, celle qui apparaissait à la troisième ligne de la seconde phrase a droit à un traitement de faveur : non seulement elle subsiste, mais encore elle est munie d'un point, au détriment de la syntaxe puisque la subordonnée comparative précédente ("Comme on donne des règles aux dames...") reste désormais en suspens. Montaigne, qui parfois se permet des coups de force de ce genre, avait pourtant pris soin, ici, de retracer à la main, en surcharge, la virgule du texte imprimé, pour assurer la régularité syntaxique. Peine perdue : il avait affaire à des gens qui savaient ponctuer ; et il était mort.

Insistons. Il importe assez peu, en fait, de savoir pour quelles raisons les éditeurs de 1595 ont décidé de supprimer, de renforcer ou de laisser en l'état telle ou telle segmentation autographe - sinon, peut-être, en vue d'une enquête qui n'est pas aujourd'hui de notre propos. L'essentiel est que leur désinvolture atteste la singularité du système mis au point par Montaigne en ses dernières années : il leur était tellement étranger qu'ils ont pu le méconnaître globalement, sans même observer une logique contraire, tendant, comme celle de la ponctuation de 1580, à uniformiser l'expression, puisque la dernière des corrections que nous venons de voir semble inspirée du principe opposé, de découpage à outrance. Une telle sérénité dans l'équarrissage, de la part des exécuteurs testamentaires ou de leur imprimeur, garantit indirectement que les articulations originales n'étaient cautionnées par aucune routine déjà codifiée et assez respectable pour ne pouvoir être écartée sans explications ; autrement dit, que Montaigne les avait conçues et mises en œuvre après 1588 en refusant sciemment les normes typographiques[1] de son temps, et pas seulement celles de Langelier ; donc, qu'il s'agissait bien d'une initiative

1 Il s'agit bien de typographie, et non d'écriture manuscrite. Car les retouches insérées dans le corps du texte imprimé, par surcharge ou autrement, doivent être considérées comme homogènes à celui-ci : le S- dessiné à la main par dessus un s- imprimé a statut de futur S- imprimé. Il en va autrement des additions développées en marge : elles forment des blocs manuscrits, même si elles sont destinées à être plus tard imprimées.

d'écrivain, si téméraire qu'elle fût, et non d'une recette élaborée par d'autres, qu'il aurait adoptée un beau jour, comme par caprice. Libre aux éditeurs modernes de continuer à négliger ce choix, comme on l'a toujours fait sans même y songer ; mais qu'ils aient alors l'aplomb de déclarer qu'il était absurde, au lieu de l'escamoter en le confondant avec ceux qui émanaient, en fait, des ateliers d'imprimeurs.

Il paraît plus sûr de prendre le parti opposé : de postuler que la segmentation autographe des *Essais* procède d'un système précis, dont les principaux traits se laissent distinguer sans trop de peine, comme on vient de le voir ; de la respecter, par conséquent ; et d'admettre que si par endroits sa logique nous échappe, ce n'est pas parce que Montaigne s'est trompé, mais simplement parce que nous ne sommes pas capables de comprendre. Cette attitude n'aurait rien que de très banal : c'est celle qui est de règle à l'égard des mots. On imagine mal un érudit qui prétendrait retoucher des énoncés, dans les *Essais*, sous prétexte qu'il n'en saisit pas bien le sens ; pourquoi n'en est-il pas de même lorsqu'il s'agit de leurs articulations ? Avouons cependant que dans ce domaine les aveux de perplexité s'imposeront assez souvent. On pourra s'en faire une idée, et commencer du même coup à blinder son amour-propre, en examinant le début du chapitre "De Democritus et Heraclitus" (I, 50), reproduit ci-après (annexe II).

Les deux premières retouches ne présentent aucune difficulté, et pourraient même illustrer les ressources logiques de la scansion : à la première relance par majuscule ("... de bien loing, Et puis...") Montaigne laisse en place la ponctuation faible, qui maintient la continuité du processus décrit par métaphore ; à la seconde ("... à la rive : Et cette reconnaissance..."), il marque le passage à la phase réflexive en séparant la proposition par un deux-points (en surcharge). On ne s'étonnera guère de constater que ce remodelage est éliminé en 1595, de même que dans les éditions modernes. Plus embarrassantes sont les deux retouches suivantes : pourquoi séparer par un point deux propositions qui définissent une attitude et son motif, et par un deux-points, ponctuation plus faible, la troisième ("... : Et ne desseigne jamais de les produire entiers.") qui inaugure un propos sensiblement différent ? Dans un premier remaniement, Montaigne avait placé un deux-points à chaque articulation ; reprenant en interligne la fin de la première proposition, il la clôt par un point. Je ne comprends pas ; c'est pourtant cette dernière version qui doit être respectée.

Mais les vrais problèmes se posent dans l'addition marginale. Non pas à la majuscule de scansion "... Et parfois à pincer jusqu'à l'os", qui intervient dans une isotopie métaphorique de l'atteinte superficielle (lécher, effleurer, pincer) de manière à distinguer le simple contact et la prise agressive (notée lexicalement par le complément "jusqu'à l'os") : si fin qu'il soit, le procédé paraît très lisible (sauf évidemment pour les éditeurs, qui le font disparaître). C'est un peu plus loin, devant le passage le plus minutieusement travaillé, que le lecteur moderne est saisi de vertige. Comme par hasard, il s'agit de morcellement et de dispersion. Voici les états successifs du texte, qui ne pouvaient pas être détaillés dans la transcription continue :

> 1) En semant icy un mot icy un autre Eschantillons deshors de leur theme [*interruption*]
>
> 2) Semant icy un mot icy un autre Eschantillons despris de leur piece : escartez. Sans corps, sans proposition : ie n'en suis pas tenu [*interruption*]
>
> 3) Semant icy un mot icy un autre Eschantillons despris de leur piece : escartez. sans dessein et sans promesse. Pourtant ne suis ie pas tenu d'en faire bon. [*la suite comme dans 4*]
>
> 4) Semant icy un mot icy un autre Eschantillons despris de leur piece : escartez. sans dessein et sans promesse ie ne suis ie[1] pas tenu d'en faire bon. Ny de m'y tenir moimesme sans varier quand il me plait. Et me randre au doubte et incertitude & a ma maistresse forme, qui est l'ignorance.

Une simple apposition ("Echantillons....") est affectée d'une majuscule de scansion ; un participe passé en fonction d'adjectif, "écartés", qui la détermine, en est séparé par un

1 Inadvertance : après avoir raturé le "Pourtant" initial qui entraînait l'inversion du sujet, et inscrit "ie" en interligne devant le verbe, Montaigne a omis de biffer le pronom qu'il venait de remplacer.

deux-points ; et, placé juste après, un point arrête cette série nominale en suspens. Dans la version 2, deux compléments suivaient, avec majuscule à l'initiale ; la rature fait disparaître cette majuscule, mais le point subsiste. En revanche, la rature du "Pourtant" de la version 3 déborde à gauche sur le point qui précédait, et le "ie" qui lui est substitué, dans la version 4 (définitive) ne porte pas de majuscule. - Incohérences dues aux remaniements successifs ? Ce n'est pas sûr du tout. Dans la configuration finale, le groupe en apposition ("Eschantillons (...) escartez.") est comme placé entre parenthèses par la ponctuation[1], si bien que de part et d'autre se dessine une proposition participiale ("Semant (...) sans promesse") qui se raccorde très régulièrement à la principale ("je ne suis pas tenu..."). On remarquera que, selon cette lecture, l'absence de majuscule après le point de "escartez." est parfaitement logique : l'expression qui suit n'est pas le commencement d'une proposition, mais le prolongement de la participiale interrompue. Quant à la fin du passage examiné, elle ne réclame pas autant de minutie : on perçoit sans peine l'intention de frapper en maxime, par une scansion qui leur confère une sorte d'autonomie, les deux propositions destinées à révéler, sous la désinvolture, le pyrrhonisme zététique par lequel tout prend sens.

Est-il nécessaire de préciser que ces analyses sont contestables ? On ne saurait garantir que les anomalies dont elles rendent compte ne sont pas dues au hasard ; libre à chacun d'imaginer que, de même qu'il a oublié de raturer un pronom excédentaire dans la dernière version, Montaigne a pu oublier de supprimer un point, ou d'ajouter une majuscule, ou de compléter un syntagme. Seulement, de telles hypothèses, si légitimes qu'elles soient, ne justifieront jamais l'élimination des données brutes, ces signes tracés noir sur blanc, à la main, qui depuis quatre siècles attendent qu'on les imprime. Elles relèvent du travail de commentaire, non du devoir de publication ; et

1 Cf. l'avant dernier avis à l'imprimeur : "Qu'il voie à plusieurs lieus ou il y a des parantheses s'il ne suffira de distinguer <le> sens aueq des poincts :"

peut-être les avancerait-on de façon plus circonspecte si les configurations qu'elles sont censées expliquer, ou normaliser, étaient toujours placées en regard, silencieuses et insistantes, à portée d'analyse du premier lecteur venu. Peut-être même les érudits modernes en viendraient-ils à prononcer de temps en temps, au moins dans le secret de leur cabinet de lecture ou parmi les roseaux de quelque rivage bien désert, les paroles fatidiques soufflées par le philosophe : Qu'ai-je compris ?

André TOURNON

# Annexe I.

| DU PARLER PROMPT OU TARDIF (E. B.) | (1588) | (1595) |
|---|---|---|
| *Onc ne furent à tous, toutes graces données.* Aussi voyons nous qu'au don d'eloquence, les uns ont la facilité & la promptitude, & ce qu'on dict, le boute-hors, si aisé, qu'à chaque bout de champ ils sont prests : Les autres plus tardifs ne parlent jamais rien qu'élabouré & premedité. | prests : les | le boute-hors si aisé, qu'à ils sont prests les autres |
| Comme on donne des regles aux dames de prendre les ieux & les exercices du corps, selon l'advantage de ce, qu'elles ont le plus beau, Si i'auois à conseiller de mesmes, en ces deux diuers aduantages de l'eloquence, de laquelle il semble en nostre siecle, que les prescheurs & les aduocats facent principale profession, le tardif seroit mieux prescheur, | beau, si i'auois | de ce qu'elles ont le plus beau. Si i'auois |
| ce me semble, & l'autre mieux aduocat : Par ce que la charge de celuy-là luy donne autant qu'il luy plaist de loisir pour se | aduocat :parce que | mieux aduocat : Par ce que |
| preparer, Et puis sa carriere se passe d'un fil & d'une suite, sans interruption, Là où les commoditez de l'aduocat le pressent à | preparer, & puis interruption, là où | preparer ; & puis interruption : là où |
| toute heure de se mettre en lice : Et les responces improuueues de sa partie aduerse, le reiettent hors de son branle, où il luy faut sur le champ prendre nouueau party. Si est-ce qu'à l'entreueue du Pape Clement & du Roy Françoys à Marseille, il | lice : & les | lice : & les |
| aduint tout au rebours, Que monsieur Poyet, homme toute sa vie nourry au barreau, en grande reputation, ayant charge de faire la harangue au Pape, & l'ayant de longue main pourpensée, voire, à ce qu'on dict, apportée de Paris toute preste, le iour mesme qu'elle deuoit estre prononcée, le Pape se craignant qu'on luy tint propos, qui peut offenser les ambassadeurs des autres | au rebours, que | au rebours, que |
| princes, qui estoient autour de luy, manda au Roy, l'argument, qui luy sembloit estre le | | manda au Roy l'argu-ment, qui |
| plus propre au temps & au lieu. Mais de fortune, tout autre que celuy, sur lequel | lieu, mais | lieu, mais |
| monsieur Poyet s'etoit trauaillé. De façon que sa harangue demeuroit inutile, & luy en falloit promptement refaire une autre. Mais s'en sentant incapable, il fallut que Monsieur le Cardinal du Bellay en print la charge. La part de l'Aduocat est plus | trauaillé : de façon | ttrauaillé : de façon |
| difficile que celle du Prescheur, Et nous trouuons pourtant ce m'est auis plus de passables Aduocats que Prescheurs, Au moins en France. Il semble que ce soit plus le propre de l'esprit, d'auoir son operation prompte & soudaine, & plus le propre du jugement, de l'auoir lente & posée. Mais | d'un Prescheur, & Prescheurs, au moins | du Prescheur : & Prescheurs, au moins |
| qui demeure du tout muet, s'il n'a loisir de se preparer, Et celuy aussi, à qui le loisir ne donne aduantage de mieux dire, ils sont en pareil degré d'estrangeté. On recite de | preparer, & celuy | preparer : & celuy |
| Seuerus Cassius, qu'il disoit mieux sans y auoir pensé, Qu'il deuoit plus à la fortune, | pensé, qu'il deuoit | pensé :qu'il deuoit (...) |

| | | |
|---|---|---|
| qu'à sa diligence, Qu'il luy venoit à profit d'estre troublé en parlant, Et que ses | , qu'il (...)en parlant : & que | diligence : qu'il (...) en parlant : & que |
| aduersaires craignoient de le picquer, de peur que la colere ne luy fit redoubler son eloquence. Ie cognois par experience, cette | | par experience cette |
| condition de nature, qui ne peut soustenir vne vehemente premeditation & laborieuse : Si elle ne va gayement & librement, elle ne | laborieuse : si elle | laborieuse : si elle |
| va rien qui vaille. Nous disons d'aucuns ouvrages qu'ils puent l'huyle & la lampe, pour certaine aspreté & rudesse, que le | puent à l'huyle et à la lampe, | puent à l'huyle & à la lampe, |
| travail imprime en ceux, où il a grande part. | | en ceux où |
| Mais outre cela, la solicitude de bien faire, & cette contention de l'ame trop bandée & trop tendue à son entreprise, la met au rouet, la rompt, & l'empesche. Ainsi qu'il aduient à l'eau qui par force de se presser de sa violence & abondance, ne peut | entreprise, la rompt, & la trouble, comme l'eau qui | entreprise, la rompt et l'empesche, ainsi qu'il advient à l'eau, qui |
| trouuer issuë en un goulet ouuert. En cette condition de nature, de quoy ie parle, il y à | en un passage ouvert | |
| quant & quant aussi cela. Qu'elle demande à estre non pas esbranlée & piquée par ces | cela, qu'elle | cela, qu'elle |
| passions fortes, comme la colere de Cassius (car ce mouuement seroit trop aspre) elle veut estre non pas secoüée, mais solicitée : Elle veut estre eschaufée & reueillée par | solicitée : elle | sollicitée : elle |
| les occasions estrangeres, presentes, & fortuites : Si elle va toute seule, elle ne fait que trainer & languir. L'agitation est sa vie & sa grace. | fortuites. Si elle * languir : l'agitation | fortuites. Si elle languir : l'agitation |
| Ie ne me tiens pas bien en ma possession & disposition. Le hazard y à plus de droict que moy. L'occasion, la compaignie, le branle mesme de ma voix, | disposition : le que moy :l'occasion | disposition : le que moy, l'occasion |
| tire plus de mon esprit, que ie n'y trouve lors que ie le sonde, & employe à part moy. Ainsi les paroles en valent mieux que les | sonde & employe | sonde & employe |
| escripts. S'il y peut auoir chois où il n'y à point de pris. / Ceci m'auient aussi : Que < i > e ne me treuue pas ou ie < m > e cherche : et me treuue < p > lus par rencontre que | escripts s'il y peut ........................... ........................... | escrits, s'il y peut aussi, que ie |
| par < l'i > nquisition de mon iugement. < J'au > rai eslancé quelque < s > ubtilité en escriuant. < I' > entans bien : mornée pour un autre affilée pour moy. < La > issons toutes ces honestetez. | | pour un autre, affilée |
| < Ce > la se dict par chacun selon < sa > force. Ie l'ay < si > bien perdue que ie ne sçai ce que i'ay volu dire : et l'a < l'e > strangier descouuerte parfois < a > uant moy. Si ie portois le < ra > soir partout ou cela < m'a > vient, ie me defferois tout. < Le > rencontre m'en | | tout. Le rencontre |
| offrira le < io > ur quelqu'autre fois plus < a > pparent que celuy du midi : < et > me faira etoner < de) mon hesitation. | | |

*(Le trait oblique marque le début de l'addition manuscrite. Dans celle-ci, les caractères amputés par le relieur et rétablis d'après l'éd. de 1595 sont placés entre crochets obliques)*

* (*1ère retouche ms.*: fortuites : si elle)

(1588)

de bien loing, & puis
riue, & cette

noble & fort tracassé (...) de soy mesme
si frayé & si batu, qu'il
meilleure : & de mille
**choisi. Au demeurant ie laisse la fortune me fournir les subiects, d'autant qu'ils me sont également bons : & si n'entreprens pas de les traicter entiers & à fond de cuue : de mille visages qu'ils ont chacun, i'en prens celuy qu'il me plait : ie les saisis volontiers par quelque lustre extraordinaire : i'en trierois bien de plus riches & pleins si i'auoy quelque autre fin proposée que celle que i'ay. Toute action est propre à nous faire cõnoistre : cette mesme ame de Caesar**

DE DEMOCRITUS ET HERACLITUS (E. B.)

Le iugement est vn vtil à tous subiects, & se mesle par tout. A cette cause aux essais, que i'en fay icy, i'y employe toute sorte d'occasion. Si c'est vn subiect que ie n'entende point, à cela mesme ie l'essaye, sondant le gué de bien loing, **Et** puis le trouuant trop profond pour ma taille, ie me tiens à la riue : **Et** cette reconnoissance de ne pouuoir passer outre, c'est vn traict de son effect, voire de ceux, dequoy il se vante le plus. Tantost à vn subiect vain & de neant, i'essaye voir s'il trouuera dequoy luy donner corps, & dequoy l'appuyer & estançonner. Tantost ie le promene à vn subiect noble & tracassé, auquel il n'a rien à trouuer de soy, le chemin en estant si frayé, qu'il ne peut marcher que sur la piste d'autruy. Là il faict son ieu à eslire la route qui luy semble la meilleure, & de mille sentiers, il dict que cettuy-cy, ou celuy là, a esté le mieux choisi. Ie prens de la fortune le premier argument. Ils me sont également bons : **Et** ne desseigne iamais de les produire entiers [et à fons de cuue, et n'en dis qu'autant qu'il me plait] < Car ie ne voy le tout de rien : Ne font pas, ceux > qui prometttent de nous le faire voir. De cent membres & visages qu'a chaque chose i'en prens vn tantost à lescher sulement, tantost à efflorer Et par fois à pinser iusqu' < à > l'os. J'y done vne poincte non pas le plus largement, mais le plus profondement que ie sçay. Et aime plus souuant à les sesir par quelque lustre inusité. Ie me hasarderois de traicter à fons quelque matiere si ie me conessois moins. [Si i'y tumbe c'est accessoiremant. En] Semant icy vn mot icy vn autre Eschantillons despris de leur piece : escartez. [Sans corps,] sans [proposition ie n'en suis pas tenu] dessein et sans promesse [. Partant] ie ne suis pas tenu d'en faire bon. Ny de m'y tenir moimesme sans varier quand il me plait. Et me randre au doubte et incertitude & à ma maistresse forme, qui est l'ignorance. Tout mouuemant nous descouure. Cette mesme ame de Caesar, qui se fait voir à ordonner & dresser la bataille de Pharsale, elle se faict aussi voir à dresser des parties oysiues & amoureuses. On iuge vn cheual, non seulement à le voir manier sur vne carriere, mais encore à luy voir aller le pas, voire & à le voir en repos à l'estable...........................................................................................

*(Entre crochets droits, les passages manuscrits raturés.*
*Entre crochets obliques, les passages coupés par le relieur, et rétablis d'après l'édition de 1595)*

(1595)

Essais que

loing, & puis
riue. Et cette reconnoissance
de son effect, ouy de ceux, dont

& l'estançonner

le premier argument : ils me sont
egalement bons : & ne desseigne

tantost à effleurer : & parfois à pincer

si ie me connoissois moins, & me trompois en mon impuissance. Semant icy vn mot icy vn autre, eschantillons despris de leur piece, escartez, sans dessein, sans promesse : ie ne suis pas tenu d'en faire bon, ny de m'y tenir sans varier quand il me plait, & me rendre au doubte

*(Différences par rapport à l'E. B.)*

(*Intervention*)

## *LE SENS, LA LETTRE ET L'ARTICULATION*

Vient de paraître chez Hachette une "édition bilingue" d'extraits des *Essais*. Sur la page de gauche, le texte. Sur la page de droite, sa traduction. En français.

Ce n'est pas la première tentative de ce genre, ni la pire. Et elle attire l'attention sur une vraie difficulté : le lettré du XX$^{e}$ siècle a du mal à lire Montaigne, tel qu'il lui est présenté. On peut le déplorer, mais non se voiler la face. Cela nous assigne une tâche : trouver le moyen de rendre les *Essais* accessibles, sans recourir aux "traductions", "translations", "adaptations", ou pour tout dire en un mot, falsifications. Je propose de traiter le problème en termes de perte d'information : quel est le procédé qui facilitera le plus le travail du lecteur non spécialisé, en sauvegardant au mieux le sens authentique du texte (autrement dit, au prix d'une perte minima) ? Pour tenter de répondre, prenons appui sur ce que nous venons d'entrevoir de la désinvolture des éditeurs de jadis et naguère envers tout ce qui affecte la segmentation des énoncés. L'enjeu, toujours en termes d'information, sera mesuré ici d'après un exemple qui ne doit rien aux recherches et controverses sur la scansion de l'Exemplaire de Bordeaux. Il s'agit d'un remaniement effectué par Montaigne lui-même, pour l'édition de 1588.

Chacun admire à juste titre la protestation contre les "géhennes" sur laquelle s'achève le chapitre "De la conscience" (II, 5) ; mais on a oublié la version initiale, et la portée que lui assignait l'agencement d'ensemble. Il est question, comme le titre l'indique, de la conscience morale, et de ses effets sur le comportement : sérénité du juste, inquiétude du coupable. Là-dessus, Montaigne note comme incidemment : "C'est une dangereuse invention que celle des gehennes..." ; mais après les réserves vient une justification, qui, pour circonspecte qu'elle soit, s'inscrit dans le prolongement du discours et en reçoit la caution :

> Je pense que le fondement de cette invention vient de la considération de l'effort de la conscience. Car au coupable il semble qu'elle aide à la torture pour luy faire confesser sa faute, & qu'elle l'affoiblisse : et de l'autre part, qu'elle fortifie l'innocent contre la torture pour dire vray. c'est [*sic*] un moyen plein d'incertitude & de danger. Mais tant y a que c'est le moins mal que l'humaine foiblesse aye peu inventer.

Pour l'édition de 1588, il déplace un point et ajoute une majuscule :

> ........et de l'autre part, qu'elle fortifie l'innocent contre la torture. Pour dire vray, c'est un moyen plein d'incertitude et de danger. Que ne diroit on, que ne feroit on pour fuyr à si griefves douleurs ? [*etc.*]

Par cette infime retouche de la segmentation, le “pour dire vrai”, au lieu de compléter l'hypothèse initiale et de la préciser, valide la proposition suivante, qui s'inscrit en faux contre elle. L'usage judiciaire de la torture est dès lors détaché de ses prétextes, et envisagé en lui-même, dans toute son horreur. Les additions manuscrites ne feront que marquer plus vigoureusement cette inflexion décisive, qui change tout le sens du chapitre.

D'où l'on conclura qu'une altération du découpage authentique du texte peut avoir des effets considérables. C'est évident, bien sûr. Mieux vaut le rappeler, se rappeler aussi le droit de désarticulation et de ravaudage que se sont arrogé depuis toujours les éditeurs des *Essais*, et garder ces pensées présentes à l'esprit pour examiner les modifications ou pertes d'informations que peut produire le procédé le plus propre à rapprocher Montaigne du lecteur actuel : la modernisation systématique de l'orthographe.

Soit ce passage, du chapitre “De l'institution des enfants” (I, 26, PUF p. 167) :

> Voicy mes leçons. Celuy-là y a mieux proffité, qui les fait, que qui les sçait.

et sa transcription en orthographe moderne :

> Voici mes leçons. Celui-là y a mieux profité, qui les fait, que qui les sait.

On voit assez mal en quoi le sens est modifié lorsque disparaissent les -y, le sç- et la bizarre gémination du -f- de “profiter”, qui donnent à cette ligne son allure archaïque, et déconcertent ne serait-ce qu'un instant (mais un instant à chaque ligne, c'est assez pour décourager) le collégien appelé à découvrir la littérature de la Renaissance. De même, que perd-on à transcrire la consigne “suiues lorthografe antiene” inscrite sur la page de garde du livre en son doublet actuel, “suivez l'orthographe ancienne” ?

- Oui, la pragmatique condamne sans appel mon impudence, de reproduire une injonction magistrale en faisant précisément le contraire de ce qu'elle préconise. Reste qu'en écrivant le mot “ancienne” avec un -c- et deux -n-, on en change l'aspect, devenu moderne, mais pas le sens. Il serait donc possible de plaider. Mais évitons les chicanes : je concèderai bien volontiers que l'aspect originel du texte porte des informations irremplaçables sur la langue du XVIème siècle, et qu'il ne saurait être question de le vouer à l'oubli. C'est en vue de la divulgation des *Essais* qu'il faut moderniser leur orthographe, non à l'usage des spécialistes, qui n'ont d'ailleurs nul besoin de ce service. Dans les éditions dites savantes, on gardera donc les graphies de Montaigne…

… Et même, de préférence, les vraies. Car il faut rendre à César ce qui est à César, et à Villey la version de la phrase de I, 26 citée plus haut. L'auteur, lui, avait écrit :

> Voicy mes leçons. Celluy la y a mieus profité qui les faict que qui les sçait.

Aux PUF, six différences orthographiques en une seule ligne ! Cinq d'entre elles peuvent passer pour un effort de modernisation, resté à mi-parcours ; la sixième (“proffité”) n'est imputable qu'au Malin Génie, ou à l'éditeur du 1595, suivi ici par Villey.

Plaisanterie si l'on veut ; mais nous trouvons là un argument sérieux en faveur de la révision des graphies, soit pour les moderniser, soit pour les authentifier. Exception faite de l'Edition Municipale (et encore, sous réserve de vérification), aucune des publications qui exhibent doctement leur vieil françoys n'est fidèle au texte de Montaigne. Et pour cause : son orthographe variait d'un exemplaire à l'autre, d'une addition à l'autre, d'une ligne à l'autre. Dans les consignes à l'imprimeur, le mot "point" apparaît à trois reprises, au pluriel, chaque fois sous une forme différente : "pouints", "pouincts", "poincts". Aussi l'usage s'est-il établi, à la fin du XIXe siècle, de normaliser approximativement. Nous nous trouvons donc devant des versions fallacieuses : elles paraissent anciennes, et n'ont pas plus de cinq quartiers de noblesse universitaire, ce qui est bien peu. Dans ces conditions, deux partis sont scientifiquement acceptables : d'une part la transcription diplomatique, qui ne modifie rien et enregistre sans sourciller les formes les plus surprenantes, comme témoins d'un état de la langue ; d'autre part, la transcription en orthographe modernisée, qui au moins ne leurre pas (le lecteur sait que ce qu'il a sous les yeux *n'est pas* ce qu'a écrit ou fait imprimer Montaigne). Les solutions intermédiaires n'apportent que de pseudo-informations linguistiques au prix de difficultés réelles pour le débutant. Double raison de les proscrire.

Nous parvenons ainsi à des conclusions exactement contraires à celles qui, explicites ou non, semblent avoir jusqu'à présent régi l'édition des *Essais* : respecter la ponctuation et la scansion, qui ont toujours été négligées ; moderniser (ou respecter strictement) les graphies, qui ont presque toujours subi des réfections archaïsantes[1]. La position est inconfortable, et suspecte : il doit bien se trouver une erreur quelque part. Mais où ?

André TOURNON

---

1 Cette double hérésie, avec ses conséquences logiques, déterminera les principes de l'édition des *Essais* dans la collection "La Salamandre", de l'Imprimerie Nationale, dont le premier tome doit paraître en 1997.

*Du parler prompt ou tardif.*

CHAP. X.

ONC *ne furent à tous, toutes graces données.* Aussi voyons nous qu'au don d'eloquēce, les vns ont la facilité & la promptitude, & ce qu'on dict, le boute-hors, si aisé, qu'à chaque bout de champ ils sont prests: Les autres plus tardifs ne parlent iamais rien qu'élabouré & premedité. Comme on donne des regles aux dames de prendre les ieux & les exercices du corps, selon l'aduātage de ce, qu'elles ont le plus beau, si i'auois à conseiller de mesmes, en ces deux diuers aduantages de l'eloquence, de laquelle il semble en nostre siecle que les prescheurs & les aduocats facent principale profession, le tardif seroit mieux prescheur, ce me semble, & l'autre mieux aduocat: par ce que la charge de celuy-là luy donne autant qu'il luy plaist de loisir pour se preparer, & puis sa carriere se passe d'vn fil & d'vne suite, sans interruptiō, là où les commoditez de l'aduocat le pressent à toute heure de se mettre en lice: & les responces improuueues de sa partie aduerse, le reiettent hors de son branle, où il luy faut sur le champ prendre nouueau party. Si est-ce qu'à l'entreueue du Pape Clement & du Roy François à Marseille, il aduint tout au rebours, que monsieur Poyet, homme toute sa vie nourry au barreau, en grande reputation, ayant charge de faire la harangue au Pape, & l'ayant de longue main pourpensée, voire, à ce qu'on dict, apportée de Paris toute preste, le iour mesme qu'elle deuoit estre prononcée, le Pape se craignant qu'on luy tint propos, qui peut offencer les ambassadeurs des autres princes, qui estoient autour de luy, manda au Roy, l'argument, qui luy sembloit estre le plus propre au temps & au lieu, mais de fortune, tout autre que celuy, sur lequel monsieur Poyet s'estoit trauaillé: De façō que sa harāgue demeu-

Figure I

demeuroit inutile, & luy en falloit promptement refaire vn autre. Mais s'en sentant incapable, il fallut que Mõsieur le Cardinal du Bellay en print la charge. La part de l'Aduocat est plus difficile que celle d'vn Prescheur, & nous trouuons pour tãt ce me semble plus de passables Aduocats que Prescheurs, au moins en France. Il semble que ce soit plus le faict de l'esprit, d'auoir son operatiõ prompte & soudaine, & plus celuy du iugement, de l'auoir lente & posée. Mais qui demeure du tout muet, s'il n'a loisir de se preparer, & celuy aussi, à qui le loisir ne donne aduantage de mieux dire, ils sont en pareil degré d'estrangeté. On recite de Seuerus Cassius, qu'il disoit mieux sans y auoir pensé, qu'il deuoit plus à la fortune, qu'à sa diligence, qu'il luy venoit à profit d'estre troublé en parlant, & que ses aduersaires craignoyent de le picquer, de peur que la colere ne luy fit redoubler son eloquẽce. Ie cognois par experience, cette condition de nature, qui ne peut soustenir vne vehemente premeditatiõ & laborieuse: elle ne va gayemẽt & librement, elle ne va rien qui vaille. Nous disons d'aucuns ouurages qu'ils puent à l'huyle & à la lampe, pour certaine aspreté & rudesse, que le trauail imprime en ceux, où il a grande part. Mais outre cela, la solicitude de bien faire, & cette cõtention de l'ame trop bandée & trop tenduë à son entreprise, la rompt, & la trouble, comme l'eau qui par force de se presser de sa violence & abondance, ne peut trouuer issuë en vn passage ouuert. En cette condition de nature, de quoy ie parle, il y à quant & quant aussi cela, qu'elle demande à estre non pas esbranlée & piquée par ces passions fortes, comme la colere de Cassius (car ce mouuemẽt seroit trop aspre) elle veut estre non pas secoüée, mais solicitée: elle veut estre eschaufée & reueillée par les occasions estrãgeres, presentes, & fortuites: si elle va toute seule, elle ne fait que trainer & languir. l'agitatiõ est sa vie & sa grace. Ie ne me tiens pas biẽ en ma possessiõ



Figure II

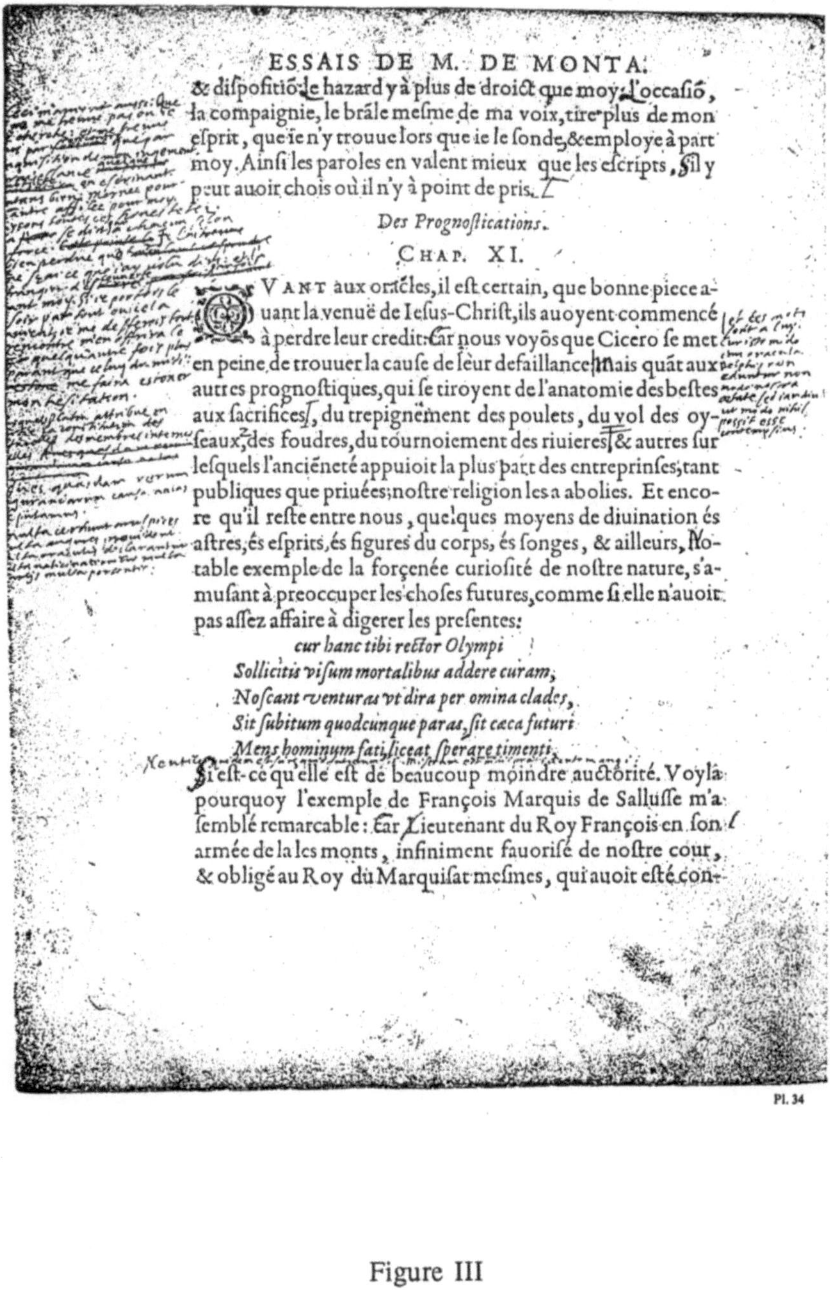
ESSAIS DE M. DE MONTA.

& dispositió. Le hazard y à plus de droict que moy. L'occasió, la compaignie, le brâle mesme de ma voix, tire plus de mon esprit, que ie n'y trouue lors que ie le sonde, & employe à part moy. Ainsi les paroles en valent mieux que les escripts, s'il y peut auoir chois où il n'y à point de pris.

*Des Prognostications.*

CHAP. XI.

QVANT aux oracles, il est certain, que bonne piece auant la venuë de Iesus-Christ, ils auoyent commencé à perdre leur credit: car nous voyōs que Cicero se met en peine de trouuer la cause de leur defaillance. Mais quãt aux autres prognostiques, qui se tiroyent de l'anatomie des bestes aux sacrifices, du trepignement des poulets, du vol des oyseaux, des foudres, du tournoiement des riuieres, & autres sur lesquels l'ancieneté appuioit la plus part des entreprinses, tant publiques que priuées, nostre religion les a abolies. Et encore qu'il reste entre nous, quelques moyens de diuination és astres, és esprits, és figures du corps, és songes, & ailleurs, notable exemple de la forcenée curiosité de nostre nature, s'amusant à preoccuper les choses futures, comme si elle n'auoit pas assez affaire à digerer les presentes:

*cur hanc tibi rector Olympi*
*Sollicitis visum mortalibus addere curam,*
*Noscant venturas vt dira per omina clades,*
*Sit subitum quodcunque paras, sit cæca futuri*
*Mens hominum fati, liceat sperare timenti.*

Si est-ce qu'elle est de beaucoup moindre auctorité. Voylà pourquoy l'exemple de François Marquis de Sallusse m'a semblé remarcable: car Lieutenant du Roy François en son armée de la les monts, infiniment fauorisé de nostre cour, & obligé au Roy du Marquisat mesmes, qui auoit esté con-

Pl. 34

Figure III

noyent aleine en beuuant. Ils baptisoient le vin,

*quis puer ocius*
*Restinguet ardentis falerni*
*Pocula prætereunte lympha?*

Et ces champisses contenances de nos laquais y estoyẽt aussi,

*O Iane à tergo quem nulla ciconia pinsit,*
*Nec manus auriculas imitata est mobilis albas,*
*Nec linguæ quantum sitiet canis Apula tantum.*

Les Dames Argienes & Romaines, portoyent le deuil blanc, comme les nostres auoiẽt accoustumé, & deuoyẽt continuer de faire, si i'en estois creu. Mais il y à des liures entiers faits sur cet argument.

## *De Democritus & Heraclitus.*

### CHAP. L.

LE iugement est vn vtil à tous subiects, & se mesle par tout. A cette cause aux essais, q̃ i'ẽ fay icy, i'y employe toute sorte d'occasion. Si c'est vn subiect que ie n'entende point, à cela mesme ie l'essaye, sondant le gué de bien loing, ~~&~~ puis le trouuant trop profond pour ma taille, ie me tiens à la riue; ~~&~~ cette recõnoissance de ne pouuoir passer outre, c'est vn traict de son effect, voire de ceux, dequoy il se vãte le plus. Tantost à vn subiect vain & de neant, i'essaye voir s'il trouuera dequoy luy donner corps, & dequoy l'appuyer & estançonner. Tantost ie le promene à vn subiect noble & ~~fort~~ tracassé, auquel il n'a rien à trouuer de soy-~~mesme~~, le chemin en estant si frayé ~~& si batu~~, qu'il ne peut marcher que sur la piste d'autruy. Là il fait son ieu à eslire la route quy luy semble la meilleure; & de mille sentiers, il dict que cettuy-cy, ou celuy là, à esté le mieux choisi. ~~Au demeurant ie laisse~~ [Je prens de] ~~le~~ la fortune [le premier argument] ~~me fournir les subiects~~; ~~d'autant qu'~~ils me sont également bons: ~~Et ie n'entreprens~~ [ne desseigne iamais] pas de les ~~traicter~~ [produire] en-

son glorieux passage aux Indes: ny cet autre, à dessiner un passage duquel despend le salut du genre humain. Voicy combien nostre ame grossit et espessit cet amusement ridicule: si tous ses nerfs ne bandent. Combien amplement elle done à chacun loi en cela, de se conoistre, et de iuger droictement de soi. Je ne me vois et retaste plus universellemant en nulle autre posture. Quelle passion ne nous y exerce: la cholere le despit la haine l'impatiance, et une vehemante ambition de ~~vaincre~~ [vaincre], en chose en laquelle il seroit plus excusable d'estre ambitieus [d'estre vaincu] ~~de perdre~~. Car la praecellance rare et au dessus du commun messiet à un home d'honur en chose frivole. Ce que ie dis en cet exemple se peut dire en toutes autres: chaque parcelle chaque occupation

Pl. 253

Figure IV

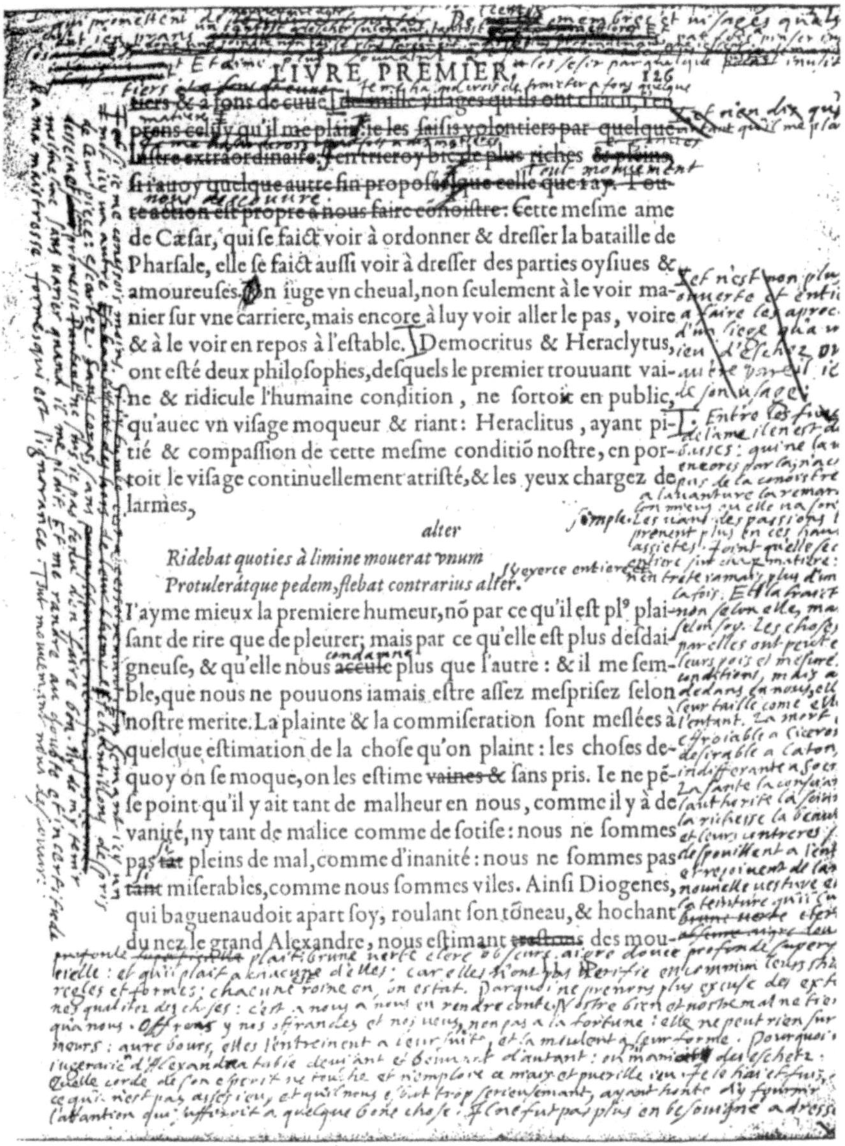

LIVRE PREMIER. 126

tiers & à fons de cuue. Des mille visages qu'ils ont chacu, ien prens celuy qu'il me plaist. Ie les saisis volontiers par quelque lustre extraordinaire. I'en trieroy bien de plus riches & pleins, si i'auoy quelque autre fin proposée que celle que i'ay. Toute action est propre à nous faire conoistre. Cette mesme ame de Cæsar, qui se faict voir à ordonner & dresser la bataille de Pharsale, elle se faict aussi voir à dresser des parties oysiues & amoureuses. On iuge vn cheual, non seulement à le voir manier sur vne carriere, mais encore à luy voir aller le pas, voire & à le voir en repos à l'estable. Democritus & Heraclytus, ont esté deux philosophes, desquels le premier trouuant vaine & ridicule l'humaine condition, ne sortoit en public, qu'auec vn visage moqueur & riant: Heraclitus, ayant pitié & compassion de cette mesme conditiō nostre, en portoit le visage continuellement atristé, & les yeux chargez de larmes,

alter

*Ridebat quoties à limine mouerat vnum*
*Protulerátque pedem, flebat contrarius alter.*

I'ayme mieux la premiere humeur, nō par ce qu'il est pl9 plaisant de rire que de pleurer; mais par ce qu'elle est plus desdaigneuse, & qu'elle nous accuse plus que l'autre: & il me semble, que nous ne pouuons iamais estre assez mesprisez selon nostre merite. La plainte & la commiseration sont meslées à quelque estimation de la chose qu'on plaint: les choses dequoy on se moque, on les estime vaines & sans pris. Ie ne pēse point qu'il y ait tant de malheur en nous, comme il y à de vanité, ny tant de malice comme de sotise: nous ne sommes pas tāt pleins de mal, comme d'inanité: nous ne sommes pas tant miserables, comme nous sommes viles. Ainsi Diogenes, qui baguenaudoit apart soy, roulant son tōneau, & hochant du nez le grand Alexandre, nous estimant [illegible] des mou-

PL. 251

Figure V

# FAUT-IL (RE)DECOUPER LES *ESSAIS* ?

Parmi tous les problèmes que soulève l'établissement d'une édition savante des *Essais*, il en est un au moins - ce doit être le seul - qui peut être réglé très rapidement : celui du découpage du texte en paragraphes. Que l'on décide de suivre telle ou telle des éditions publiées du vivant de Montaigne, l'exemplaire de Bordeaux ou l'édition de 1595, on devra forcément reproduire chacun des essais selon la disposition qui était la sienne à l'origine : d'un seul tenant[1]. Chacun des essais ou presque : le chapitre 47 du livre I se trouve, dès 1580, divisé en six paragraphes. L'exception[2] exhibe la règle : Montaigne a résolument adopté un parti pris qui n'allait pas de soi (est-ce un hasard si le chapitre est intitulé "De l'incertitude de nostre jugement" ? ), mais qu'il a apparemment imposé à son éditeur, celui de ne pas découper alors qu'il aurait été tout à fait possible de le faire.

Ce choix, que le scrupule scientifique se doit de respecter absolument, peut-il être pris en compte de la même manière dans des éditions destinées au public "universitaire", et à plus forte raison au grand public ? Ce serait bouleverser un usage bien établi : de Coste en 1724 à Villey en 1923, les éditeurs se sont évertués à fragmenter le texte de Montaigne afin de le rendre plus accessible à un lecteur désormais accoutumé aux alinéas qui lui fournissent à la fois des balises et des haltes commodes.

Si l'on estime que c'est là le prix à payer pour que les *Essais* restent lisibles, il faut pousser jusqu'au bout la logique qui

---

1 J'ai procédé à un rapide historique de la fragmentation que les éditeurs successifs, sur une période de près de deux siècles, ont fait subir au texte, dans une communication présentée à l'université Paris VII en 1985 ("Les essais mis en pièces", *Les derniers essais de Montaigne, Cahiers Textuel 34/44*, n°2 (1986), p. 9-18). Je voudrais reprendre ici l'interrogation que j'avais laissée alors en suspens, moins pour apporter des réponses que pour faire état d'une perplexité toujours croissante.

2 Elle n'est pas tout à fait la seule (voir, dans l'article cité, la note 1 de la page 17), mais elle est la seule qui concerne directement mon propos.

commande cette option. Le découpage que toutes les éditions reprennent depuis 1923, alors qu'il obéit à des critères très hétérogènes - logiques, idéologiques, archéologiques - doit être totalement repensé. Il suffira, pour s'en persuader, d'un seul exemple : celui du paragraphe de l'essai "De l'experience" (édition Villey-Saulnier, p. 1072) qui commence par : "Il n'est rien si lourdement et largement fautier que les loix" et se termine par : "et certes suffisante à nous instruire de tout ce qu'il nous faut". Le passage à la ligne, à l'intérieur même d'une citation de l'exemplaire de Bordeaux, dû à Gébelin, s'explique par un changement d'écriture ; maintenu par Villey, il a pour effet de mettre en évidence une sentence[1]. L'absence de passage à la ligne au début de la phrase : "Quel que soit donq le fruict que nous pouvons avoir de l'experience..." a, lui, pour effet de dissimuler le déplacement décisif qu'opère Montaigne, de l'expérience "que nous tirons des exemples estrangers" à celle "que nous avons de nous mesme", et plus précisément à celle qu'il a de lui-même.

La refonte qu'impose une telle anarchie, Paul Porteau l'a entreprise sur l' "Apologie de Raymond Sebond" qu'il a éditée à part[2]. Laissons de côté les aspects les plus contestables de cette tentative, la division de l'essai en trois "épisodes" et les subdivisions ménagées, sans aucune explication, par des intervalles d'importance variable, et ne retenons que les remaniements apportés aux alinéas de l'édition municipale (que

1 De la même manière la formule "Nous sommes chrestiens à mesme titre que nous sommes ou Perigordins ou Alemans." (II, 12, p. 445), isolée de son contexte par l'alinéa, pourrait être prise pour une affirmation résolue de la relativité de la religion chrétienne. Dès qu'on la rattache au paragraphe précédent, comme l'a fait Paul Porteau dans l'édition dont il sera bientôt question, elle apparaît au contraire comme une protestation (dont l'interprétation reste bien sûr problématique) contre la manière toute humaine selon laquelle cette religion est trop souvent reçue et du coup ravalée au même rang que les autres.

2 Michel de Montaigne, *L'Apologie de Raymond Sebond*, texte établi et annoté par Paul Porteau, Paris, Fernand Aubier, 1937 (*reprint*, Aubin, 1978). Cette édition présente une autre originalité, qu'elle partage avec l'édition des *Essais* établie par Pierre Michel pour la collection du Club du meilleur livre dirigée par S. de Sacy (Paris, 1957) : elle distingue par l'italique (comme l'avait fait l'édition municipale) les ajouts de l'exemplaire de Bordeaux.

P. Porteau prend soin de rappeler systématiquement par de gros points noirs). L'opération joue presque à sens unique : Paul Porteau supprime peu d'alinéas (39, dont 29 coïncidaient avec le passage du texte de 1588 à un ajout de l'exemplaire de Bordeaux ou marquaient, à l'intérieur d'un ajout, un arrêt et une reprise de la plume) et en ajoute très exactement 300 aux 346 qu'il retient.

L'expérience est instructive. Elle atteste la difficulté qu'il y a à substituer au découpage devenu traditionnel un découpage plus satisfaisant et confirme la force d'une tentation constante : Paul Porteau, à son tour, renchérit sur le travail de découpage de ses devanciers plus qu'il ne le repense. Nouvelle manifestation de ce que j'appellerai le syndrome du charcutier. Le procédé finit par entraîner un effet pervers qui va à l'encontre du but recherché : à force d'être multipliés, les alinéas, dont la vocation était de marquer des distinctions, ne se distinguent plus les uns des autres. Il vaut mieux peut-être, après tout, que le lecteur éprouve lui-même le choc provoqué par la rencontre, au beau milieu d'un paragraphe, de la phrase de l'essai "De l'experience" qui vient d'être citée, ou par le paradoxal renversement de l'essai I, 23 : "Ces considerations ne destournent pourtant pas un homme d'entendement de suivre le stille commun" (p. 118), ou encore par la réapparition, à la fin de l'essai 9 du livre III (p. 988), de la vanité que, pas plus que ses girouettes, Montaigne n'avait perdue de vue : la création d'un nouvel alinéa noierait ces moments-clés dans la masse des alinéas existants.

Un nouveau découpage devrait donc se donner pour première règle la méfiance à l'égard du découpage. On pourrait retenir d'abord les grandes articulations que Montaigne marque explicitement (par exemple dans l'essai "De la vanité", quand il passe, p. 956, de la première à la seconde des raisons qu'il a de voyager, ou, p. 977, de la première à la seconde des objections qu'on oppose à ses voyages), puis ménager, en fonction du même critère, des subdivisions. Mais où s'arrêter dans ce travail de fragmentation progressive et comment surmonter les apories que met au jour le travail de Paul Porteau ? Les choix qui paraissent les plus évidents se révèlent bien vite problématiques. On sera tout naturellement tenté de passer à la ligne lorsque Montaigne, après une digression, signale qu'il revient à son propos (à quoi bon pourtant faire dire à l'alinéa ce que le texte dit déjà ?), mais il faudrait signaler de la même façon le point de départ de la digression : est-ce possible ? La comparaison, dans l'essai "De la cruauté", entre la violence du plaisir sexuel et le ravissement du chasseur voyant surgir, au moment où il l'attend le moins, le gibier qu'il a longtemps traqué, prend naissance non au début, mais à la fin d'une phrase : "Je hay, entre autres vices, cruellement la cruauté, et par nature et par jugement, comme l'extreme de tous les vices." (observons que les éditeurs ne marquent pas par un alinéa ce moment où Montaigne aborde le sujet annoncé par le titre de l'essai). "Mais c'est jusques à telle mollesse que je ne voy pas égorger un poulet sans desplaisir, et ois impatiemment gemir un lievre sous les dens de mes chiens, *quoy que ce soit un plaisir violent que la chasse.*" (p. 429)[1].

Plus le découpage se voudra fin, plus il trahira et la démarche de Montaigne qui, comme le prouve la manière dont il insère les ajouts manuscrits dans le texte imprimé, doit être suivie, dans ses méandres et ses à-coups mêmes, sans rupture de continuité, et sa volonté expresse : "J'entends que la matiere se distingue soy-mesmes. Elle montre assez où elle se change, où elle conclud, où elle commence, où elle se reprend, sans l'entrelasser de paroles de liaison et de cousture introduictes pour le service des oreilles foibles ou nonchallantes, et sans me gloser moymesme." (III, 9, p. 995). Ce que Montaigne déclare à propos des paroles de couture, plus nombreuses en fait qu'il ne le dit, vaut à plus forte raison pour les coupures que l'on impose à son livre.

1 Dans l'exemplaire de Bordeaux, Montaigne a substitué à la minuscule initiale de la conjonction "quoy que" une majuscule. Le problème des alinéas recoupe ici (faut-il s'en étonner ? ) celui de la scansion du texte par l'auteur lui-même qu'a mise en évidence André Tournon. Il suffirait de passer à la ligne après la virgule qui précède ce "quoy que", plutôt qu'après le point sur lequel s'achève la phrase, pour que le mouvement de la pensée, qui dans l'état actuel des éditions reste pendant plusieurs lignes énigmatique, devienne immédiatement lumineux.

Mais comment le responsable d'une édition à large diffusion pourrait-il lâcher sans aucune aide son lecteur dans un texte qui, aux difficultés de la langue[1], ajouterait celles d'une présentation vite ressentie comme fatigante autant que déroutante ? Comment pourrait-il ne pas mettre à son "service" l'écoute qu'il a lui-même prêtée à ce texte ?

Une solution consisterait, à partir d'une numérotation continue des lignes de chaque essai[2], à disposer dans la marge un système de renvois raccrochant tel énoncé à tel(s) autre(s) énoncé(s), en amont ou en aval, qu'il suit ou regarde, "par fois (...) de loing" : ainsi pourrait-on mettre en évidence entre eux un jeu qui n'est pas uniquement linéaire. Les éditions du XVII° siècle présentaient de brèves indications marginales précisant le propos tenu ; c'était déjà là un début de glose qui venait parasiter l'œuvre et en orienter la lecture. Un fléchage simplement chiffré devrait permettre de baliser le texte sans pour autant lui faire violence.

Bernard CROQUETTE

---

1 Difficultés qui peuvent aisément être en partie réduites, comme l'a souligné A. Tournon au cours de ces journées. Ajoutons que, lu à haute voix, le texte des *Essais* apparaît beaucoup plus proche de nous qu'on ne le dit trop souvent.

2 Comme l'a fait Paul Porteau dans son édition de l'"Apologie de Raymond Sebond".

## LA TRADITION DE L'ÉDITION CRITIQUE FACE AU TEXTE DES *ESSAIS*.

### I. Histoire et théories

L'élaboration d'éditions "modernes" de textes plus ou moins anciens est dotée d'une longue histoire jalonnée de noms prestigieux. Si les visées et les méthodes de cette élaboration ne varièrent pas pendant les premiers deux mille ans de son histoire, en revanche depuis la Renaissance – et surtout depuis l'aube du XXe siècle – la pratique de l'édition a donné lieu à des débats parfois acharnés. Comme dans l'histoire de la critique en général, les méthodologies de la critique textuelle se sont succédé, les champions de chaque nouveau système proclamant la désuétude de celui de leurs prédécesseurs. Cela ne signifie pas pour autant que les méthodes dites démodées sont dépourvues d'intérêt pour les praticiens de l'édition critique. Dans ce qui suit je me propose de retracer – de façon sommaire et un peu simpliste – l'évolution des pratiques éditoriales en tâchant de les rapporter à la solution des problèmes que soulève l'édition critique des *Essais*.

Déjà aux IVe et IIIe siècles avant notre ère les bibliothécaires du ***Mouseion*** d'Alexandrie (parmi lesquels Callimaque et Apollonios de Rhodes) s'étaient souciés d'établir un texte standardisé – et modernisé – des œuvres d'Homère, des tragédiens et des philosophes. Ce travail fut entrepris, semble-t-il, parce qu'il circulait des versions corrompus de ces œuvres, malgré l'existence de copies officielles, du moins pour la tragédie attique.[1] A divers moments postérieurs on refit à Byzance ces éditions d'auteurs grecs, notamment au IXe siècle

1 Pour l'histoire de l'édition critique des textes, voir : I. D. Reynolds et N. G. Newman, *Scribes and Scholars, a Guide to the Transmission of Greek and Latin Literature*, second edition revised and enlarged, Oxford, Clarendon Press, 1973 (1re éd. 1967) ; P. O. Kristeller, "The Lachmann Method : Merits and Limitations," *TEXT, Transactions of the Society for Textual Scholarship*, I (1984), p. 11-20 ; et l'indispensable livre de D. C. Greetham, *Textual Scholarship, an Introduction*, New York and London, Garland, 1994.

sous l'égide de Photios et au XIII^e siècle sous celle de Planudes. En occident Alcuin (entre autres) fit recopier à l'époque carolingienne une grande partie de la littérature latine. De nouveau aux douzième et treizième siècles (Jean de Salisbury et Richard de Fournival en furent les moteurs) on produisit aussi beaucoup d'éditions d'auteurs latins, mais pas toujours les mêmes que l'on avait édités trois siècles plus tôt.

La production d'éditions nouvelles d'auteurs devenus canoniques fut motivée dans l'Antiquité et au Moyen âge par diverses considérations, les unes pratiques et intéressées, les autres plus ou moins altruistes et désintéressées. On fit éditer un texte parce que les copies existantes étaient en mauvais état ou parce que leur orthographe ou leur calligraphie étaient démodées et risquaient de devenir indéchiffrables ou parce que les auteurs figuraient au programme des écoles ou parce qu'on voulait enrichir sa bibliothèque personnelle en y faisant figurer un auteur de marque ou pour établir, comme firent des rois à Alexandrie et à Aix-la-Chapelle, un centre universitaire prestigieux. Mais quelle que fût la raison d'être de ces entreprises d'édition, les procédés de production demeuraient pendant toute cette période rigoureusement les mêmes. On se procurait le meilleur exemplaire du texte que l'on pouvait se permettre et on le faisait copier avec les moyens matériels et le degré de soin et de correction qui convenaient aux fins que l'on avait assignées à ces nouveaux exemplaires.

Pour louable qu'ait été cette entreprise, elle souffrait d'un défaut majeur : il semble que tous ces copiages et recopiages d'œuvres anciennes aient été faits sans une recension préalable et adéquate des exemplaires disponibles, sans une comparaison exhaustive des manuscrits. On ne développa aucun critère permettant d'établir l'autorité relative des copies que l'on avait devant soi, partant aucun principe permettant de hiérarchiser les leçons non concordantes qui les départageaient.[1] Il s'ensuit

---

1 Malgré le défaut de conception évident qui infirme ces éditions manuscrites faites sur la foi d'une unique copie, on retrouve encore au XX^e siècle des éditions dites critiques qui ne font que reproduire le texte d'un seul

aussi que les méthodes empiriques qui ont déterminé le déroulement de l'édition de textes jusqu'au au seuil du XV$^{e}$ siècle n'ont pas légué une théorie de l'édition, même si elles en ont légué des modèles intéressants.

Ces modèles exhibent la mise en œuvre de trois principes dont il convient de tenir compte lors de toute tentative d'édition critique. Le premier consistait principalement en la fidélité à la version du texte que l'on copiait, qu'il convenait de reproduire avec exactitude. Le second, qui compensait le premier, consistait en la fidélité à l'œuvre et exigeait donc que l'on corrige la version là où elle était manifestement fautive. Ces deux principes valent toujours, mais dépendent d'une part de la capacité technique du copiste ou du transcripteur, d'autre part du bien-fondé des critères qui informent la correction. Celle-ci a été trop souvent faite en méconnaissance de la langue et de la genèse du texte et en fonction d'un troisième principe, pas toujours compatible avec la fidélité double au texte et à l'œuvre. Ce troisième principe dérive de critères inséparables de la lisibilité, c'est-à-dire, de la réceptabilité sémiotique du texte par le public contemporain de l'édition ; et de l'intelligibilité, déterminé par la conformité sémantique du texte aux normes de l'expérience des lecteurs.[1] On cite à cet égard une anecdote de Thucydide,

---

des exemplaires imprimés, comme si tous les exemplaires d'un tirage étaient absolument identiques. Je pense, par exemple, à l'édition Laumonier de Ronsard en vingt volumes (STFM, 1914-75), pour laquelle on n'a pas assez collationné les exemplaires des *Odes* de 1550. Ma propre édition des *Erreurs amoureuses* de Pontus de Tyard (Genève, Droz, 1967) s'expose à la même censure. L'édition érudite que fit T. Anthony Perry des *Dialoghi d'amore* de Léon Hébreu dans la traduction française du même Tyard (Chapel Hill, Univ. of North Carolina Press, 1974) ne cite même pas l'exemplaire utilisé pour fournir le texte. Claude Blum (voir *supra*) souligne la variation que l'on rencontre dans les divers exemplaires de l'éd. 1580 des *Essais*.

1 Dans cette production de textes il ne fut, à ma connaissance, jamais question de produire un texte critique, c'est-à-dire, qui enregistrerait les variantes, mais seulement un texte lisible, utilisable, éventuellement définitif. Dans le "Preambule" à son édition du *Roman de la rose* (Paris, Galiot du Pré, 1526) Charles Michel de Tours résuma très bien la situation où se trouvait l'éditeur de textes et le travail qu'il se sentait obligé d'accomplir :

> Cestuy livre present a esté auparavant par la faulte
> comme je croy des imprimeurs assez mal correct, ou par
> advanture de ceux qui ont baillé le double pour l'imprimer,

qui raconte qu'à Athènes l'on avait modifié le texte d'un vieux vers prophétique afin de le faire coïncider avec la réalité.[1]

Cette anecdote et les pratiques séculaires des éditeurs anciens et médiévaux, pour déficientes que soient celles-ci, nous rappellent toutefois que le texte, manuscrit ou imprimé, arrive toujours devant le lecteur (qui est toujours un éditeur en puissance) sous la forme d'un témoignage individuel de ce que fut l'œuvre. Par rapport aux autres témoignages chaque exemplaire possède sa particularité matérielle, linguistique et sémiotique. Il n'est aussi qu'une réalisation imparfaite et plus ou moins erronée des intentions de l'auteur. A l'ère – très vaste – de la transmission manuscrite des œuvres, les témoignages provenaient d'époques différentes les unes des autres. Les particularités de chaque manuscrit indexaient dès lors, mises à part les erreurs qu'il renfermait, un ensemble d'habitudes mentales et communicatives qui n'étaient plus celles de l'auteur, qui n'étaient pas celles des autres manuscrits du même ouvrage et qui n'étaient pas encore celles des lecteurs pour qui la nouvelle édition devait être élaborée. Mais même en supposant

---

> car l'ung et l'autre peult estre cause de son incorrection. Pour laquelle chose restituer en meilleur estat et plus expediente forme pour l'intelligence des lecteurs et auditeurs,... j'ay bien voulu relire ce present livre dès le commencement jusques à la fin,... et l'ay corrigé au moins mal que j'ay peu... . Galiot du Pré... l'a faict imprimer après avoir veu sa correction, tant du mauvais et trop ancien langage sentant son inveteré commencement et origine de parler, que de l'imparfaict quantité des mettres, tous quasi corrompus (cité d'après Bernard Weinberg, *Critical Prefaces of the French Renaissance*, Evanston, Northwestern University Press, 1950, p. 60-61).

Il semble que le critère informant la correction du texte n'ait été ni la grammaire ni l'orthographe de l'ancien français mais celles du français que parlaient Charles Michel et ses lecteurs.

1 Voir Thucydide, *Histoire de la guerre du Péloponnèse* II. liv. 2-3. Il s'agissait de savoir si le texte avait parlé d'un ***loimos*** [la peste] ou d'un *limos* [la famine] qui se produirait à la suite d'une guerre dorienne. Comme en l'occurence ce fut la peste, c'est cette la leçon que l'on adopta. L'historien ajoute que si l'événement prédit par la prophétie devait se reproduire, mais avec un résultat autre, l'on n'hésiterait pas à préférer une leçon différente qui serait conforme au nouvel état des choses. Voir Jerome J. McGann, "Interpretation, Meaning, and Textual Criticism : A Homily," *TEXT, Transactions of the Society for Textual Scholarship*, III (1987), p. 55-62.

de la part des “éditeurs” pré-renaissants une conscience de la valeur inégale des témoignages manuscrits, il faut admettre qu'ils ne possédaient ni les moyens matériels ni les habitudes intellectuelles pour comparer entre eux ces manuscrits autrement que sur des critères qualitatifs, esthétiques et subjectifs. Somme toute un beau manuscrit était un bon manuscrit. C'est une attitude dont nous avons encore du mal à nous défaire, qu'il s'agisse de manuscrits ou de livres imprimés.

A la Renaissance Lorenzo Valla, Ange Politien et, plus tard, Érasme firent basculer le travail de l'édition dans une ère nouvelle. Les objets de leurs soins étaient des textes qui leur étaient très importants : textes qui illustraient le bon usage du latin, textes qui fondaient l'autorité de l'Église. Dans les deux cas il s'agissait de textes qu'il convenait de soumettre à un regard très critique, ce qui ne pouvait se faire qu'en fonction de certaines données. Celles-ci sont au nombre de cinq : la possibilité de faire l'apprentissage du grec ancien ; la reconnaissance du fait que le latin de Cicéron et de Virgile était devenu une langue étrangère qu'il fallait apprendre ; la mise en valeur de la civilisation ancienne en tant qu'objet d'une curiosité archéologique et anthropologique ; suite à cette curiosité la plus grande disponibilité de manuscrits renfermant le texte d'œuvres anciens ; et, l'esprit critique développé au sein de l'humanisme aidant, l'observation que les copies manuscrites d'une seule œuvre étaient de celle-ci autant de témoins divergents dont la valeur documentaire était variable.

La comparaison critique des manuscrits, informée par des connaissances linguistiques et historiques plus solides, mit le travail de l'édition, de qualitatif qu'il avait été, sur une base quantitative. La détermination du meilleur manuscrit devint une affaire de calcul : plus le nombre d'erreurs était élevé, plus le manuscrit devait être écarté de toute considération ; plus les mêmes erreurs se répétaient d'un manuscrit à l'autre, plus l'éditeur était en droit de distinguer les bons témoins des mauvais et de classer les manuscrits dans un ordre descendant de fiabilité. Les méthodes éditoriales des humanistes prirent de ce fait des apparences de plus en plus objectives (pour ne pas dire mécaniques ou automatiques) et générèrent enfin, dans la première moitié du XIX^e^ siècle, une théorie de l'élaboration de l'édition critique des œuvres anciennes formulée par Karl Lachmann.[1]

La théorie de Lachmann repose d'abord sur une recension exhaustive des témoins manuscrits et leur regroupement en familles plus ou moins apparentées. L'évaluation relative de ces familles permet à son tour de postuler l'existence de générations de manuscrits, tous descendus par filiations diverses d'un archétype unique – qui serait existant ou non existant, mais qui ne serait pas nécessairement le manuscrit originel. Bien que Lachmann lui-même ne le fît jamais, semble-t-il, l'habitude fut prise de schématiser ces relations de famille et de descendance sous forme d'arbres généalogiques appelés *stemmata*, la procédure elle-même étant baptisée la stemmatique. Elle fut assez vite adaptée aux besoins de l'étude de textes médiévaux.

Quoique la stemmatique fût conçue pour démêler les problèmes relatifs à la transmission textuelle par manuscrit, les principes peuvent servir pour déterminer, par exemple, l'histoire de l'impression des cinquante-trois exemplaires survivants de l'édition 1580 des *Essais*. Il est pourtant à se rappeler que cette histoire ne saurait être reconstituée en termes d'exemplaires particuliers mais en termes de cahiers individuels. L'impression de chaque feuille d'imprimerie était un procédé complètement divorcé de la reliure des ensembles de feuilles constituant les volumes. De ce fait, feuilles corrigées – donc postérieures – peuvent se retrouver reliées avec d'autres feuilles non corrigées. Dès lors il faut penser l'archétype du texte des *Essais* – ce serait la copie manuscrite envoyée à Millanges et préparée par lui pour l'impression – en fonction des familles de feuilles imprimées.

Le deuxième volet de la méthode Lachmannienne consistait en la correction (*emendatio*) de l'archétype là où il était

1 Selon Reynolds et Wilson, *Scribes and Scholars*, p. 189, Érasme et J.-C. Scaliger avaient déjà au XVI^e^ entrevu les principes de cette théorie.

manifestement fautif. Cet acte devait être informé par deux principes : la *recta ratio*, l'application aux problèmes du texte d'un raisonnement qui se voudrait logique ; et l'*usus auctoris*, une sorte d'évaluation quasi-quantitative des usages lexicaux, morphologiques et syntaxiques de l'auteur. Ces principes ont l'avantage de réconcilier le jugement de l'éditeur et les données objectives et mesurables de telle "parole" dans le cadre de tel état synchronique de la langue. Le problème que ces principes soulèvent, en revanche, c'est que d'une part l'*usus auctoris* n'est connaissable que par d'autres archétypes reconstruits et corrigés de la même manière que celui sur lequel on est en train de travailler. Toujours est-il que le latin classique était une langue assez peu flexible. L'usage d'un auteur donné pouvait être déterminé avec un sentiment de certitude. Est-ce que nous sommes en mesure de savoir avec la même certitude la totalité des usages syntaxiques et stylistiques de Montaigne ? L'analyse minutieuse de l'ensemble de son œuvre révélerait peut-être des erreurs dans des endroits restés jusqu'ici au-dessus de tout soupçon. Par contre, l'application rigoureuse de l'*usus auctoris* risquerait d'enlever au texte des leçons où l'auteur s'était permis de s'écarter de son usage habituel.

D'autre part, en ce qui concerne la *recta ratio*, on se rappelle ce que Descartes a dit du bon sens au début du *Discours de la méthode*. En cas de désaccord entre deux éditeurs, *cuius ratio rectior putabitur*, lequel des deux bon sens va l'emporter ? Mais en fin de compte, l'édition de textes étant une activité humaine, l'erreur humaine y a nécessairement son rôle à jouer. La bibliographie matérielle et la théorie de l'édition ne résolvent pas tous les problèmes ; l'éditeur doit souvent procéder par une intuition raisonnable.

Ajoutons ceci, que lorsqu'une erreur avait été identifiée dans un manuscrit, la méthode lachmannienne exigeait qu'on empruntât la correction à un autre manuscrit. Si ce procédé demeure irrécusable dans l'édition de textes anciens, lorsqu'il est appliqué à des textes que l'auteur a assujettis à de multiples révisions, il risque de produire des "archétypes" fictifs, des témoignages imaginaires de l'œuvre. L'édition Blanchemain de Ronsard (1857-1867) est un exemple notoire, mais aussi chaque fois que l'on emprunte à l'édition 1595 des *Essais* une leçon qui supplée à une lacune dans l'exemplaire de Bordeaux, on court le risque de corrompre le texte de ce qui passe pour être l'archétype de l'œuvre.

Une dernière remarque sur la méthode lachmannienne. Lachmann supposait qu'il y aurait parfois des endroits dans le texte où deux manuscrits, ou même plusieurs, renfermaient des leçons différentes mais également plausibles. Dans ce cas il préférait la *lectio difficilior*, la leçon plus inattendue, car il concevait que les scribes postérieurs auraient eu tendance à simplifier et à normaliser le texte. Quoi qu'il en soit, les autres leçons plausibles étaient enregistrées dans l'apparat critique, constituant ainsi un jeu de variantes possibles qui auraient pu figurer dans l'archétype à la place de la leçon retenue. La notion donc de la variante chez Lachmann n'est pas la même que chez, par exemple, les éditeurs de Ronsard. Lachmann n'imaginait pas que deux versions d'une même œuvre, différentes l'une de l'autre mais les deux également autorisées, pussent avoir circulé et ainsi avoir donné naissance à deux traditions textuelles séparées.[1] Pour lui la variante représente une incapacité de trancher de la part de l'éditeur (incapacité tout à fait avouable), non pas une substitution postérieure pratiquée par l'auteur. Les variantes d'un texte ancien font partie intégrante de l'archétype, qui est un état synchronique du texte de l'œuvre. Celles d'un ouvrage moderne s'additionnent au texte de base pour représenter l'œuvre dans toute sa diachronie.

Les principes de la stemmatique lachmannienne furent attaqués, on le sait, par Joseph Bédier à la fin des années 1920, lorsqu'il préparait une nouvelle édition du *Lai de l'ombre*.[2]

1 La notion que l'œuvre avait été livrée à la postérité dans un état clos est centrale à la méthode de Lachmann. Transposée sur l'édition d'œuvres modernes, c'est elle qui fit préférer comme texte de base aux éditeurs français le texte de la dernière main de l'auteur.

2 Voir Joseph Bédier, "La Tradition manuscrite du *Lai de l'ombre* : réflections sur l'art d'éditer les anciens textes." *Romania*, 54 (1928), p. 161-196, 321-356.

Bédier démontre que la stemmatique généalogique, telle qu'elle était pratiquée, finissait toujours par produire une descendance dichotomique (une famille de "bons" manuscrits et une famille de "mauvais") à partir de l'archétype. Ces résultats uniformes et prévisibles lui semblaient un peu trop faciles et en fait peu conformes à l'expérience. D'où sa conclusion que dans l'édition de textes – de textes manuscrits du moins – le seul procédé valable était de choisir, après la recension, l'état du texte qui paraissait étre le meilleur et d'éditer celui-là. Malgré une certaine circularité dans l'ensemble de son argument,[1] de Bédier il faut retenir cette utile mise en garde : dans l'élaboration d'éditions critiques nous risquons de prendre nos hypothèses pour des réalités. Un éditeur est avant tout un matérialiste qui doit s'en tenir à des faits énumérables. Il serait commode de penser que l'impression simultanée de l'édition 1580 sur deux presses différentes avait produit une famille de bons exemplaires et une famille de mauvais. A partir de là nous pourrions imaginer en reconstruire l'archétype et arriver donc au "vrai" texte de la première version des *Essais*. Mais ce serait un leurre, car rien ne confirmerait que cet archétype idéal eût jamais existé.

D'autre part, l'idée qu'il faudrait essayer de découvrir la filiation des témoignages du texte semblerait avoir été écartée par la suggestion faite par J. Brody,[2] que les divergences entre les cinquante-trois exemplaires connus de l'édition de 1580 ne devraient pas nous inquiéter, parce que Montaigne a tranché en choisissant un exemplaire parmi tous ceux dont il disposait pour préparer l'édition de 1582. Ce serait à partir de celle-ci que l'on pourrait reconstituer le texte idéal. Pourtant rien ne nous assure que Montaigne ait regardé de très près la qualité spécifique de chacun des exemplaires (d'ailleurs, même si c'est lui qui en a payé l'impression, combien de ces exemplaires aurait-il pu

---

1 D. Greetham en a fait une critique très perspicace (*Textual Scholarship*, p. 324-325).

2 Cette remarque fut faite lors d'une réunion préparatoire du présent colloque tenue en juin 1993.

vraiment inspecter ?). On penserait aussi que l'exemplaire donné à Henri III fut parmi les meilleurs et que s'il était récupérable, ce serait un témoin sûr du texte. Mais là encore Montaigne a pu choisir cet exemplaire en fonction de certaines qualités esthétiques et non pas en fonction de sa fidélité typographique.

L'autorité sacrosainte du dernier état du texte revu par l'auteur avait été mise en cause par Paul Laumonier dès 1900, au moment où il méditait une nouvelle édition de Ronsard.[1] Allant à l'encontre de la tradition, Laumonier tâche de représenter dans son Ronsard à la fois la spontanéité du jeune poète et la perfection qu'il atteignit en mûrissant. Il rappelle donc aux montaignistes que l'édition de la dernière main n'est pas nécessairement la meilleure ou la plus intéressante. Certes les ajouts introduits par Montaigne post-1588 doivent figurer dans l'édition critique, mais est-ce qu'il faut leur conférer un statut qui ferait de l'exemplaire de Bordeaux (ou de l'édition de 1595) le *summum* de la pensée de Montaigne ? Peut-être celle-ci est-elle parvenue à sa forme la plus claire, la plus incisive entre 1582 et 1588 ? Peut-être les derniers ajouts sont-ils vraiment des "mouvement[s] d'yvroigne titubant, vertigineux, informe[s]" ? Questions à débattre – mais l'éditeur a pour devoir de questionner toutes les orthodoxies.

Laumonier ne faisait pas que réagir contre l'opinion reçue, selon laquelle le dernier état autorisé du texte en était nécessairement la version préférable. Cette notion a continué d'ailleurs a mener longue vie dans l'édition française, qui continuait de croire que "le texte ne vaut que par son insertion dans une éternité, dans une perfection, dans un définitif auquel on ne parvient que par un long travail de révision."[2] Les cibles avouées de Laumonier étaient les pratiques éditoriales de Blanchemain et de Marty-Laveaux. Tout en choisissant comme

1 Laumonier expose l'historique et la justification de sa nouvelle édition de Ronsard, tome I, p. XVI-XXXVI.

2 Pierre Barbéris (qui parle sur un ton d'ironie), "L'autobiographie : pourquoi ? comment ?" in : *Balzac et la peau de chagrin*, éd. Claude Duchet, Paris, SEDES, 1979, p. 25-42.

texte de base l'une ou l'autre des éditions collectives de Ronsard publiées du vivant du poète (celle de 1560 pour Blanchemain, celle de 1584 pour Marty-Laveaux), ces prédécesseurs de Laumonier y avaient mélangé, sans indication non ambiguë, des pièces qui appartenaient à des recueils postérieurs ou antérieurs mais qui ne figuraient pas dans celui que leur édition était censée reproduire. Laumonier pose donc le principe de la fidélité absolue à l'état du texte choisi pour témoigner de l'œuvre. Sans cela on produit une édition moderne qui ne correspond à aucune version de l'œuvre imaginée par l'auteur ni publiée par lui.

Sans doute la plus grande rupture dans l'histoire des pratiques éditoriales fut-elle celle qu'occasionna Sir Walter Greg lorsqu'il publia en 1951 un article intitulé "The Rationale of Copy-Text" [le choix raisonné d'un texte de base].[1] Cet article fut le produit d'une nouvelle orientation dans la critique textuelle qui s'était développée pendant le demi-siècle qui avait précédé sa parution. Très fermement ancré dans un certain pragmatisme anglo-saxon, lui-même dérivé sans doute du positivisme qui avait fleuri vers la fin de l'ère victorienne, le système de Greg posa comme préalable à l'élaboration d'éditions critiques une description exhaustive des exemplaires contenant le texte, cette description étant elle-mème informée par une connaissance de l'histoire de l'imprimerie. On ne saurait expliquer les avatars du texte sans comprendre la matérialité des objets qui le véhiculent. Si l'édition d'auteurs anciens avait eu une certaine validité pour l'édition d'auteurs du moyen-âge, en revanche on ne saurait transposer dans le domaine des livres imprimés les leçons apprises au cours de l'édition de textes manuscrits. Greg avait formulé son système pour résoudre un problème particulier à l'Angleterre : la transmission du texte de Shakespeare et du théâtre élisabéthain en général. Cette transmission avait été affectée par des pratiques

1 D'abord une communication prononcée en 1949, l'article parut dans *Studies in Bibliography*, III (1950-51), p. 19-36. Je le cite d'après la réimpression : W. W. Greg, *Collected Papers*, ed. J. C. Maxwell, Oxford, Clarendon Press, 1966, p. 374-391.

d'impression qui à l'époque étaient, semble-t-il, différentes en Angleterre de ce qu'elles étaient sur le continent.

A partir donc de certaines données matérielles, Greg déduisit l'hypothèse suivante : la première édition d'un ouvrage en aurait respecté l'aspect formel que l'auteur y avait conféré, c'est-à-dire, l'orthographe, la ponctuation, en somme l'ensemble des marques diacritiques. Greg appelle cet aspect formel la "texture générale" de l'ouvrage ou sa forme "accidentelle." Cette première édition aurait reproduit aussi avec une grande fidélité la dimension proprement sémantique de l'œuvre, caractérisé par Greg comme son niveau "substantif." L'éditeur textuel choisira donc comme texte de base de son édition critique la première édition de l'œuvre, à condition toutefois de savoir que cette édition fut autorisée. Pourtant, et malgré cette autorité, la première édition pourrait renfermer des erreurs affectant le sens de l'œuvre. Si celle-ci a été rééditée, alors l'éditeur remplacera les leçons substantives jugées fautives de son texte de base par des leçons prises dans une édition postérieure, tout en conservant la forme accidentelle de la première édition. Le résultat de cette fusion de deux textes en un seul s'appelle en anglais un *eclectic text* (*eklegein*, `choisir') parce que c'est l'éditeur qui "élit" les leçons qu'il va y incorporer.

Ce procédé de Greg se trouve dans un sens justifié par certaines pratiques d'auteur. Dans la préface "Au lecteur" de ses *Odes* (1550) Ronsard annonce que son livre "ne t'est laché que pour aller découvrir ton jugement, affin de t'envoier aprés un meilleur combatant."[1] Autrement dit, selon la réception accordée à ses odes et les critiques formulées contre elles, il en préparera une édition révisée. Un siècle plus tard Pierre Nicole reformula ainsi la proposition :

> Ainsi, il seroit à désirer qu'on ne considérât les
> premières éditions des Livres, que comme des
> essais informes que ceux qui en sont auteurs

1 Ronsard, *Oeuvres complètes*, éd. P. Laumonier, I, p. 49. Ainsi l'édition 1553, augmentée et réorganisée, des *Amours* de 1552 correspondrait à une intention analogue de la part du poète.

> proposent aux personnes de Lettres pour en apprendre leurs sentiments ; & qu'ensuite sur les différentes vues que leur donneroient ces différentes pensées, ils y travaillassent tout de nouveau pour mettre leurs ouvrages dans la perfection où ils sont capables de les porter.[1]

A la suite de recherches bibliographiques très approfondies, surtout auprès des livres du XVIII^e^ siècle, R. Laufer a pu affirmer qu'"à l'époque ancienne du livre (1500-1800), la seconde édition constitue en réalité un état corrigé de l'originale, ... [qui] a donc souvent tenu lieu de jeu d'épreuves."[2] La "rationale" de Greg, jointe à ce qui fut sinon toujours la pratique, du moins l'intention des écrivains d'avant 1800, justifie la revalorisation de l'édition de 1582 par rapport à celle de 1580 des *Essais.* Celle-ci, imprimée, a-t-on pu conjecturer, à la hâte, aura réapparu sous un forme plus soignée deux ans plus tard. L'édition de 1582 ne sera plus ni une arrière-pensée de Montaigne ni une entreprise purement commerciale, mais une version des *Essais* qui est plus conforme aux conceptions primitives de l'auteur.

Les travaux de Greg et sa méthode raisonnée se firent un disciple de marque outre Atlantique en la personne de Fredson Bowers. Par la force des arguments avancés dans ses *Principles of Bibliographical Description* (Princeton University Press, 1949) et dans une série d'articles et de livres qui se suivaient les uns des autres entre la fin des années 1940 jusqu'à sa mort en 1991, Bowers détermina l'orientation de la critique bibliographique et textuelle dans le monde anglo-saxon et même au-delà.[3] La solidité des assises documentaires que

---

1 Pierre Nicole, *La Logique, ou l'art de penser*, Paris, Flammarion, 1970, p. 47. La citation fut en effet un ajout dans la deuxième édition (1664), la première ayant paru en 1662.

2 Roger Laufer, *Introduction à la textologie*, Paris, Larousse, 1972, p. 25.

3 En français on citera comme principaux adeptes de la méthode dite "de Greg-Bowers" Wallace Kirsop, *Bibliographie matérielle et critique textuelle*, Paris, Lettres Modernes, 1970, et R. Laufer, *Introduction à la textologie*. Plus récemment Kirsop a tracé l'histoire de la réception et de la récusation en France de cette méthode (*TEXT, Transactions of the Society for Textual Scholarship* à paraître.

Bowers fournit à la méthode et la rigueur avec laquelle il la pratiquait lui-même transformèrent la simple "rationale" de Greg en une technique dotée des allures d'une science absolue. Bien que Bowers finît par revenir un peu sur ses certitudes de jadis,[1] il continua d'affirmer qu'une édition critique doit produire un texte "éclectique" fabriqué par l'éditeur, qui du coup s'arroge le droit d'interpréter les volontés de l'auteur et de s'associer à lui comme créateur de l'œuvre. C'est seulement par les soins de l'éditeur que la forme matérielle du texte épouse les intentions de celui ou de celle qui inventa l'œuvre. Quelles que soient les vertus de cette méthode – et elles sont réelles, notamment dans l'apport bibliologique et dans la rigueur méthodologique qu'elle préconise – son défaut vis-à-vis des grands problèmes éditoriaux français vient du fait qu'elle fut conçue pour l'édition d'ouvrages qui furent peut-étre corrigés lors des rééditions mais non pas pour ceux qui furent réécrits et très souvent augmentés : Rabelais, Ronsard, Balzac et, bien entendu, Montaigne.

La grande réaction contre la méthode Greg-Bowers fut menée par des bibliographes et éditeurs allemands. Dans un volume qui fit date, *Texte und Varianten*, ils dénoncèrent cette méthode comme productrice uniquement de "Mischtexte" (textes mélangés) et préconisèrent une fidélité rigoureuse dans la reproduction des documents témoins de l'existence de l'œuvre.[2] Les Greg-Bowersiens sont accusés de court-circuiter la diachronie du texte en fusionnant en une seule version des formes synchroniquement disparates. Si l'école anglo-saxonne de critique bibliographique et textuelle naquit du problème que posa l'édition de Shakespeare, l'école allemande prit forme autour de l'édition de Goethe. En fait Goethe pratiquait la

1 Fredson Bowers, "Greg's 'Rationale of Copy-Text' Revisited," *Studies in Bibliography*, XXXI (1978), p. 90-161.

2 Le titre complet de l'ouvrage est : *Texte und Varianten : Probleme ihrer Edition und Interpretation*, herausgegeben von Gunter Martens und Hans Zeller, Munich, Beck, 1971. Par la suite Zeller exposa en anglais les principes de l'école allemande : H. Zeller, "A New Approach to the Critical Constitution of Literary Texts," *Studies in Bibliography*, XXVIII (1975), p. 231-264.

réécriture constante de son œuvre, voulant la faire revêtir des allures de plus en plus modernes, de sorte que le choix du meilleur texte de base en fonction des intentions de l'auteur devient aléatoire. Celles-ci ont changé avec chaque nouvelle réédition.

Dès lors il devient impératif que l'édition critique représente toutes les étapes dans l'évolution de ce texte, sans en privilégier l'une ou l'autre. Il faut bien choisir une édition comme texte de base, mais ce choix est une matière purement pratique et n'implique nullement une mise en valeur de cette édition par rapport aux autres. De ce fait les variantes jouent un rôle égal à celui que joue le texte de base et sont imprimées sur la même page dans la même typographie.[1] Sans connaître les théories allemandes, qui s'élaboraient d'ailleurs au moment même où elle préconisait qu'on édite les *Essais* en "triplex, " Fausta Garavini fit sienne la notion de l'égalité absolue de tous les états du texte.[2]

Les Allemands, en revanche, exhibent par rapport à l'intégrité des versions matérielles du texte une révérence presque superstitieuse et sûrement exagérée. La modification d'un seul signe dans un texte produit, selon eux, une nouvelle *Fassung* (version) de ce texte ; une erreur manifeste qui se perpétue à travers une réédition du texte doit être considérée comme autorisée et de ce fait retenue dans l'édition critique ; etc. Malgré cela, la philosophie allemande de l'édition critique renferme quelques enseignements utiles pour l'édition des *Essais*. Si le texte critique qui sortira de nos débats et de nos réflexions doit s'imposer, il ne le fera qu'en étant monumental. Les *Essais* sont l'œuvre évolutive par excellence ; leur édition ne peut que représenter tous les témoins de cette évolution. Elle se

---

1 "In allen Teilen der Edition muß die Historie des Werks eindeutig zu übersehen sein. Hier liegen die eigentlichen Aufgaben einer modernen wissenschaftlichen Edition" (Siegfried Scheibe, "Zu einiger Grundprinzipien einer historisch-kritischen Ausgabe," *Texte und Varianten*, p. 5).

2 Fausta Garavini, "Per un'edizione critica degli *Essais*," *Saggi e ricerche di letteratura francese*, X (1969) ; réimpr. in F. Garavini, *Itinerari a Montaigne*, "Nuovi Saggi" ; Florence : Sansoni, 1983, pp. 81-98.

doit donc de se conformer aux méthodes de la critique textuelle allemande, mais est-ce qu'elle doit le faire en dépit du bon sens ?

Dans cette trop longue – mais aussi trop concise – histoire de la critique et de l'édition textuelles j'ai essayé de souligner à diverses reprises combien chaque théorie et chaque pratique de la discipline avaient été formée par un problème particulier. Pour les scribes pré-renaissants le problème tournait autour des difficultés de diffusion et de lisibilité ; chaque nouvelle édition devait à la fois conserver le texte et le rajeunir, car le texte renfermait leur histoire et de ce fait leur identité. Pour les humanistes, en revanche, le centre de préoccupation était l'établissement du texte authentique dans toute son ancienneté, le texte donc dans son état premier, car c'était du texte qui découlait l'autorité.

A partir du XIXe siècle le problème est perçu beaucoup plus en termes de diachronie et de transmission. Pour Lachmann, c'est le désir de démontrer la *translatio studii* depuis l'Antiquité jusqu'aux temps modernes, d'où, subconsciemment sans doute, le recours à un modèle généalogique. Pour Bédier et les autres médiévistes, il s'agissait d'établir la cohérence et la continuité de la culture nationale ; d'où un premier recours à la stemmatique lachmannienne, rejetée ensuite en faveur d'une théorie qui ne devrait rien aux Allemands. Pour Laumonier comme pour Greg, la fonction de l'édition consistait à valoriser un moment du passé considéré comme particulièrement brillant : l'époque de Henri II et celle d'Élisabeth Ire respectivement. Dès lors le choix de la première édition comme texte de base s'imposait, car ce choix affirmait le génie primesautier des auteurs, partant de l'ère où ils vivaient.

Bowers fit de la "rationale" de Greg un système *ne varietur*, de l'édition de textes une science et de l'éditeur un créateur dont l'importance pour l'œuvre égalait celle de l'auteur. Et il le fit précisément au moment où l'institution littéraire subissait une profonde révolution en Amérique (naissance du "New Criticism," essor de la linguistique). Enfin, pour les Allemands d'après 1945, désireux d'effacer les stigmates du nazisme et du militarisme, l'édition de Goethe récupérerait sous une forme monumentale une époque où la civilisation allemande dominait l'Europe paisiblement.

Ostensiblement donc l'édition de textes s'accomplit en fonction à la fois de certaines données matérielles – les divers témoins textuels de l'œuvre dans toute leur tangibilité manuscrite ou bibliologique – et de certaines pratiques éditoriales alors en vogue. Ou bien l'éditeur accepte de travailler dans le cadre de ces pratiques et d'y faire conformer la matière brute qui véhicule l'œuvre ; ou bien il les rejette au nom des particularités du texte sur lequel il travaille. Mais en réalité il est motivé dans son refus ou dans son acceptation par des mobiles plus ou moins avouables mais dont il n'est pas toujours conscient. Sans m'interroger sur la raison profonde qui nous meut en 1995 à produire d'un écrivain mort il y a plus de 400 ans une nouvelle édition de son œuvre, sous prétexte que toutes les éditions existantes sont insuffisantes ; sans spéculer non plus sur l'origine du parti pris tacite contre les modèles d'édition étrangers et nationaux ; je constate seulement que le texte des *Essais* exhibe dans ses avatars suffisamment de particularités pour que l'édition que l'on en contemplerait doive essayer d'y rendre justice ; et qu'aucune édition critique ni théorie d'édition critique n'a eu à affronter une œuvre pareille (j'entends une œuvre qui ait revêtu une si grande complexité textuelle et une si grande importance culturelle).[1] De nouvelles solutions s'imposent ; dans la suite de cet exposé je tâcherai d'en proposer une.

## II. Genèse et Édition : Interférences

Le processus génétique qui produisit les *Essais*, tant dans leur version primitive que dans leurs augmentations subséquentes est illuminé, on le sait, par divers commentaires éparpillés dans l'œuvre même, notamment dans le chapitre “De la vanité” (III, 9) mais aussi à divers endroits dans “De l'institution des enfants” (I, 26). Là Montaigne dit, entre autres,

1 On pourrait objecter le cas Shakespeare, mais là le problème qui se pose est celui de savoir ce que Shakespeare a écrit et ce qu'il n'a pas écrit.

> Je m'en vay escorniflant par cy par là des livres
> les sentences qui me plaisent, non pour les garder,
> *car je n'ay point de gardoires*, mais pour les
> transporter en cettuy-ci, où, à vray dire,
> elles ne sont non plus miennes qu'en leur premiere
> place [c'est nous qui soulignons].[1]

Cette affirmation et une tirade plus longue contre les "pastissages de lieux communs" dans "De la phisionomie" (III, 12, p. 1056)[2] ont été invoquées pour réfuter l'hypothèse de P. Porteau, selon lequel Montaigne aurait travaillé à partir d'un fichier qu'il s'était constitué.[3]

Pourtant il est difficile d'imaginer comment il aurait pu échapper à l'enseignement de Juan Luis Vives sur cette matière. Dans son *De disciplinis* (1536) Vives prescrit que chaque élève possède un cahier ("librum, " plus tard, "calendarium") composé de pages blanches et divisé en parties. Dans chacune de ces parties il inscrira des éléments recueillis lors de ses lectures : des mots (latins) individuels ("verba separat, & singula") ; des tournures syntaxiques ("proprietates loquendi atque idiomata sermonis, vel usus quotidiani"), puis des glanures plus substantifiques :

> In alia parte historias. In alia fabulas. In alia dicta,
> & sententias graves. In alia salsas, & argutas.

---

1 Éd. Villey-Saulnier I 136 ; cette remarque n'a été ajoutée qu'après 1588. Le processus génétique des *Essais* a été étudié magistralement par T. Cave, *The Cornucopian Texte : Problems of Writing in the French Renaissance*, Oxford University Press, 1978, ch. 4 ; par André Tournon, *Montaigne : La Glose et l'essai*, Presses Universitaires de Lyon, 1983 ; et par F. Goyet, "A propos de 'Ces pastissages de lieux communs. ' (Le rôle des notes de lecture dans la genèse des *Essais*)," *BSAM*, 5-6, p. 11-26, et 7-8, p. 9-30. J. Brody en a traité un de ses aspects particuliers dans "Montaigne et la citation génétique," in : *Les Voies de l'invention aux XVI^e et XVII^e siècles : Études génétiques*, sous la direction de B. Beugnot et R. Mélançon, "Paragraphes," 9, Montréal, Département d'Études Françaises, Université de Montréal, 1993, p. 145-152. Dans une optique qui vise jusqu'aux micro-structures, T. Conley a soumis le ch. II, 6, "De l'exercitation," à une analyse génétique extrêmement serrée et extrêmement perspicace (*The Graphic Unconscious in Early Modern French Writing*, New York, Cambridge University Press, 1992).

2 Tirade ajoutée aussi après 1588.

3 Pour un résumé du débat, voir M. Lazard, *Montaigne*, Paris, Fayard, 1992, p. 205-206.

> In alia proverbia. In alia viros famosos ac nobiles.
> In alia urbes insignes... . In alia locos autorum
> difficiles explicatas. In alia dubia nondum soluta.[1]

Afin d'exploiter cette compilation, l'élève doit y ajouter un système d'indices. Vives entend d'ailleurs que cette technique pour conserver des souvenirs de lecture ne s'arrête pas à la fin des études mais que l'ancien élève continue à la pratiquer sa vie durant.

Les *Essais* ne sont certainement pas un "pastissage de lieux communs" dans le sens d'un simple *Liber locorum* d'écolier que Montaigne aurait décidé de livrer tel quel au public. Mais ils sont bien, de l'aveu même de leur auteur, un "fagotage de tant de diverses pieces."[2] C'est-à-dire, un texte rapiécé, à notre avis, à partir d'un *calendarium* constitué à la manière de Vives mais contenant des stocks de passages divers, les uns glanés chez les "auteurs" et assortis ou non de commentaires inventés par Montaigne ; les autres étant des textes autonomes, de longueur variable, n'ayant encore ni leur forme ni leur affectation définitives.

Rappelons ces faits. Montaigne ne parle jamais de son œuvre qu'en termes péjoratifs ("resveries," "inepties") ou que par des mots qui en accentuent le caractère plus que fragmentaire ("pieces," "lopins," "membres"). A deux reprises au moins il affirme qu'il dicte les *Essais* au lieu de les écrire lui-même : dans II, 37, p. 758 A, il parle d'un "valet qui me servoit à les [= "mes mutations"] escrire soubs moy ;" et dans III, 3, p. 828 B il décrit ainsi son comportement habituel dans sa "librairie" :

> Là, je feuillette à cette heure un livre, à cette heure un autre, sans ordre et sans dessein, à pieces descousues ; tantost je resve, tantost j'enregistre et dicte, en me promenant, mes songes que voicy.

---

1 Juan Luis Vives, *De disciplinis libri XX In-8° tres tomos distincti. ...* Coloniae, Apud Ioannem Gymnicum, 1536, p. 296-297. Postérieurement le livre a pu porter le titre de *De tradendis disciplinis*. Il est à se rappeler que, comme Vives lui-même, les maîtres de Montaigne étaient ou bien ibériques ou bien avaient séjourné et enseigné dans la péninsule.

2 "De la ressemblance des enfans aux peres," II, 37, p. 758. Cette façon de caractériser son œuvre date d'avant 1580.

Or, est-ce qu'il les dicte en les inventant ? Ou le fait-il à partir d'une version partiellement rédigée ?

Soulignons aussi ceci, que le *calendarium* ou *liber locorum* compartimenté à la Vives déconstruit les œuvres pour les reconstruire après sous une forme subjective. Celui qui constitue le cahier finit par juxtaposer dans une série fortuite, déterminée par la seule chronologie de ses lectures, des passages pris chez des auteurs dont la diversité mutuelle reflète la plus ou moins grande curiosité du compilateur. Le type de cahier que nous imaginons tenu par Montaigne aurait contenu les "songes" qu'il y avait "enregistrés" sous telle rubrique, "n'ayants ordre, suite ny proportion que fortuite" (I, 28, p. 183 A). Dès lors, la lecture ininterrompue de telle ou telle partie du cahier produirait sûrement l'image de cette pensée qui avançait "à sauts et à gambades" que Montaigne affectionnait. Précisons enfin que le procédé de travail que nous sommes en mesure d'observer dans la manière dont sont introduits les ajouts de 1588 et de l'exemplaire de Bordeaux reflète sans doute la manière dont fut constitué le pré-texte de l'édition de 1580. Il s'agit d'un procédé par accrétion, chaque chapitre ayant été formé par des "lopins" composés à plus ou moins de distance les uns des autres et ensuite rassemblés par préfixation, infixation ou suffixation.

Par endroits des "coutures" cicatrisent le texte de 1580 (A) indexant une incorporation mal réalisée de deux membres. Ainsi, dans "De l'institution des enfants" (I, 26) nous lisons ceci :

> Je ne vise icy qu'à découvrir moy mesmes, qui seray par adventure autre demain, si nouveau apprentissage me change. Or, à cet apprentissage, tout ce qui se presente à nos yeux sert de livre suffisant : la malice d'un page, la sottise d'un valet, un propos de table, ce sont autant de nouvelles matieres. A cette cause, le commerce des hommes y est merveilleusement propre, et la visite des pays estrangers (I, 26, p. 148 et 152-153 A).

Ou plutôt nous aurions lu cela si nous avions été le "quelcun" qui, selon Montaigne, "ayant veu l'article precedant,"[1] lui conseilla de "[s'estendre] un peu sur le discours de l'institution des enfans." Car entre "si nouveau apprentissage me change" et "Or, à cet apprentissage" Montaigne introduisit dans A une centaine de lignes de texte (je compte selon l'éd. Villey-Saulnier) portant sur un sujet étranger au chapitre jusqu'alors : l'éducation des enfants. Cette infixation se termine par les mots

> Je voudrois que le Paluël ou Pompée, ces beaux danseurs
> de mon temps, apprinsent des caprioles à les voir
> seulement faire, sans nous bouger de nos places,
> comme ceux-cy veulent instruire notre entendement, sans
> l'esbranler[,]

ce qui laissait "cet apprentissage" sans antécédent logique. Dans C (post-1588) il essaya de réparer cette mauvaise jointure par un ajout où l'"apprinsent" de A se voit redoubler par un "apprinst" et un "apprendre," ce dernier ayant comme complément non plus des activités physiques, mais les verbes "juger" et "parler," ce qui rétablit la transition vers l'"apprentissage" de la version à notre avis primitive.

Un indice de la composition des *Essais* à partir de brouillons (Montaigne les appelle "brouillars") dictés sur un certain laps de temps se rencontre dans les redites qui jalonnent l'œuvre mais que dans C Montaigne a souvent éliminées. Par ex., dans II, 11, 431 A nous lisons : "Quant à moy, en la justice mesme, tout ce qui est au delà de la mort simple, me semble pure cruauté" ; et dans II, 27, 700 A : "Tout ce qui est au delà de la mort simple, me semble pure cruauté ; notre justice... [2] Ou encore dans I, 31, 209 et 210 A : "Apres avoir long temps bien traité leurs prisonniers, et de toutes les commoditez dont ils se peuvent aviser" et "Ils les traictent en toute liberté, & leur fournissent de toutes les commoditez dequoy ils se peuvent adviser" ; la dernière partie de cette seconde phrase fut rayée dans l'exemplaire de Bordeaux.

---

1 C'est-à-dire, le chapitre I, 25, "Du pedantisme."

2 Les deux leçons subsistent dans la version finale des deux chapitres, qui s'intitulent, respectivement, "De la cruauté" et "Couardise mere de cruauté."

Il semble donc possible, sinon obligatoire, d'imaginer que la plupart des chapitres tels que nous les connaissons dans l'éd. de 1580 furent élaborés sur des périodes plus ou moins longues ; et que les indications chronologiques découvertes par Villey affectent non pas les chapitres en entier mais seulement les sections où ces indications se retrouvent. La conception des *Essais* comme le fruit d'une longue élaboration souvent interrompue se trouve renforcée par une remarque faite dans "De la praesumption" :

> Mes ouvrages, il s'en faut tant qu'ils me rient, qu'autant de fois que je les retaste, autant de fois je m'en despite... . J'ay tousjours une idée en l'ame..., qui me presente... une meilleure forme que celle que j'ay mis en besogne, mais je ne la puis saisir et exploiter (II, 17, 636-637 A).

La forme – dans le sens platonicien du terme – est constamment à la recherche de sa matière, que Montaigne essaie de créer en assemblant des membres épars, c'est-à-dire, des textes rédigés à des moments différents et rassemblés fortuitement du fait de les avoir retrouvés dans le cahier où il les avait consignés[1]

Dans son article capital cité plus haut, F. Garavini a insisté pour que toute édition critique des *Essais* épouse, et du coup révèle, le texte dans les étapes de sa création évolutive. Pour cela elle exigeait une édition *triplex* de l'œuvre, seule à ses yeux susceptible de faire comprendre au lecteur toute la complexité de l'ouvrage. Or, mis à part la difficulté qu'éprouverait le lecteur obligé de lire une page à trois colonnes ou de jongler avec trois volumes, cette édition *triplex* ne satisferait qu'à moitié les visées de F. Garavini. Le texte des *Essais* évolua non pas à partir de 1580, mais partir de 1572, sinon plus tôt, et il porte les vestiges de cette évolution. Force est donc de concevoir une édition faite à la suite d'une décomposition minutieuse de chaque chapitre et qui en présenterait au lecteur – plutôt à l'utilisateur – un texte hypothétique *nec plus infra*, auquel on

1 Sur cette idée de la forme à la recherche de sa matière, voir F. Goyet, art. cit. n. 22.

pourrait ajouter au gré de sa curiosité les accrétions pensées être consécutives au premier noyau.

Cette édition, si jamais on trouvait des montaignistes assez téméraires pour l'entreprendre, ne pourrait être qu'électronique et informatisée. Ce serait un instrument de travail et non pas un objet de plaisir ou un outil pédagogique. Reste donc le problème de faire une édition critique qui serait en même temps une édition approchant de l'idéale imaginée par F. Garavini et une représentation des *Essais* qui serait matériellement maniable.

Dans un essai intitulé "Textologie und Semiotik," Miroslav Cervenka a soutenu la proposition qu'il convenait de distinguer très nettement entre les états du texte existant avant sa première publication et ceux qui n'ont existé qu'après. Les premiers relèvent de la causalité, les seconds de l'intentionalité, la publication étant le *Durchbruchsmoment*, la "percée" du texte dans un domaine qualitativement différent[1] Je pense que cette notion pourrait être raffinée, dans le sens que pour certains textes la percée ne s'opère qu'à des moments ultérieurs dans l'histoire de leur publication[2] Par ex., et pour emprunter la terminologie de F. Goyet, la forme du dialogue que Pontus de Tyard publia en 1557 sous le titre de *L'Univers* ne trouva sa matière que lorsqu'il le republia en 1578, augmenté de 50% et divisé en deux parties.

En ce qui concerne les *Essais*, on pourrait arguer que la coïncidence de forme et de matière fut réalisée dans l'éd. de 1588 et que les ajouts sur l'ex. de Bordeaux n'y sont que secondaires. Ou, en revanche, on pourrait soutenir le contraire. Pour ma part, je propose qu'au lieu de considérer globalement les *Essais* et chacune de leurs éditions, il faut les regarder comme, à mon avis, le fit Montaigne, chapitre par chapitre. Dans certains de ceux-ci, la forme a trouvé sa matière dès 1580, dans

1 M. Cervenka, "Textologie und Semiotik," in Martens und Zeller, *Texte und Varianten*, p. 143-162.

2 Voir J. McClelland, "Critical Editing in the Modern Languages," *TEXT, Transactions of the Society for Textual Scholarship*, I, 1981 [1984], p. 201-216.

d'autres en 1588, dans d'autres encore pas avant 1592. Pour que l'édition critique reflète fidèlement l'être et l'essence des *Essais*, il faut donc éditer non pas les éditions mais les chapitres individuels. Chacun de ceux-ci étant confié à un chercheur indépendant, celui-ci choisira l'état du texte qu'il estime en être la forme recherchée par l'auteur et consignera parmi les variantes les ajouts postérieurs et les ratures de textes antérieurs. Une telle édition violerait nos habitudes de lecture de Montaigne et les principes canoniques de l'édition critique telle qu'elle a été pensée et pratiquée jusqu'ici. Elle privilégierait l'éditeur aux dépens de l'autonomie du texte. Mais elle permettrait – et c'est là sûrement un des buts d'une nouvelle édition des *Essais* – une lecture plus assise, plus éclairée, plus provocatrice du texte.

John McCLELLAND

## TABLE DES MATIÈRES

COLLECTION
« ÉTUDES MONTAIGNISTES »

Les « Études montaignistes » sont une collection de référence consacrée à l'œuvre et à la vie de Montaigne. Elles publient notamment des études sur la réception des œuvres de Montaigne du XVIe siècle au XXIe siècle, sur leurs conditions de production et sur leur environnement littéraire, historique et culturel.

Retrouvez tous les titres de la collection en scannant ce code QR :

Et pour recevoir nos dernières actualités, abonnez-vous ici :